わが国税務会計の発達とシャウプ勧告

髙橋志朗
Takahashi Shiro

同文舘出版

は　し　が　き

　母校である早稲田大学大学院の付属図書館の書庫の一角で，古びた黒い背表紙の『シャウプ勧告』をみつけだした際の感動を，著者は，あたかも昨日のことのように鮮明に記憶している。

　はじめて手にして読む『シャウプ勧告』の内容は，従来の研究書の知識をたよりに筆者が思い描いていた『シャウプ勧告』像とはあまりにもかけ離れたものであった。『シャウプ勧告』には，当時のわが国財政ならびに税制の実態を分析した膨大な資料が含まれていた。それらの詳細かつ十分な資料に裏付けられた『シャウプ勧告』の主張の多くは，じつに明快であり，かつ，説得力に富むものだった。それらのすべてが，わが国税制の近代化と恒久的税制の確立という重大な任務を与えられ，その使命感に燃えたシャウプ博士をはじめとする若き研究者たちの真摯な調査研究活動の貴重な成果であろうことは，かけだしの一会計学徒にとっても十分に理解できた。

　『シャウプ勧告』との出会いのこの瞬間から，筆者は，『シャウプ勧告』を「理想的だが，わが国税制の実状にそくさない改革案」とみなす多くの論者の批評に対して，重大な疑念をいだくようになった。この経験こそ，筆者をして，「『シャウプ勧告』の再評価」の必要性に目覚めさせる契機だったのであり，同時にそれは，こんにちにいたる『シャウプ勧告』研究の長い道のりのはじまりとなった。

　未熟な筆者の研究は遅々としてはかどらなかったが，恩師の貴重な助言に励まされて敢行したシャウプ博士との会見は，こんにちの研究の重要な礎石となった。昭和58(1983)年夏の会見を皮切りに，家族を連れての訪問を含めると，シャウプ博士との会見は4回を重ねた。無名の東洋人研究者からの突然の会見申し入れを快諾された博士のご好意に対する感謝の念は，回を重ねるごとに熱くふくらんでいった。会見において，博士の高邁な理論と幅ひろい見識にふれたばかりでなく，その尊敬すべき豊かな人間性と，わが祖国

日本への博士の想いに接したことは，大いなる感動であった。これらの経験をへて，シャウプ理論に対する認識と理解が深まるにつれて，筆者は，『シャウプ勧告』に体現された博士の主張を，こんにちあらためて紹介することの必要性を痛感するにいたった。

また，筆者は，早稲田大学大学院在学中に「税務会計研究」を受講し，この講座において，戦後における税務会計研究の草わけのひとりである故長谷川忠一教授の指導をあおいだ。のちにとりあげるように，同教授は，わが国税務会計近代化にはたした『シャウプ勧告』の役割の重要性に早くから注目し，その影響にかんする貴重な研究成果を残された。筆者が『シャウプ勧告』研究に興味をおぼえ，『シャウプ勧告』をじかに手にするにいたったのも，同教授の直接の教えをうけ，その研究成果に接する機会を与えられたからにほかならない。

本書は，こうした経緯のもとで，筆者がこれまで細々とつづけてきた『シャウプ勧告』研究をとりまとめたものであり，そのおもなねらいは，わが国税務会計発達史上の『シャウプ勧告』の意義と，シャウプ博士の税制改革の理想像，ならびに，博士の示す税務会計改革の課題をあきらかにすることにある。

追悼の辞・謝辞

さる平成12(2000)年3月28日，シャウプ博士の突然の訃報に接し，筆者は言葉を失った。

上述したように，筆者の『シャウプ勧告』研究は，シャウプ博士の理解と協力によって終始ささえられてきた。本書の執筆に際しても，その草稿の完成をみた平成10(1998)年の冬（12月），その論旨をとりまとめた書簡を博士にお送りしたところ，簡単なコメントを付した激励の返事を，さっそく頂戴した。当時，96歳をすでにむかえておられた博士の学問に対する尽きぬ情熱と，不変の慈愛とを実感して，ただただ頭のさがる思いであった。その後，平成11(1999)年10月に頂戴した書簡が，博士からの最後の便りとなってし

まった。

　シャウプ博士の生前に本書を完成ならびに上梓しえなかったことは，筆者の健康上の問題があったとはいえ，筆者にとっては，文字どおり痛恨のきわみである。また同時に，筆者は，博士の好意に対して，なんら報いることのできなかったみずからの不徳を，なによりも恥ずかしく思う。

　シャウプ博士の導きと教えなしには，本書はもとより，こんにちの筆者は存在しえなかった事実をここに明記して，博士への心からの謝意を表するとともに，博士のご冥福を謹んでお祈りする。

　なお，本書を上梓するにあたっては，「平成23年度科学研究費補助金（研究成果公開促進費）」の交付を独立行政法人日本学術振興会より受けている。ここに，あわせて記して，関係者各位への謝意を表したい。

　また，市場性のきわめて乏しい本書の出版を快諾された同文舘出版株式会社に，ここで御礼を申し述べさせていただきたい。とくに，同社青柳裕之氏からは，終始，的確なアドバイスと温かい激励を頂戴した。深く感謝申し上げる次第である。

　2011年4月

東日本大震災に見舞われた春，
被災地・仙台市の自宅書斎にて
髙　橋　志　朗

シャウプ博士の略歴と主要著書

1983年8月31日撮影

同日撮影（左は著者）

〈本名〉

Carl Sumner Shoup

〈略歴〉

1902年10月26日　カリフォルニア州サンホセで生まれる。父（Paul Shoup）は，サザン・パシフィック鉄道の社長を務めた企業家。

1924年　スタンフォード大学法学部を卒業。卒業後，ジャーナリストを志し，ニューヨークへ転居。その後，教職を目指して，コロンビア大学大学院に入学。セリグマン（E. R. A. Seligman）博士やヘイグ（R. M. Haig）博士のもとで財政学を専攻。

1928年-1971年　コロンビア大学で教鞭をとる。

1930年　コロンビア大学で博士号を取得。博士論文は*The Sales Tax in France*。

1934年，1937年-1938年，1938年-1946年，1962年-1968年　米国財務省顧問。

1945年-1950年　全米租税協会会長。

1949年　税制使節団団長として来日（9月15日，『シャウプ勧告』公表）。

1950年　再来日（9月21日，『第2次勧告』公表）。

1950年-1953年　国際財政学会会長。

1953年-1954年　フルブライト交換教授として，パリ大学，ストラスブルグ大学で教鞭をとる。

1958年　ベネズエラ財政調査研究会会長。

1960年-1962年　欧州共同体税制・財政委員会委員。

1962年-1964年　欧州共同体租税協調研究会会長。

1964年-1966年　米国連邦政府遺産税・相続税研究顧問。

1967年　勲二等瑞宝章。

1967年　米国大統領予算定義諮問委員会委員。

1969年　リベリア税制使節団団長。

1971年-1974年　国連税制改革国際顧問。

1976年　カーネギー運輸問題研究会顧問。

1982年-1983年　ベネズエラ税制調査委員。

1989年　勲一等瑞宝章。

2000年3月23日　ニューハンプシャー州の療養先にて死去。享年97歳。

〈主要著書〉

The Sales Tax in France, New York: Columbia University Press, 1930.

With E. R. A. Seligman. *A Report on the Revenue Ststem of Cuba*, Habana: Talleres Tipograficos de Carasa y Cia, 1932.

With R. M. Haig. *The Sales Tax in the American States*, New York: Columbia University Press, 1934.

With R. Blough and M. Newcomer. *Facing the Tax Problem: A Survey of Taxation in the United States and a Program for the Future*, New York: Twentieth Century Fund, 1937.

With R. Blough and M. Newcomer. *Studies in Current Tax Problems*, New York: Twentieth Century Fund, 1937.

With M. Friedman and R. Mack. *Taxing to Prevent Inflation*, New York: Columbia University Press, 1943.

Principles of National Income Analysis, New York: Houghton Mifflin, 1947.

Director. *Report on Japanese Taxation* (『シャウプ使節団　日本税制報告書』), Vols. 4, Tokyo: General Headquaters, Supreme Commander for the Allied Powers, 1949.

Co-author. *Second Report on Japanese Taxation*, Tokyo: Japan Tax Association, 1950（大蔵省主税局編『シャウプ使節団　第二次日本税制報告書』日本租税研究協会，1950年）.

With R. M. Haig and L. C. Fitch. *The Financial Problem of the City of New York*, Mayor's Committee on Management Survey, 1952.

Cours de Sciences Financiéres, Paris: Les Cours des Droit, 1953.

With R. A. Musgrave. *Readings in the Economics of Taxation*, Homewood, Ill.: Richard D. Irwin, 1959.

Director. *The Fiscal System of Venezuela*, Baltimore, Md.: Johons Hopkins Press, 1959.

With C. L. Harris and W. S. Vickrey. *The Fiscal System of the Federal District of Venezuela, Baltimore*, Md.: Garamond Press, 1960.

Ricardo on Taxation, New York: Columbia University Press, 1960.

The Tax System of Brazil, New York: Columbia University Press, 1964.

Federal Estate and Gift Taxes, Washington, D.C.: The Brookings Institution, 1966.

Editor. *Fiscal Harmonization in Common Markets*, Vols. 2, New York: Columbia University Press, 1967.

Public Finance, Chicago: Aldine Publishing Company, 1969.

Director. *The Tax System of Liberia*, New York: Columbia University Press, 1970.

Co-editor. *Theorie und Praxis des finanzpolitischen Interventionismus*, Festschrift für Fritz Neumark, Tübingen: J. C. B. Mohr, 1970.

Co-editor. *Value Added Taxation in Developing Countries*, Washington, D.C.: The World Bank, 1990.

目　次

はしがき

シャウプ博士の略歴と主要著書

序章　税務会計発達史研究への視角
　　　―税務会計発達史研究の意義，『シャウプ勧告』研究の意義，本書の目的と構成等―

　　1　税務会計発達史研究の意義―――――――――――――――― 1
　　2　『シャウプ勧告』研究の意義―――――――――――――――― 2
　　3　本書の目的と構成―――――――――――――――――――― 4
　　4　本書と既発表の論文――――――――――――――――――― 7

第Ⅰ部　『シャウプ勧告』の歴史的意義

第1章　『シャウプ勧告』以前の税務会計の発達
　　　―税務会計の生成―

　　1　はじめに―先達による税務会計発達史研究と『シャウプ勧告』―― 11
　　2　初期の所得税法規定の特色と問題点―――――――――――― 14
　　3　賦課課税制度下の税務会計の実態と問題点―――――――――― 20
　　　　1　減価償却の取り扱いをめぐる問題点――――――――――― 22
　　　　2　株式プレミアムの取り扱いをめぐる問題点―――――――― 28
　　4　「主秘第一号」通牒の意義と限界――――――――――――― 39
　　5　おわりに――――――――――――――――――――――― 42

第2章　転換点としての『シャウプ勧告』

　　1　はじめに――――――――――――――――――――――― 57
　　2　昭和22年の税制改正とシャウプ使節団による問題提起――――― 57
　　3　シャウプ使節団の最終結論―――――――――――――――― 60
　　4　付帯条件とその意義――――――――――――――――――― 63
　　5　会計改革の重要性―――――――――――――――――――― 65

         6　企業会計改革のための勧告 —————————————— 67
         7　税務会計改革のための勧告 —————————————— 71
         8　おわりに ——————————————————————— 78

第3章　『シャウプ勧告』以降の税務会計の発達（その1）
　　　　―税務会計の発展と確立―

         1　はじめに ——————————————————————— 85
         2　「シャウプ税制」の成立と税務会計研究の興隆 ————— 85
              1　昭和25年の法人税法改正とその問題点 ——————— 85
              2　税法批判と「純資産増加説」見直し論の登場 ————— 89
              3　税務当局者による税法研究の進展と伝統的税務会計観の動揺 — 93
         3　税法改正運動の展開 ————————————————— 97
              1　「税法と企業会計原則との調整に関する意見書」の発表
                 （昭和27年6月）とその影響 ——————————— 97
              2　税法と「企業会計原則」との調整の進展 ——————— 99
              3　「税法と企業会計との調整に関する意見書」の発表
                 （昭和41年10月）と「公正会計処理基準」の誕生 ——— 102
         4　おわりに ——————————————————————— 104

第4章　『シャウプ勧告』以降の税務会計の発達（その2）
　　　　―税務会計の展開とゆらぎ―

         1　はじめに ——————————————————————— 115
         2　税務会計の展開期―昭和42(1967)年～平成9(1997)年― —— 115
         3　税務会計の変革期―平成10(1998)年～現在― ——————— 118
              1　「抜本的税制改正」と平成10年の法人税改正 ————— 118
              2　転換点としての「法人課税小委員会報告」 —————— 119
              3　「法人課税小委員会報告」の提言と近年の法人税改正 — 121
              4　新たな税法批判の登場 ———————————————— 127
         5　おわりに―税務会計の針路のゆらぎ― ———————————— 131

第Ⅱ部 『シャウプ勧告』の残した課題

第5章 わが国法人税の発達
―法人税の誕生から『シャウプ勧告』発表前夜まで―

1　はじめに―所得税法の創設と法人税の誕生― ─────── 139
2　法人税源泉課税の時代―明治32(1899)年～大正8(1919)年― ── 140
3　法人税独立課税の時代―大正9(1920)年～昭和20(1945)年― ── 143
4　おわりに―戦前の改革の総括と『シャウプ勧告』発表前夜の改革― ── 147

第6章 『シャウプ勧告』の法人税改正案

1　はじめに ──────────────────────── 151
2　改正案の特色 ─────────────────────── 151
　　1　法人本質観と法人税の課税根拠 ─────────── 151
　　2　法人税改革の3要素 ────────────────── 152
　　3　キャピタル・ゲイン課税制度の重要性 ─────── 154
3　改正案の問題点 ─────────────────────── 155
　　1　受取配当控除制度の問題点 ──────────── 155
　　2　積立金利子付加税制度の問題点 ───────── 157
　　3　キャピタル・ゲイン課税制度の問題点 ─────── 158
4　おわりに―シャウプ博士らのねらい ────────────── 159

第7章 『シャウプ勧告』以降の法人税制度の変遷

1　はじめに ──────────────────────── 167
2　昭和20年代の税制改正 ─────────────────── 167
3　昭和30年代の税制改正 ─────────────────── 169
4　昭和40年代の税制改正 ─────────────────── 172
5　昭和50年代以降の税制改正 ──────────────── 175
6　おわりに ──────────────────────── 179

第8章　『シャウプ勧告』と『アメリカ版シャウプ勧告』

1　はじめに ——————————————————————— 189
2　『アメリカ版シャウプ勧告』の特色 ————————————— 190
　　1　法人税の廃止勧告 ——————————————————— 190
　　2　「棚卸法」の採用 ——————————————————— 191
　　3　『アメリカ版シャウプ勧告』の背景（1）
　　　　—1935年ならびに1936年のローズヴェルトの大統領教書— 192
　　4　『アメリカ版シャウプ勧告』の背景（2）
　　　　—1936年連邦歳入法— ———————————————— 193
3　ふたつの報告書の比較検討 ————————————————— 196
　　1　共通点：法人税改革の目的 ——————————————— 196
　　2　相違点：キャピタル・ゲイン課税制度の相違 ——————— 197
4　ふたつの報告書の相互関連性（1）—宮島教授の指摘— ——— 198
　　1　報告書 Facing the Tax Problem の「惨憺たる結果」——— 198
　　2　「棚卸法」の問題点 ——————————————————— 199
　　3　法人税廃止勧告の結末 ————————————————— 200
5　ふたつの報告書の相互関連性（2）—シャウプ博士の証言— — 201
　　1　シャウプ使節団の目的 ————————————————— 201
　　2　マッカーサー元帥からのガイド・ラインとシャウプ使節団
　　　　の独立性 ——————————————————————— 203
　　3　課税の公平性と中立性の重視 —————————————— 204
　　4　法人税の統合 ————————————————————— 205
6　おわりに—会計発展の重要性— ——————————————— 206

第9章　シャウプ博士のキャピタル・ゲイン課税理論
　　　　　—実現ベースの拡大と法人税の撤廃—

1　はじめに ——————————————————————— 215
2　『カーター報告』の法人税改革案 —————————————— 216

3 *White Paper*の法人税改革案と"five-year plan" ———— 217
  4 未実現キャピタル・ゲイン課税制度の意義 ———————— 220
  5 "five-year plan"の意義 ——————————————————— 222
  6 おわりに ———————————————————————————— 224

あ と が き ————————————————————————————— 229
参考文献 ————————————————————————————————— 231
資　　料 ————————————————————————————————— 245
事項索引 ————————————————————————————————— 291
人名・団体名索引 ———————————————————————————— 301

税務会計発達史研究への視角

――税務会計発達史研究の意義,『シャウプ勧告』研究の意義,本書の目的と構成等――

1 税務会計発達史研究の意義

　わが国において法人所得に対する課税が開始されたのは,明治32(1899)年のことである。それ以来すでに一世紀以上の歳月が経過したことになるが,この間の税務会計近代化の歴史は,昭和42(1967)年の「公正会計処理基準」の誕生によってひとつの頂点をむかえた。その後,税法と企業会計との調整を基軸とした税務会計の安定的発展期に入ったが,こんにちでは,それにも変化のきざしがみられるようになった。

　たとえば,近年のいわゆる「課税ベース拡張論」を基本方針とした税法改正にみられる「税法の会計離れ」と呼ばれる動向や,それにとどまらず,法人所得計算の基本を企業会計に依存してきた従来の税務会計の計算構造ないし計算体系そのものの変革をもとめる確定決算基準の見直し論の台頭,さらには,企業会計の領域における新たな時価主義論の登場などは,いずれも企業会計を基盤とするこんにちの税務会計にとって,その根底をゆさぶる重大な脅威であるとともに,税務会計研究上,看過しがたい重要問題でもある。

　税務会計は,かくして,その発展のひとつの重大なふし目をむかえている。こんにちにおいて,税務会計発展の歴史をふりかえることは,たとえそれが直面する諸問題解決の直接的な手段とはなりえないにせよ,税務会計発展の軌跡にかんする理解を深め,問題解決への手がかりをえるうえで有益で

あるに違いない。

2 『シャウプ勧告』研究の意義

　『シャウプ勧告』（Shoup Mission［1949］）は，戦後のわが国税制の発展に多大の影響を与えた画期的な税制報告書として，その名をひろく知られている。全4巻，全体で400ページにものぼるこの膨大な報告書は，連合軍最高司令官マッカーサー（D. MacArthur）元帥の招へいをうけて，昭和24（1949）年5月に来日したシャウプ（C. S. Shoup）博士を団長とする税制使節団の約3カ月半にわたる精力的な調査・研究活動をもとに作成されたもので，同年8月に発表された。わが国における恒久的税制として，近代的所得税を中核とした税制の確立をめざすシャウプ使節団は，税体系の改革のみならず，税務行政や会計の改革をも視野に入れた包括的な税制改革構想を立案し，この報告書においてそれを提案した。かれらの提案の多くは，ほぼ無修正のまま，翌昭和25（1950）年の税制改正において法制化され，実施にうつされた。この「シャウプ税制」の成立は，わが国税制史上，類をみない希有の大改革となった。

　もっとも，わが国における恒久的税制の確立という『シャウプ勧告』の掲げた目標が，その後のわが国において十分に達成されてきたとはいえない。しかも「シャウプ税制」は，その成立直後から幾多の修正をうけ，包括所得税制度をはじめとする「シャウプ税制」の重要な柱の多くは，昭和20年代の一連の税制改正によってまたたくまに解体されてしまった。「シャウプ税制の崩壊」と，しばしば評されるこの事実に象徴されるように，戦後のわが国税制の近代化の歴史は「シャウプ税制」の成立とともに頂点をむかえたのち，大きな屈折の道をたどったのであり，『シャウプ勧告』がめざした長期的に安定した税制の確立という目的は，いまだに達成されてはいない。

　こうした戦後税制の変遷にもかかわらず，筆者は，あえて『シャウプ勧告』とわが国税制ならびに税務会計発展とのかかわりに注目している。その

理由のひとつは,「シャウプ税制の崩壊」をもたらした税制改正の多くが,昭和25年に勃発した朝鮮戦争以降のわが国の急速な経済復興期に実施された一連の租税特別措置ならびに政策税制にほかならなかったという事実があるためである。すなわち,「シャウプ税制の崩壊」の真の原因は,経済復興期における税制改革の基本目的と,わが国における恒久的税制の確立という『シャウプ勧告』の目的との乖離にあったものと考えられるのである。筆者のこの見解によれば,「シャウプ税制の崩壊」は,こんにちのわれわれにとって教訓に富んだ過去の歴史にほかならず,それゆえ,恒久的税制改革案としての『シャウプ勧告』の意義は,それによって,いささかも損なわれることはない。

近年『シャウプ勧告』再評価の必要性は,税制の抜本改革がさけばれるたびに指摘されてきた。それらの多くは,わが国戦後税制の「原点」,あるいは,包括所得税理論にもとづくオーソドックスな税制改革案としての『シャウプ勧告』の意義を認め,政策税制を多用した過去の歴史に対する反省と,「原点」への回帰をうながす内容のものであった。事実,近年の税制改正では,租税特別措置の整理・縮小,所得税の税率構造の簡素化,株式キャピタル・ゲインの原則課税化といった基本方針が打ちだされ,「シャウプ税制への回帰」と理解されるべき動向が生じているのである。

しかも,「シャウプ税制の崩壊」は,「シャウプ税制」全体の文字どおりの「崩壊」を意味してはいない。既述のように,『シャウプ勧告』は,税体系の改革のみならず,税務行政や会計の改革をも視野に入れた包括的な税制改革構想として理解されねばならない。『シャウプ勧告』において,税務行政ならびに税務会計の近代化にむけてなされた勧告の多くは実際に実を結び,申告納税制度の普及に多大の貢献をした。さらに,筆者の見解によれば,近代的企業会計理論の導入による税務会計の近代化の必要性を述べた勧告は,当時すでに進行中だった「企業会計原則」制定運動と結びついて,税務会計の近代化のみならず,企業会計制度全般の近代化をもたらす大きな原動力ともなった。

『シャウプ勧告』は，かくして，わが国における税務会計ならびに企業会計の近代化の歩みにおいて，きわめて重大な影響を及ぼしたものとみられるのである。『シャウプ勧告』と，わが国における税務会計の発展とのかかわりに筆者が注目する最大の理由は，ここにある。

3 本書の目的と構成

　こうした認識をもとに，本書では，『シャウプ勧告』を，わが国の戦後の税務会計発展の歴史の原点と位置づけ，その意義を，ふたつの異なる側面から検討してみたい。すなわち，まず，わが国税務会計の近代化の歴史を検討することによって，税務会計発達史上の『シャウプ勧告』の意義をあきらかにし，ついで，『シャウプ勧告』に含まれる重要な示唆を手がかりに，シャウプ博士の包括所得税理論を検討することによって，博士の税制改革の理想像，ならびに，博士の示す税務会計改革の課題をあきらかにしてみたい。

　これらの目的にそくして，本書は２部構成をとった。前半にあたる第Ⅰ部では，わが国税務会計発達の歴史を，『シャウプ勧告』発表以前の期間とその発表以降の期間に区分して，わが国税務会計の変遷を概説する。これによって，『シャウプ勧告』がわが国税務会計の発展に及ぼした影響，ならびに，その歴史的意義をあきらかにする。つづく第Ⅱ部では，『シャウプ勧告』の法人税改革案を手がかりとして，シャウプ博士のもとめる法人税改革の理想像と，その実現に不可欠な税務会計改革の課題とをあきらかにする。なお，第Ⅰ部ならびに第Ⅱ部の概要は，つぎのとおりである。

　まず，第1章では，『シャウプ勧告』がわが国税務会計の発展に及ぼした影響をいち早く指摘した長谷川忠一教授の先駆的業績（長谷川〔忠〕[1975]）と，『シャウプ勧告』の歴史的意義を指摘するわが国税務会計発展の通史を記した武田昌輔教授による比較的近年の業績（武田〔昌〕[1990]）を，冒頭（第1節）で紹介し，これらふたりの先達の見解にそくして，税務会計発展の時代区分を提示する。つづく本論（第2節以下）では，初期の所得税法

や，当時争われた行政訴訟の判例，さらには，税務当局の通牒などの検討をつうじて，戦前における税務会計発展の概要を述べ，戦前の税務会計の特色と問題点とをあきらかにする。

つぎに，第2章では，わが国における会計の発達，ならびに，その近代化を目的とした詳細な会計改革案を作成・提案したシャウプ使節団の目的と，その会計改革案の特色とを検討し，企業会計ならびに税務会計の改革案としての『シャウプ勧告』の意義をあきらかにする。なお，『シャウプ勧告』のなかでは，税務行政改革に関連した「付帯的問題」(Collateral Matters) として提案されている会計改革にかんする勧告の多くが，たんなる付帯的な勧告にとどまらず，より重要な意味を有していた事実を指摘するために，この章の前半（第2章第2節～第5節）では，わが国所得税の将来性にかんするシャウプ使節団の調査・研究の成果を記した『シャウプ勧告』の記述を紹介し，検討をくわえる。

第3章では，『シャウプ勧告』の画期的な税務会計改革案の実施を契機として，税務会計の近代化をもとめる動きが本格化し，その動きの拡大に伴って，税法の伝統的所得計算思考に動揺が生じ，それがついには，近代的所得計算基準を盛り込んだ画期的税法改正へと及んでゆく過程をあきらかにする。なお，ここでの検討の範囲は，『シャウプ勧告』が実施にうつされた昭和25年以降，いわゆる「公正会計処理基準」の誕生をみる昭和42(1967)年までの期間に限定し，それ以降の期間については次章にゆずることとする。

第4章では，第3章を引き継いで，昭和42年以降の税務会計の発展を検討する。「公正会計処理基準」の誕生をみた昭和42年以降は，法人所得計算の近代化という側面から特筆されるべき改正は実施されなかったが，平成に入ると，新たな動きが活発化する。本章では，そうした税制改正の動向を整理し，そこに潜む問題点を指摘する。

つづく第Ⅱ部の序章にあたる第5章では，『シャウプ勧告』発表前夜までのわが国法人税の歴史を概観し，その特色をあきらかにする。いわば『シャウプ勧告』誕生前史の検討を目的としている点で，本章は，次章以降におけ

る検討の前提として位置づけられよう。

　第6章では,『シャウプ勧告』の法人税改革案の特色と問題点とを具体的に検討し,それを立案したシャウプ博士らのねらいが「理想の制度」の実現ではなく,より簡素な「次善の制度」の定着に置かれていた事実をあきらかにする。

　第7章では,『シャウプ勧告』以降のわが国法人税制度の歴史的変遷を検討し,「理想の制度」はもちろん,「次善の制度」すら,いまだに定着していない法人税制度の現状を指摘する。

　第8章では,まず,『シャウプ勧告』において示唆された「理想の制度」の意味を具体的にあきらかにするために,『アメリカ版シャウプ勧告』とも呼ばれる報告書 Facing the Tax Problem (Shoup et al.［1937a］) の法人税改正案をとりあげて,その特色を検討する。なお,ここでは,この報告書の誕生の背景となる1930年代のアメリカ合衆国連邦税制の変遷と,報告書の結末についても言及する。

　さらに,第8章では,法人税改革をめぐる『シャウプ勧告』と報告書 Facing the Tax Problem の勧告案の相違点に注目し,相違がもたらされた背景について,昭和58(1983)年8月におこなわれたシャウプ博士と筆者との会談の記録 (Takahashi［1984］) をもとに検討する。なお,ここでは,『シャウプ勧告』の基本目的や基本構想といった重要事項にかんする博士の証言を,可能な限りひろく紹介する。

　第9章では,法人税制度の抜本改革に伴う会計基準改善の必要性を指摘したシャウプ博士の論文 "The White Paper: Accrual Accounting for Capital Gains and Losses" (Shoup［1970］) を検討し,博士の不変の理想をあきらかにする。

　なお,シャウプ博士と筆者との会談の模様を再現した3編の記録を,資料として巻末に掲載した。

序　章　税務会計発達史研究への視角

4　本書と既発表の論文

　本書は，筆者の過去の論文をとりまとめたものであり，2部・9章から構成されているが，各章と既発表の論文との対応関係は，おおよそ下記のとおりである。

第1章：「わが国税務会計発達史の研究（上）―第二次世界大戦前の税務会計―」『東北学院大学論集　経済学』No. 135, September 1997, pp. 1-18に相当程度の加筆をした。

第2章：「わが国税務会計発達史の研究（中）―転換点としての『シャウプ勧告』―」『東北学院大学論集　経済学』No. 136, December 1997, pp. 73-91に相当程度の加筆をした。

第3章：「わが国税務会計発達史の研究（下）―近代税務会計の誕生と確立―」『東北学院大学論集　経済学』No. 137, March 1998, pp. 31-69に相当程度の加筆をした。

第4章：「昭和後期・平成期における税務会計の発達―税務会計の展開とゆらぎ―」『東北学院大学　経済学論集』No. 172, December 2009, pp. 23-38に若干の補筆修正をした。

第5章：「わが国法人税の発達―法人税の誕生から『シャウプ勧告』発表前夜まで―」『東北学院大学　経済学論集』No. 171, September 2009, pp. 35-43に若干の補筆修正をした。

第6章：「シャウプ勧告の沿革―法人税と個人所得税に見られる体系を中心として―」，染谷恭次郎博士還暦記念会編『財務会計の基礎と展開』中央経済社，1983年，第2部第5編第4章pp. 272-280をもとにして，大幅に加筆した。

第7章：「シャウプ税制沿革史」『東北学院大学論集　経済学』No. 84, December 1980, pp. 55-77をもとにして，大幅に加筆した。

第8章：「『シャウプ勧告』の核心」『東北学院大学経理研究所紀要』創刊号，March 1985，pp. 117-137ならびに「シャウプ勧告の核心」『会計』Vol. 129，No. 2，February 1986，pp. 252-266をもとにして，大幅に加筆した。
第9章：「シャウプ博士の課税ベース拡張論」，現代会計研究会編『現代会計研究』白桃書房，2002年，pp. 288-299に若干の補筆修正をした。

第Ⅰ部

『シャウプ勧告』の歴史的意義

『シャウプ勧告』以前の税務会計の発達

―税務会計の生成―

1 はじめに―先達による税務会計発達史研究と『シャウプ勧告』―

　長谷川忠一教授は，近代的税務会計の初期の普及書ならびに啓蒙書として有名な著書『近代税務会計論』（長谷川〔忠〕[1975]）において[1]，税務会計を「国民の納税義務を金額的に確定するための会計」と定義したうえで，税務会計が「税制ないし税法とともに生成発展してきた」事実に注目している[2]。同教授は，わが国税務会計発展の歴史のなかでも，申告納税制度を定着させる契機となった『シャウプ勧告』の発表前後の税務会計の変化を「変質」[3]と呼んでとくに重視し，その意義をつぎのように説明している[4]。

　　いずれにしても，賦課課税の下では，政府が一方的な課税権を行使することをたてまえとしていたので，当時の税務会計も課税権者側のみに必要な課税技術に終始し，その内容も，主として課税損益項目に対する税法の解釈適用を税務官庁側に集積された税務慣習によって判断してゆくといったものであった。……
　　これを要するに，賦課課税当時の税務会計なるものは，税法の体系を中核とし，その解釈適用のしかたを税務慣習に求めたところの課税技術の解説にすぎなかったのである。
　　これに対し，ショウプ勧告［『シャウプ勧告』のこと：髙橋注］以後の申告納税制度においては，納税者自身が自らの所得を計算し，これを納付しなけ

ればならないことになったから，税務会計も当然，課税権者の手から離れて，納税者側のものとなった。……[中略：髙橋注]……いいかえれば，納税義務がある者は，すべて税法理論とその解釈基準を適正に理解すると同時に，自己の所得計算に必要な会計処理が合理的になしうるだけの素養をつけなければならないことになったのである。

　かくて，納税者のための税務会計は，単純に「税務」と「会計」という二つのものを一つにつなぎ合わせたというべきものではなく，両者が混然一体となって，独立した一つの研究分野をもつ「税務会計」というものが誕生したと考えるべきである。

このように，長谷川教授は，『シャウプ勧告』を契機とした税務会計の発展を，税務当局による「徴税技術の解説」[5]から納税者のための「社会科学」への進化と理解し，それを税務会計の「変質」と呼ぶのである。わが国税務会計発達史上の画期的断面をはじめて指摘したという意味において，同教授の研究が有する意義は大きい。

もっとも，税務会計の普及ならびに啓蒙を主要な任務とするこの著書では，残念ながら，歴史研究のための十分な紙幅はさかれていない。その歴史的記述は，税務会計の「変質」という歴史の一断面を示すにとどまり，税務会計の歴史的発展過程の全貌を示す通史となってはいない[6]。

一方，武田昌輔教授は，明治初期から昭和後期にいたるまでのわが国税法の課税所得計算規定の歴史的変遷を論じた「税務会計の史的発展とその現代的意義」（武田〔昌〕[1990]）を発表し，そのなかで，税務会計発達史上，とくに重視されるべき一連の事実を指摘している[7]。この研究の結論において，同教授は，「税務会計学」[8]誕生のメルクマールを『シャウプ勧告』にもとづく税制改正にもとめ，つぎのように述べている[9]。

　……私は課税所得金額の計算について企業会計を前提として，その差異等について体系的に研究され出した時期をもって税務会計学の誕生と考えている。
　これは，一応シャウプ勧告に基づく税制において課税所得金額の算定のた

めの税務会計が学として成立したとみるのが適当ではないか，と考えるものである。

すなわち，武田教授は，『シャウプ勧告』の発表ならびに「シャウプ税制」の成立を契機として近代的企業会計の手法が税法に導入された事実に注目し，その時点をもって「税務会計学の誕生」と呼ぶのである。同教授は，この論文において，企業会計の尊重ならびに税務会計の近代化をもとめた『シャウプ勧告』[10]の画期的提案のいくつかを簡潔に紹介し[11]，それによって『シャウプ勧告』がわが国税務会計の発展に及ぼした影響を説明している。

さらに，武田教授は，『法人税基本通達』の公開が，『シャウプ勧告』にもとづいて実現された事実に注目して，つぎのように述べている[12]。

> 昭和二五年には，シャウプ税制に基づく法人税の改正について『法人税基本通達』が公表された。これによって課税当局の課税所得計算に関する内容が公開されたことになる。逆にいえば課税当局における法解釈の内容が公開されたことになり，その意味では一般の国民の批判の材料が出揃ったことにもなったのである。私は，この昭和二五年のシャウプ税制をもって「税務会計学」の誕生とみてよいのではないかと考えている。

このように，武田教授は，長谷川教授が「変質」と呼んだ『シャウプ勧告』前後における税務会計の変化を具体的な事実にそくして説明し，それによって，その変化の歴史的意義を明示することに成功している。この点において，武田教授の論文は，既述の長谷川教授による研究の空白部分を補完する待望の税務会計発展通史となっている。

ここで検討した両先達の研究は，発表時期とアプローチにおいて，大きな相違がみられるものの，両先達の結論は，『シャウプ勧告』の発表ならびに「シャウプ税制」の成立によって，わが国税務会計の近代化が飛躍的に前進した事実を指摘する点において一致している。本章では，これらの研究成果

にそくして,わが国税務会計発展の歴史を,『シャウプ勧告』が発表された昭和24年ならびに「シャウプ税制」が成立した翌昭和25年の前後に大きく二分したうえで,考察をすすめることとしたい。ちなみに,本章では,『シャウプ勧告』以前の税務会計の発達を検討の対象とする。

2 初期の所得税法規定の特色と問題点

　わが国税法による会計制度化の歴史は,明治20(1887)年の所得税の創設とともに幕をあけた。諸外国における所得税の歴史をみると,所得税が最も早く創設された国は所得税の母国と呼ばれるイギリスであり,1842年には恒久税としての所得税が創設されている。しかし,その他の諸国において国税としての所得税が創設されたのは,いずれも20世紀に入ってからのことであり,わが国よりも遅い。たとえば,アメリカとドイツにおいて連邦税としての所得税が創設されたのは,それぞれ大正2(1913)年と大正9(1920)年のことであった[13]。

　わが国における所得税創設のおもな目的は,国防充実のための財源の確保と,地租と酒税を中心とした従来の税体系のもとで発生していた租税負担の不公平,とりわけ,農業部門と商工業部門との間の租税負担の不均衡,ないしは貧困階層と富裕階層との租税負担の不均衡の是正に置かれ,一定額以上の所得を有する個人に対して軽度の累進税率で課税する総合累進所得税制度が導入された[14]。この所得税法は,課税所得の範囲とその計算方法について,つぎのような規定を設けている。

　　第二条　所得ハ左ノ定則ニ依テ算出スヘシ
　　第一　公債証書其他政府ヨリ発シ若クハ政府ノ特許ヲ得テ発スル証券ノ利子、営業ニアラサル貸金預金ノ利子、株式ノ利益配当金、官私ヨリ受クル俸給、手当金、年金、恩給金及割賦賞与金ハ直ニ其金額ヲ以テ所得トス
　　第二　第一項ヲ除クノ外資産又ハ営業其他ヨリ生スルモノハ其種類ニ応シ収入金高若クハ収入物品代価中ヨリ国税、地方税、区町村費、備荒儲蓄金、

第1章 『シャウプ勧告』以前の税務会計の発達

製造品ノ原質物代価、販売品ノ原価、種代、肥料、営利事業ニ属スル場所物件ノ借入料、修繕料、雇人給料、負債ノ利子及雑費ヲ除キタルモノヲ以テ所得トス
第三　第二項ノ所得ハ前三箇年間所得平均高ヲ以テ算出スヘシ但所得収入以来未タ三年ニ満タサルモノハ月額平均其平均ヲ得難キモノハ他ニ比準ヲ取リテ算出スヘシ（明治20年3月19日勅令第5号）

　上記の第1項の規定は，公債ならびに政府が発行する証券および私債の利子，貸金利子のうちの営業活動によらないもの[15]，株式の配当金，給与，手当，年金，恩給，賞与の8種類の所得をとりあげて，それらの計算においては，収入金額をもってただちに所得の金額とすべきこととしている。つづく第2項は，第1項に列挙された8種類の所得以外の所得を，「資産」から生じた所得，「営業」から生じた所得，「其他」から生じた所得の3つに分類したうえで，所得の種類ごとに，租税公課ならびに諸経費等を収入金額から控除した残額をもって所得とすべきこととし，控除対象たる租税公課ならびに諸経費等の範囲を定めている。なお，第3項は，第2項の細則とも呼ぶべき内容のものであって，第2項に列挙された所得の算定にあたっては，原則として前3カ年の所得の平均値をもちいるべきこととしている[16]。

　これらの規定によれば，収入金額をもってただちに所得の金額とすべき所得は第1項に列挙された8種類の所得に限られ，その他の所得の計算においては，租税公課ならびに一定の諸経費等の控除が認められることになる。また，第2項に列挙されたそれらの経費の多くは，当時の商工業者の営業上の必要経費とみられ，そのなかには，製品の原材料費や売上商品の原価をはじめとして，事業所の賃借料，修繕費，給料，雑費，さらには負債の利子までが含まれている。これらの経費等を「必要経費」として定義することなく，個々に限定列挙しただけの第2項の規定方法はいかにも素朴ではあるが，同項の主たる目的が商工業者の利潤の算出にあったことはあきらかであろう。

　このように，わが国所得税法は，その創設当初から，事業活動の果実たる純利益に対する課税を予定し[17]，その算出に必要な損益計算の実施をもと

めていたものとみられる[18]。この事実は，明治20年の所得税の他の優れた特徴と同様に注目されるべきであろう[19]。

　もっとも，明治20年の所得税法は，納税義務者の範囲を一定額以上の所得を有する個人に限定していたから[20]，法人形態で営まれる事業は第2項が定める「営業」からは除外されている。法人の所得計算規定を具備した税法の誕生をみるのは，法人所得に対する所得税の課税が開始された明治32（1899）年のことである[21]。

　明治32年に実施された所得税法の全文改正を契機として，わが国所得税は，従来の総合所得税から，所得分類主義にもとづく分類所得税へと転換された。新たに採用された所得三分類方式のもとで，所得は法人所得（第1種所得），公社債の利子（第2種所得），さらに，公社債の利子以外の個人所得（第3種所得）に三分類され，所得の種類ごとに異なる税率が適用されることになった[22]。この方式の導入に伴って，所得計算規定もつぎのように改正された。

> 第四条　所得ハ左ノ区別ニ従ヒ之ヲ算定ス
> 一　第一種ノ所得ハ各事業年度総益金ヨリ同年度総損金、前年度繰越金及保険責任準備金ヲ控除シタルモノニ依ル但シ第二條ニ該当スル法人［いわゆる外国法人のこと：髙橋注］ノ所得ハ此ノ法律施行地ニ於ケル資産又ハ営業ヨリ生スル各事業年度ノ益金ヨリ同年度損金ヲ控除シタルモノニ依ル
> 二　第二種ノ所得ハ其ノ支払ヲ受クヘキ金額ニ依ル
> 三　第三種ノ所得ハ総収入金額ヨリ必要ノ経費ヲ控除シタル予算年額ニ依ル但シ此ノ法律施行地ニ於テ支払ヲ受ケサル公債社債ノ利子、営業ニ非サル貸金、預金ノ利子、此ノ法律ニ依リ所得税ヲ課セラレサル法人ヨリ受タル配当金、俸給、給料、手当金、割賦賞与金、歳費、年金、恩給金ハ其ノ収入額ノ予算年額ニ依リ田畑ヨリノ所得ハ前三箇年間所得平均高ヲ以テ算出スヘシ
> 前項第一号ノ場合ニ於テ益金中此ノ法律ニ依リ所得税ヲ課セラレタル法人ヨリ受ケタル配当金及此ノ法律施行地ニ於テ支払ヲ受ケタル公社債ノ利子アルトキハ之ヲ控除ス（明治32年2月10日法律第17号）

この第4条の規定には，所得計算規定の近代化という側面から注目すべき，いくつかの特色がみられる。

まず，個人所得の計算方法を定めた旧法の規定に大幅な修正がくわえられている。たとえば，公社債の利子の計算方法を定めた第1項第2号では，「収入金額」を意味するものとみられる「支払ヲ受クヘキ金額」という概念の登場をみている。さらに，第1項第3号では，所得を「総収入」と「必要経費」との差額概念とする定義方法がはじめて採用され，同号ただし書きに列挙された例外を除く第3種所得は，損益計算後の純利益とすべきことが明示されている。また，これに伴って，必要経費の範囲を定めた旧法第2条第2項の規定は所得税法の本法から削除され，所得税法施行規則中につぎのような規定が設けられている。

　　第一条　所得税法第四条第一項第三号ニ依リ総収入金額ヨリ控除スヘキモノハ種苗鼇種肥料ノ購買費，家畜其ノ他ノ飼養料，仕入品ノ原価，原料品ノ代価，場所物件ノ修繕費，其ノ借入料，場所物件又ハ業務ニ係ル公課，雇人ノ給料其ノ他其ノ収入ヲ得ルニ必要ナル経費ニ限ル但シ家事上ノ費用及之ト関連スルモノハ之ヲ控除セス　（明治32年3月29日勅令第78号）

一方，法人所得への課税開始に伴って創設された第1項第1号では，「益金」と「損金」との差額概念として法人所得を定義する現行法人税法通則規定の原形の誕生をみているが，この規定において，税法は，法人所得の定義に用いた「益金」ならびに「損金」の計算方法をまったく明示していない。このことは，法人所得への課税にあたって，税法が個人の事業所得計算の仕組みとは異なる所得計算の仕組みを採用し，「益金」ならびに「損金」の計算基準を税法以外にもとめていることを示唆している。

それを裏付けるように，税法は，法人所得金額の決定手続きについて，つぎの一連の規定を設けている。

第七条　納税義務アル法人ハ各事業年度毎ニ損益計算書ヲ政府ニ提出スヘシ……（明治32年2月10日法律第17号）

　　第九条　第一種ノ所得金額ハ損益計算書ヲ調査シ政府之ヲ決定シ……（同上）

　これらの規定によれば，法人の所得金額は，各事業年度ごとに法人によって作成される損益計算書にもとづいて政府が決定すべきことになる。他方，ひろく知られるように，当時の会社会計については，すでに施行されていた商法によって確定決算が導入され，この制度のもとで，会社は損益計算書の作成を義務づけられていた。すなわち，いわゆる「原始商法」（明治23年3月27日法律第32号）には，「会社ハ毎年少ナクトモ一回計算ヲ閉鎖シ計算書，財産目録，貸借対照表，事業報告書，利益又ハ配当金ノ分配案ヲ作リ監査役ノ検査ヲ受ケ総会ノ認定ヲ得タル後其財産目録及ヒ貸借対照表ヲ公告ス其公告ニハ取締役及ヒ監査役ノ氏名ヲ記載スルコトヲ要ス」（第218条）との会社会計規定が設けられており，この規定は，明治26（1893）年から実施されていた[23]。こうした事実に照らしてみれば，上記の法人税法第7条ならびに第9条の条文中の「損益計算書」が，商法によって作成の義務づけられた損益計算書を意味することはあきらかであろう。

　かくして，明治32年の所得税法は，第4条第1項第1号の規定ならびに上記の一連の規定（第7条および第9条）をつうじて，「益金」ならびに「損金」を，商法の規定する確定決算制度のもとで作成される損益計算書から誘導することを意図していたものとみられる。この意味において，わが国税法上の「確定決算主義」は，法人所得に対する所得税の課税の開始当初から存在したことになる[24]。

　もっとも，明治32年の所得税法で採用された「確定決算主義」を，法人所得計算の商法会計への原則的依存を意味する現行法人税法上の「確定決算主義」と同義に解釈することはできない。なぜならば，こんにちの「確定決算主義」のもとで課税所得計算の基準とされる企業会計は[25]，当時のわが国

では実務上の慣行としても，また，制度としても未確定の状況にあり[26]，当時の商法は，法人所得計算の基準として役立つような会社計算の規範ないし基準を示した明文の規定をまったく設けていなかったからである[27]。

　ちなみに，当時の商法は，商業帳簿作成上の唯一の基準として，財産目録作成時における財産の時価表示を定めた，つぎのような規定を置くだけだった。

　　財産目録ニハ動産、不動産、債権其他ノ財産ニ其目録調整ノ時ニ於ケル価格ヲ附スルコトヲ要ス（明治32年3月7日法律第48号第26条第2項）

　この規定に，「益金」ならびに「損金」の定義や，それらの具体的な計算の根拠をもとめることの困難性は，あまりにも明白であろう。

　結局のところ，当時の税法は，「確定決算主義」を採用することによって，一方では「益金」ならびに「損金」の定義規定をはじめとする，法人所得の計算に必要な規定を設けることをみずから放棄し，他方では会計計算にかんする規範はおろか，会社会計のための実質的基準すら具備していない商法に対して，所得計算の基準をもとめるという二重の矛盾を有していたことになる。この矛盾は，「益金」ならびに「損金」の具体的な計算基準を示した規定を実定法上の規定としてもたない，当時のわが国法制上の不備として，法人課税の開始当初から存在していたにもかかわらず，このことは，賦課課税制度下にあった戦前・戦中をつうじて，人々の注目をあつめることはなかった。

　以上の検討からあきらかなように，わが国の初期の税法の課税所得計算規定は，様々な近代的特徴を備える一方において，肝心の法人所得の計算にかんする基本的な仕組みを定めた規定は，上記のような重大な問題をはらんでいたことになる。

3 賦課課税制度下の税務会計の実態と問題点

　明治32年以降の税制改正では，法人課税における源泉課税主義ならびに受取配当益金不算入制度の廃止（大正9年改正），さらには，所得税からの法人税の分離独立（昭和15年改正）といった所得税の抜本改正が実施された。しかし，法人所得の計算にかんする上記の問題は，戦前・戦中をつうじて実施された多くの税制改正においても，まったくあらためられることはなかった[28]。

　ちなみに，明治32年の改正以降の戦前の期間をつうじて実施されたおもな税制改正は以下のとおりである。

・大正2（1913）年
　（第一種所得の改正）
　　　合名会社，合資会社および株主20名以下の株式会社の所得（甲）については超過累進税率を適用し，その他の法人所得（乙）については比例税率を適用することとした。

・大正9（1920）年
　（第一種所得の改正）
　　　甲と乙の所得区分を廃止し，新たに，超過所得（所得のうち資本金額の1割をこえる金額），留保所得，配当所得および清算所得に区分して，それぞれ異なる税率で課税することとした。このうち，超過所得および留保所得については，累進税率を適用することとした。
　（第三種所得の改正）
　　　受取配当の6割および賞与を新たに課税対象にくわえた。

・大正15(1926)年
  (第一種所得の改正)
    配当所得と留保所得の区分を廃止して普通所得一本とし，それに対して5％（外国法人は10％）の税率で課税する一方で，超過所得には4％から20％までの超過累進税率を課すこととした。

・昭和15(1940)年
  (法人税の独立)
    法人税を独立の租税として，所得税から分離した。法人税率は，各事業年度の所得に対して18％，清算所得に対して18％，さらに各事業年度の資本に対して0.15％となった。
  (所得税の改組)
    従来の制度にかえて，分類所得税と総合所得税を併用する制度を採用した。分類所得税では，所得を，不動産所得，配当利子所得，事業所得，勤労所得，山林所得，退職所得の6種類に分類し，それぞれについて，異なる金額の免税点，基礎控除を設け，異なる比例税率（山林所得と退職取得は累進税率）で課税することとした。総合所得税では，各種の所得の合計額が5,000円をこえる場合に，その超過額に累進税率で課税することとした（ただし，利子所得については，15％の税率による源泉分離課税の選択が認められた）。

　この間，税法は，さきに指摘した矛盾ないしは不備を放置し，「益金」ならびに「損金」の定義規定をはじめとする法人所得計算上の重要規定をいっさい設けなかった。くわえて，戦前の税法は，一貫して賦課課税制度を採用し，この制度のもとで，所得税の賦課決定権は税務当局に賦与されたものの，税務当局による課税所得計算において準拠すべき基準は，すでに指摘したように，実定法上のどこにも存在しなかった。結局のところ，税法は，法人の課税所得計算について必要とされる判断や解釈のいっさいを，事実上，

税務当局に白紙委任していたことになる(29)。

しかも，税務当局は，法人所得の決定にあたって，会社側が採用した会計処理の手法を必ずしも尊重せず，独自の判断をしばしばくだした(30)。そのため，税務当局の判断を不服とする企業によって，多くの行政訴訟が提訴されることとなった。とくに，減価償却や株式プレミアムの税務上の取り扱いをめぐって明治・大正期に争われた一連の行政裁判の記録は，多くの先達によってすでに指摘されてきたように(31)，法人所得計算にかんする当時の税務当局側の判断や解釈の特色と問題点を示す貴重な資料である。

1 減価償却の取り扱いをめぐる問題点

減価償却会計は，明治政府による近代会計導入作業の「先導的試行」(32)として，明治初期段階において国立銀行ならびに商業銀行等の金融機関に導入されたのを端緒に，その後，各産業にも順次伝播していった。明治10年代になると，減価償却会計は，政府による補助金給付の条件として会計方法の改善をせまられた海運会社において採用されるようになり，明治20年代から30年代にかけては，紡績会社をはじめとする製造業の分野でも実施されるにいたっている(33)。ところが，明治32年の法人所得に対する所得税の課税開始にさいして，税務当局は「税務減価償却に関する特殊な取扱い方」(34)を採用し，各会社による減価償却の実務を必ずしも尊重しなかった。このため，減価償却費の損金処理を否認された企業によって，減価償却をめぐる行政訴訟が頻繁に提訴されることとなった。

たとえば，日本絹綿紡績株式会社は，明治32年下期に利益処分方式によって「機械建物消却金」を計上したが(35)，税務当局はこれを損金不算入とする決定をくだしたことから，同社はこの決定を不服とする行政訴訟を提訴した。本件の判決において，行政裁判所は，「機械建物消却金ハ現実本事業年度ニ費消シタルモノニ非スシテ単ニ未来ノ用度ヲ予定シテ為シタル積立金ニ外ナラス」(36)との被告税務当局の主張を認め，原告の訴えを棄却した。その

判決理由の要旨はつぎのとおりである⁽³⁷⁾。

　　　按スルニ機械建物消却金ハ現実事業年度内ニ於テ費消シタルモノニ非スシテ原告会社カ将来ノ用途ヲ予期シ之カ為メ会社ノ利益金ノ中ヨリ積立タル金額ニ外ナラス……［中略：髙橋注］……故ニ本件ノ如キ金題ハ孰レモ会社ノ利益金ニ就テノ処分タルニ外ナラサルヲ以テ前顯法條［明治32年所得税法第4条第1項のこと：髙橋注］ニ所謂総損金ノ中ニ包含スヘキモノニ非ス

　「機械建物消却金」を損金不算入とした決定の適法性を主張する税務当局の根拠は，「現実本事業年度ニ費消シタルモノニ非スシテ」との文言からもあきらかなように，「損金」計上基準としての現金基準にもとめられていた。税務当局の決定を支持する判断をくだした行政裁判所も，判決理由においてこの根拠を踏襲している。「損金」計上基準として現金基準を採用するのであれば，償却方法の如何を問わず，「機械建物消却金」の損金算入は認められないはずである。しかし，行政裁判所は，直接法による減価償却の損金算入の可否をめぐって争われた税務訴訟において，その損金算入を容認する判決をくだしたのである。
　たとえば，東洋汽船株式会社，日本郵船株式会社，大阪商船株式会社は，明治34（1901）年度から翌35（1902）年度にかけて，船舶の推定耐用年数にもとづく定期的減価償却を実施し，減価償却費（各企業によって実際に使用された勘定名は，それぞれ「船価償却費」，「船舶減価引除金」，「船舶減価償却金」であった）を計上したが，税務当局はその損金算入を認めなかったことから，各社はそれぞれ行政訴訟を提訴した。これらの裁判の判決は明治36（1903）年にくだされたが，そこにおいて，行政裁判所は船舶の時価測定の困難性を指摘したうえで，減価償却を財産目録作成時における資産時価の表示をもとめた商法規定の趣旨にそくした「相当」の会計方法と認め，減価償却費の損金計上を否認した税務当局の処分を不当とした。それらの判決理由の要旨はつぎのとおりである。

・東洋汽船株式会社による「所得金額決定取消ノ訴」に対する判決[38]
　……船価償却費ハ船舶ノ製造アリシヨリ使用ノ年序ヲ経ルニ従ヒ品質ニ減損ヲ生スルハ自然ノ結果ナリ而シテ会社ノ財産ハ商法第二十六条ノ規定ニ従ヒ毎年財産目録調整ノ時ニ於ケル価格ヲ附スルコトヲ要ス然ルニ船舶ハ其時価ヲ知ルコト難キモノナレハ原告カ船舶価格ヲ船齢ニ割当テ損失ヲ算定スルハ不当ナリト言フヘカラス

・日本郵船株式会社による「所得金額決定不服ノ訴」に対する判決[39]
　被告ハ原告カ毎事業年度ニ船舶ノ減価トシテ百分ノ二建物ノ減価トシテ百分ノ一ヲ控除スルハ決シテ其現実ノ価格ヲ表明スルモノニアラサレハ本件船舶減価引除金及建物減価引除金ヲ以テ資本ノ欠損ヲ補填スル損金トシテ見ルヲ得スト云フト雖本件船舶ノ如キハ其時価ヲ定ムルコト至難ノモノナルヲ以テ原告ニ於テ一定ノ標準即其耐用年限ヲ定メ年々其価額ヲ逓減スルハ相当ノ方法ト謂フヘク又建物ハ自ラ普通ノ相場アルモノナレハ船舶ノ例ニ倣フヘキモノニアラサルモ亦其価格ニ幾分ノ変動ナキヲ得ス然ルニ被告ニ於テ単ニ原告ノ算定宜シキヲ得ストノ理由ヲ以テ総テ右引除金ヲ益金ニ計算シタルハ正当ノ処分ト謂フヲ得ス

・大阪商船株式会社による「所得金額決定不服ノ訴」に対する判決[40]
　被告ハ本件船舶減価償却金ハ商法第二十六条ニ依リ計算セシモノニアラスト主張スルモ凡船舶ナルモノハ累年腐朽シ漸次価額ノ減退スルハ明白ノ事実ナリ而シテ船舶ノ時価ヲ定ムルハ至難ノモノナルヲ以テ原告カ商法第百九十五条［損失の補填以前における利益配当の禁止規定：髙橋注］ノ主旨ニ従ヒ予メ船舶耐用年限ヲ算定シ定款ニ於テ船舶維持ノ標準ヲ設ケ年々船舶減価償却金ノ項目ニ依リ若干ノ原資ヲ填補スルハ相当ノ方法ニ出タルモノトス

　これらの判決を契機として、税務当局は、船舶の推定耐用年数を基礎とした減価償却を容認するにいたり[41]、さらには、そうした税務上の取り扱いの対象が船舶以外の資産にも拡大されるに及んで、「減価償却会計の定着化」[42]はいっきょに加速したものとみられている。しかしながら、上記の判

第1章 『シャウプ勧告』以前の税務会計の発達

決の内容からもあきらかなように,当時の行政裁判所は,船舶原価の期間配分の必要性や,そのための減価償却の必要性を認めたわけではなかった。すなわち,行政裁判所は,商法規定にそくした会社財産の時価表示の必要性と,船舶時価測定上の困難性を根拠として,船舶の「原価マイナス定額法により算定した減価」[43]を船舶時価の相当額と認め,減価償却の実施を支持したにすぎなかった。

減価償却計算にかんする税務当局ならびに行政裁判所と会社との間の理解の相違は,その後,第1次世界大戦時における船舶価格の暴騰を契機に,船舶の未償却残高と船舶時価との大幅な乖離が発生したことによって,新たな問題をうむこととなった。

たとえば,日本郵船株式会社は,製造後20年を経過した船舶について,大正5(1916)年下期に減価償却をおこなったが,税務当局はそれを否認し,船舶の価額を原価の25分の1と決定したことから,同社は所得金額決定不服の行政訴訟を提訴した。税務当局による所得決定を不服とする根拠として,日本郵船株式会社は,船舶の推定耐用年数を25年とすることの妥当性と,上記の明治36(1903)年における一連の行政裁判所の判決ならびに相続税法において,船舶の推定耐用年数を基礎とした減価償却がすでに容認されている事実をあげて,つぎのように主張した[44]。

> ……船価ハ之ヲ製造後二十五年間ニ償却スルコトハ内外ヲ通シ確実ナル汽船会社ノ斉シク実行スルトコロノ原則ニシテ当裁判所ニ於テモ明治三十六年第五十一号事件ニ付テノ同年七月十日宣告ノ判決ヲ以テ其ノ正当ナルコトヲ承認セラレ被告ノ援用セル相続税法ニ於テモ此ノ原則ヲ採用セルニ拘ラス被告カ此ノ原則ニ依ル計算方法ヲ認メサリシハ違法ナリ

これに対して,被告である東京税務監督局は,原告による減価償却実施後の船舶の未償却残高と当該船舶の推定時価との乖離を指摘して,つぎのように反論した[45]。

……原告ハ所有船舶ノ価格ヲ毎年製造原価ノ二十五分ノ一宛ノ割合ヲ以テ減価償却ヲ為シ二十五年ヲ経過シタルモノハ現ニ船体ヲ存シ其ノ用途ニ航行シ収益ヲ為シツツアルモノト雖之ヲ無価値トスルノ計算方法ヲ採リ居ルモ斯ノ如キハ事実ニ反スルモノナリ之レ相続税法第四条第二項第一号但書ニ製造後二十年ヲ経過シタルモノハ製造費ノ五分ノ一ヲ以テ其価額トストノ規定アル所以ナリトス今船価ヲ調査スルニ船齢二十年以上三十年迄ノモノハ平時ニ於テ製造費ノ二割以上戦時ニ於テハ四割五分以上ナルヲ以テ船齢二十年ヲ超ユル原告所有船舶ニ対シ製造費ノ二十五分ノ五ヨリモ減価スルモノトセル原告ノ償却計算ヲ否認シ之ヲ損金中ヨリ控除セル被告ノ決定ハ毫モ不当ニ非ス

これら主張からあきらかなように，本件の最大の争点は，船舶の推定耐用年数を基礎とした定期的減価償却に対する行政裁判所の承認を所与のものとみるか否かにあった。本件の判決において，行政裁判所は被告税務当局の決定を支持し，原告の訴えを棄却した。その判決理由はつぎのとおりである[46]。

相続税法ニ異ナリ所得税ニ関スル法規ニハ船舶ノ評価ニ付別段ノ定アルニ非サルカ故ニ船舶ハ時価ニ依リ之ヲ評価スヘキモノト解スヘク隨テ之カ評価ニ付ハ原告ニ於テ時価以下ノ価格ヲ附スルヲ妨ケサルモノタル財産目録ノ記載ニ依拠シ又時価ノ如何ニ拘ラス原告主張ノ如キ計算方法ニ従フコトヲ要スルモノ為スヲ得ス原告ノ援用シタル当裁判所明治三十六年第五十一号事件ノ判決ハ船舶ニ付テハ耐用年限ヲ定メ原価ヲ其ノ年数ニ割宛テタル金額ヲ原価ヨリ逓減シタルモノヲ其ノ価額トスヘキ旨ノ法則アルコトヲ判示シタルニ非スシテ右ノ如キ方法ニ依リ逓減シタル金額カ其ノ事件ニ付当時ノ時価トシテ相当ナルコトノ事実ヲ認定シタルニ過キサルモノトス然ルニ本件ニ在リテハ係争事業年度ニ於テ製造後二十年ヲ超ユル原告所有船舶ノ実際ノ価格カ製造費二十五分ノ五ヲ下ラサリシコトハ原告ノ争ハサルトコロナレハ被告カ該船舶ノ価額ヲ製造費ノ二十五分ノ五ト評価シタルハ違法又ハ失当ナリト為スヘキニ非ス既ニ然レハ被告カ製造後二十年ヲ超ユル原告所有船舶ニ付原告ノ償却計算ヲ否認シテ原告ノ第一種所得金額ヲ算定シタルハ失当ナリト云フヲ得ス

第1章 『シャウプ勧告』以前の税務会計の発達

　この判決の問題点は，この日本郵船株式会社による「所得金額決定不服ノ訴」（いわゆる明治36年第51号事件）に対する判決が，推定耐用年数にもとづく定期的減価償却全般に対する行政裁判所の承認を意味しない点を追認することによって，耐用年数製造後20年以上を経過した船舶については減価償却を認めないという税務上固有の原則を確立したことにある[47]。

　ここに列挙した判決は，いずれも減価償却の本質にかんする税務当局ならびに行政裁判所の無理解によって，減価償却の健全な発達が歪められた事実を示している。このことについて上田貞次郎教授は，行政裁判所の当時の判決に対する強い不満をつぎのように述べている[48]。

　　　概して我邦にては法律が実業の為めに作られずして，実業が却て法律の為めに拘束さるゝの嫌あり。此場合にも行政裁判所の判決は神聖なりと雖も，条理は判決以上の権威を有すべきものと余は信ずるなり。

　その後，減価償却の税務上の取り扱いは，いくつかの点において改善をみた。まず，大正9（1920）年の通達「所得税法施行上取扱方心得」において，つぎのような規定が設けられ，利益処分方式によって計上された「減価償却金」の損金性がはじめて認められた。

　　　第三条　法人ノ資産減価償却及繰越欠損金ノ補塡ハ其ノ事業年度ノ損金ト認ムヘキモノナルヲ以テ法人ノ計算ニ於テ純益金ノ処分トシテ之ヲ為シタル場合ト雖其ノ純益ノ生シタル事業年度ニ於ケル総損金中ニ之ヲ算入スヘキモノトス（「所得税法施行上取扱方心得」大正9年8月19日大蔵大臣達）

　これについで，のちに次節（第4節）で，くわしく紹介する昭和2（1927）年の総合通牒「主秘第一号」では，「法人カ資産ノ減価償却及評価損ヲ総損金中ニ計算シタル場合ニ於テハ其ノ目的カ計算ノ基礎ヲ堅固ナラシムルニアリ特ニ脱税ノ結果ヲ来サスト認メラルル程度ノモノハ之ヲ是認スルモノトス……」（「所得税取扱方」昭和2年1月6日主秘第一号第49条）との規定が設

けられ，同条（第49条）各号において，減価償却方法として，定額法または定率法のいずれかの使用が認められたのをはじめ，固定資産の種類，個々の機械装置ごとに個別の「耐久年数表」も示された[49]。

これらの通達ないし通牒からは，減価償却計算にかんする税務当局の理解の前進を読みとることができるが，その一方で，税務当局の取り扱いは，「減価償却に関する特殊な取扱い方」としての側面をなおも残していた。たとえば，間接法によって処理された減価償却費の損金算入は，戦前・戦中をつうじていっさい認められず，直接法による減価償却の実施が損金算入の条件とされていた。この取り扱いの不合理は戦後に入ってもあらためられず，申告納税制度の全面実施とともに減価償却計算の取り扱いが法制化された昭和22(1947)年以降は，新たに創設された法人税法施行細則中に，間接償却法によって処理された減価償却費の損金算入を認めないというただし書き規定が組み込まれた[50]。この規定が削除され，間接法によって処理された減価償却費の損金算入が認められるようになったのは，翌昭和23(1948)年になってからのことであった。

このように，法人課税の実施以来，少なくとも約半世紀の間，減価償却本来の意義にかんする税法の十分な理解は，えられなかったことになる[51]。

2　株式プレミアムの取り扱いをめぐる問題点

わが国の従来の商法は，その創設以来，株式の額面発行を原則としていたが，明治32年の改正を契機として，この原則を修正し[52]，株式のプレミアム付き発行に道をひらいた。この改正に伴って，従来の商法は，法人に対して株式プレミアムの準備金への繰り入れを新たに義務づけることとし[53]，つぎのような規定を設けた。

　　第百九十四条　会社ハ其資本ノ四分ノ一ニ達スルマテハ利益ヲ配当スル毎ニ
　　準備金トシテ其利益ノ二十分ノ一以上ヲ積立ツルコトヲ要ス

第1章　『シャウプ勧告』以前の税務会計の発達

> 額面以上ノ価額ヲ以テ株式ヲ発行シタルトキハ其額面ヲ超ユル金額ハ前項ノ額ニ達スルマテ之ヲ準備金ニ組入ルルコトヲ要ス（明治32年3月7日法律第48号）

　この商法第194条第2項の規定は，株式プレミアムの「準備金」組み入れを指示するだけで，それが資本準備金であることを明示してはいない。この規定では株式プレミアムの性質は特定されず，課税の是非もまた不明である。このため，法人所得への所得税の課税開始とともに，税務当局内部で株式プレミアムへの課税の可否が問われることとなったが，当局は，その当初から，株式プレミアムへの課税を指示した[54]。当時のこの指示こそが，株式プレミアムを益金に算入する税務当局の取り扱いのさきがけであったといわれている[55]。

　株式プレミアムを益金算入とする税務当局の取り扱いに対して，すでに明治30年代後半には，この取り扱いを不服とする行政訴訟が提訴されている。もっとも，それらの初期の行政訴訟の主要な争点はやや的をはずれたものとなっており，株式プレミアムが当時の所得税法において非課税所得とされていた「営利ノ事業ニ属セサル一時ノ所得」（明治32年2月10日法律第17号第5条第5項）に該当するか否かという点に置かれていた。しかも，行政裁判所は，それらの訴訟の判決において，必ずしも十分な根拠を示さないままに，株式プレミアムを「営利ノ事業ニ属スル所得」とみる判断をくだして，税務当局による株式プレミアムの課税所得算入を支持した。

　たとえば，株式会社名古屋銀行は，明治39（1906）年上半期に資本金50万円を増資するに際して，額面株式（50円）を一株につき15円のプレミアム付きで発行し，それによってえた合計15万円の株式プレミアムを積立金に繰り入れた。ところが，税務当局は，この株式プレミアムを益金算入とする決定をくだし，これに対する銀行側の異議申し立てを棄却したため，名古屋銀行は所得金額決定の取り消しをもとめ，行政裁判所に提訴した[56]。

　原告である銀行側の主張の要旨はつぎのとおりである[57]。

29

……該価格差金ノ如キハ原告銀行ノ益金ナルヘキモ素ト株式募集ノ目的ハ増資ヲ為シ信用ヲ増進スルニ過キスシテ該収得ハ営業上ヨリ得タル利益ニ非ス即チ営利ノ事業ニ属セサル一時ノ所得ナルヲ以テ所得税法第五条第五号ニ該当シ明カニ課税ノ免除ヲ受クヘキ性質ノモノナルヤ疑ナシ

　その後，本件の判決において，行政裁判所は，「本件価格差金十五万円ハ営利ノ事業ニ因ル所得ナルヲ以テ所得税法第五条第五号ニ該当セス」との被告税務当局側の主張を認め，原告の請求を棄却した。その判決理由の要旨は，つぎのとおりである(58)。

　按スルニ本件株式募集ハ原告営業資本ノ増加ニシテ此行為ハ原告営業上之ヲ必要ナリトシテ為シタルモノナレハ之ニ依リ得タル利益ハ即チ営利ノ事業ニ属スルモノト為ササルヲ得ス

　上記の「名古屋銀行事件」と争点を同じくして争われた明治40(1907)年の「福岡同盟銀行事件」(59)，ならびに，明治41(1908)年の「富山電気事件」(60)においても，行政裁判所は同様の理由を付して，原告の請求を棄却した。かくして，「株式会社カ其営業上資本ヲ増加スルノ必要アリトシ新株ヲ募集シタルトキハ之ニ依リテ取得セル利益ハ営利ノ事業ニ属スルモノトス従テ新株ノ価格差金ハ所得税法第五条第五号ノ規定ニ該当セス」(61)との行政裁判所の判断は，一応の確立をみた。

　上記の「名古屋銀行事件」では，株式プレミアムの資本性の有無は争われていない。したがって，株式プレミアムが「資本」であるとの認識は，税務当局ならびに行政裁判所はもちろんのこと，株式プレミアムの非課税を主張する法人の側にも存在しなかったことになる。

　なお，明治41年の「共通銀行事件」(62)は，株式プレミアムの資本性の有無を争点のひとつとしている点で注目されるが，原告の主張の要旨はつぎのとおりである(63)。

第1章 『シャウプ勧告』以前の税務会計の発達

　……右額面超過額金八千円ハ商法第百九十四条第二項ニ従ヒ準備金ニ組入レタルモノニシテ其性質資本ト同視ス可キモノナリ仮リニ之ヲ原告銀行ノ利益ナリトスルモ所得税法第五条第五号ニ所謂営利ノ事業ニ属セサル一時ノ所得ナレハ所得税ヲ課スルコトヲ得サルモノナリ

　その後，本件の判決において，行政裁判所は，株式プレミアムを益金に算入した税務当局の判断を支持し，原告の訴えを棄却した。その判決理由の要旨はつぎのとおりである[64]。

　　按スルニ株式ヲ額面以上ノ価格ヲ以テ発行シタル場合ニ其超過額ハ商法第百九十四条第二項ニ依リ準備金ニ組入ルルコトヲ要スレトモ之カ為メ其超過額ハ会社ノ資本ノ性質ヲ有スルモノナリト云フヲ得ス何トナレハ会社ノ純然タル利益モ亦同条第一項ニヨリ準備金中ニ組入ルヘキモノナレハナリ依テ準備金ニ組入レタルカ故ニ資本金ナリトノ原告主張ハ理由ナシ又本件額面超過額金八千円ハ一時ノ収入ナルコト原告主張ノ如シト雖モ株式ノ募集ハ原告銀行資本ノ調達ニシテ此調達ハ原告営業上必要欠ク可ラサル行為ナレハ之ニ由テ得タル利益ハ即チ営利ノ事業ニ属スル利益ト云ハサルヲ得サルヲ以テ所得税法第五条第五号ニ該当セス

　株式プレミアムの性質を「資本ト同視ス可キモノナリ」とする原告主張の根拠は，あくまでも株式プレミアムの準備金組み入れを要求した商法第194条第2項にもとめられており，払込資本としての株式プレミアムの資本性を原告が認識していたとはいいがたい[65]。
　その後，大正2年の所得税改正において，非課税所得の範囲を定めた既存の第5条の条文が改正された。この改正によって，所得税法の非課税規定の適用範囲は個人所得の計算に限定されることになり[66]，上記の一連の訴訟で問題とされてきた「営利ノ事業ニ属セサル一時ノ所得」（明治32年2月10日法律第17号第5条）もまた，それが法人に帰属する以上，益金算入をまぬがれないこととなった。法人の所得計算方法にかんするこの改正は，従来の訴訟の主要な争点を取り去ったという意味において重要であるのみならず，

法人所得概念を純資産増加説の立場から説明するうえでの障害を除去したという意味においても，注目されるものだった[67]。

　大正2年の所得税改正につづく第1次世界大戦時の経済発展期には，企業による株式のプレミアム付き発行件数やその金額も急増した。他方，この時期には，株式プレミアムの本質にかんする研究も進展し，新たに台頭した「資本説」をとる論者による「利益説」批判が学界を賑わすようになった[68]。こうした状況の変化とともに，株主の拠出資本としての株式プレミアムの資本性を主張する幾多の行政訴訟が提訴されるようになった。これに対して，税務当局側は，法人の資本金を除く純財産の増加要素のいっさいを法人所得とみる独自の「純資産増加説」に立脚して，反論を展開した。

　たとえば，大阪商船株式会社は，大正6 (1917) 年下半期に，増資を目的として25万7,500株の額面株式を発行し，株式プレミアムとして1,647万3,728円60銭をえたが，税務当局はこの株式プレミアムを益金算入とする決定をくだした。この決定を不服として会社側がおこなった審査請求に対して，税務監督局は税務当局と同じ決定をくだしたため，会社側は，所得金額決定の取り消しをもとめ，行政裁判所に提訴した。本件において，株式プレミアムの「資本説」を唱えた原告側の主張は，十分な合理性と具体性とを具備していた点で，当時としては卓越した内容の「資本説」であった[69]。その事実を可能な限り正確に指摘するために，以下では，長文ではあるが，判決録に残された原告側主張の記録のほぼ全文を紹介しよう[70]。

　　一、会社事業ニ於テハ各社員ハ会社ノ目的ヲ達スル為メ出資ヲ為シ其ノ出資中財産出資ノ価格ノ総額カ会社ノ基本財産即チ資本ノ額ト為ルモノニシテ会社ノ純財産額（総財産額中ヨリ総債務額ヲ控除シタルモノ）カ此ノ資本額ヲ超ユルニ非サレハ会社ノ利益ナルモノアルヘカラス故ニ社員ノ出資ハ会社ノ利益ニ非スシテ之ト対立スルモノナリト云ハサルヘカラス株式会社ハ社員（株主）カ財産出資ノミヲ為ス会社ニシテ其ノ資本ハ株式ニ分タレ株主ハ株式ノ金額ヲ出資スルヲ常トス此ノ場合ニ於テ其ノ資本カ会社ノ利益ニ非サルコトニ付テハ何人モ異論ナカルヘシ是レ其ノ資本カ総株主ノ出資

ヨリ成ルカ為メニ外ナラス然レトモ株式会社ハ時トシテ額面以上ノ価格ヲ以テ株式ヲ発行シ株主ハ額面以上ノ金額ヲ払込ムコトアリ此ノ場合ニ於テモ株金額ニ当ル部分カ株主ノ出資ナルニ付テハ異論ナカルヘシ然ラハ額面超過額ハ額面額ト同シク出資ノ性質ヲ有スルカ又ハ之ト異ナル性質ヲ有スルカヲ尋ヌルニ抑株式ノ発行価額ナルモノハ会社ノ一株ノ株主タラントスル者カ会社ニ出金スル額ニシテ株主カ会社ノ目的ヲ達スル為メ拠出スルモノナレハ発行価額中株金額ニ当ル部分ト額面超過額ニ当ル部分トハ同一ノ性質ヲ有スト云ハサルヘカラス又我商法カ株式ノ引受価額ハ株式申込証ニ記載スヘキモノトシ以テ額面超過額ノ払込義務ヲ株式申込ノ効果ナリトシ（第百二十六条第三項第二百十九条）額面超過額ノ払込ハ第一回ノ株金払込ト同時ニ之ヲ為スコトヲ要スルモノトシ（第百二十九条第二項第二百十九条）其ノ払込ヲ為ササル引受人ヲシテ失権セシムルヲ得ルコト為セルハ（第百二十九条第百三十条第二百十九条）額面額ト額面超過額トカ同一性質ナルコトヲ認メタルモノト解セサルヘカラス然レハ株金額ニ当ル部分カ株主ノ出資ニシテ会社ノ利益ニ非サルコト前述ノ如クナル以上額面超過額亦株主ノ出資ニシテ会社ノ利益ニ非スト云ハサルヘカラス是レ内外諸国ノ学説及諸外国ノ判例ノ殆ント一致スル所ナリ就中普国高等行政裁判所ノ如キハ永ク反対ノ意見ヲ株守シタリシモ遂ニ一千九百二年六月二十五日ノ連合部判決ヲ以テ通説ニ従ヒタリ……[中略：髙橋注]……

二、額面超過額カ会社ノ利益ニ非サルコトハ下ノ設例ニ付研究スレハ容易ニ之ヲ看取スルコトヲ得ヘシ例ヘハ五十円株一万株ヲ七十五円宛ニテ発行シ設立シタル甲会社ト五十円株一万五千株ヲ平価ニテ発行シ設立シタル乙会社トヲ比較スルニ甲会社ノ株主ハ株金トシテ五十万円額面超過金トシテ二十五万ヲ拠出シ乙会社ノ株主ハ株金トシテ七十五万円ヲ拠出スルノ差アリト雖甲会社ノ株主モ乙会社ノ株主モ資金トシテ七十五万円ヲ会社ニ拠出スルニ至リテハ一ナリ斯ル場合ニ於テ甲会社カ二十五万円ノ利益ヲ得タリト云フヘカラサルハ常識判断上明瞭ナルノミナラス甲会社ハ其ノ成立ト同時ニ額面超過額ヲ取得シ会社成立後会社トシテ之ヲ取得スルモノニ非サルカ故ニ之ヲ以テ甲会社ノ利益ト云フコトヲ得サルヤ論ヲ俟タス然レハ設立ノ場合ニ於ケル額面超過額ハ利益ニ非サルヤ明ナリト云フヘシ而シテ増資ハ資本ノ調達ニシテ額面超過額ノ性質ハ設立ノ場合ト増資ノ場合トニ依リ異ナルコトナキヲ以テ設立ノ場合ニ於ケル額面超過額ニシテ利益ニ非サ

ルコト前述ノ如クナル以上増資ノ場合ニ於ケル額面超過額亦利益ニ非スト
云ハサルヘカラス又合名会社ノ新入社員ニ出資額ノ半額ニ当ル地位ヲ有セ
シムル場合ヨリ推考スルモ同一ノ結論ニ達スヘシ例ヘハ甲乙二人各一万円
ヲ出資シテ合名会社ヲ組織シ多年経営ノ結果二万円ノ積立金ヲ有スルニ至
リシモ更ニ二万円ノ資金ヲ要スルニ依リ丙ヲ入社セシメテ右二万円ヲ出金
セシメ之ニ甲乙ト対等ノ権利ヲ有セシムルモノトセンカ丙ノ出資二万円ハ
甲乙ノ一万円ノ出資ニ匹敵スルニ止マルト雖モ其ノ金額二万円カ出資タル
コト疑ナシ今資本金百万円ト諸積金百万円トヲ有スル株式会社カ更
ニ二百万円ノ資金ヲ要スル場合ニ於テ二百万円ヲ増資シ平価ニテ株式ヲ発行
スルトキハ旧株主ヲ害スルヲ以テ二百万円出金スル新株主ハ之ヲ百万円出
資シタル旧株主ト対等ノ地位ニ立タシメサルヘカラス然ルニ株主ノ地位ハ
株金額ニ依ルヲ以テ此ノ目的ヲ達スルニハ資本金百万円ヲ増加シ額面超過
額トシテ百万円ヲ出金セシメサルヘカラス而モ前例ノ合名会社ノ場合ニ於
テ二万円カ丙ノ出資タルコト疑ナキカ如ク此ノ場合ニ於テモ二百万円カ株
主ノ出資タルコト疑ナキモノトス蓋シ合名会社ニ於テハ社員ノ財産出資ノ
総額カ資本ナリト雖株式会社ニ於テハ先資本額ヲ定メテ之ヲ株式ニ分ツコ
トヲ要シ而モ法律ハ株式ノ金額ト社員ノ出資額トノ一致ヲ要求セルヲ以テ
資本金額ト総株主ノ出資額トノ一致セサル場合ヲ生スルコトアリ然レトモ
株主ノ出資モ合名会社ノ社員ノ出資モ同一ノ性質ヲ有スルモノナルヲ以テ
株式会社ニ於テ利益ノ有無ヲ決スルニ当リテハ資本額ニ依ラス総株主ノ出
資額ニ依ラサルヘカラサルヤ明ナリ被告ハ法定準備金カ資本ノ四分ノ一ニ
達シタル後ニ於ケル額面超過額カ配当シ得ヘキモノタルコトヲ根拠トシテ
額面超過額ハ資本ニ非スト為シ商法第百九十四条第二項ノ規定ハ額面超過
額カ資本タル性質ヲ有セスシテ配当シ得ヘキ利益ナルコトヲ前提トシ唯或
場合ニ於テ其ノ処分ニ制限ヲ付シタル例外的ノ規定ナリト論スルモ商法カ法
定準備金ニ組入レタル後残存スル額面超過額ヲ株主ニ配当スルコトヲ禁セ
サルハ株式資本ノ減少ニ付キ定メラレタル手続ニ依ラスシテ之レヲ株主ニ
払戻スコトヲ認容シタルニ過キス形式ハ利益ノ配当ニ同シトスルモ其ノ実
質ハ所謂建設利息ノ配当ト同シク資本ノ一部払戻ナリ要スルニ法定準備金
ニ組入レタル後残存スル額面超価額ノ配当ヲ禁セサル商法ノ規定ハ其ノ資
本ニ非サルコトヲ認メタルモノニ非サルナリ

三、更ニ又所得税法ノ精神ヨリ論スルモ額面超過額ハ利益ト称スヘキモノニ

非ス従テ之ニ対シテ所得税ヲ課スヘカラサルモノトス元来所得税ナルモノハ各個人ノ所得ニ対シテ各個人ノ担税力ニ応シ公平ニ賦課スヘキモノナルカ故ニ法人ニ賦課スルハ法人ヲ独立ノ担税力者トシテ其ノ所得ニ課税スルニ非ス会社事業ヨリ生スル所得ニ付テモ株主カ会社ヨリ受ケタル配当金ニ対シテ株主ヨリ所得税ヲ徴収スヘキモノナリト雖斯クテハ株主カ其ノ会社ヨリ受ケタル配当金ノ申告ヲ怠リ脱税スルノ弊アルヲ以テ法律ハ配当金ノ淵源ニ付テ課税スルノ主義ヲ採リタルモノナリ（明治三十九年税法審査委員会報告）所得税法第四条第二項及第五条六号カ第一種ノ所得トシテ所得税ヲ課セラレタル法人ヨリ受クル配当金ニ所得税ヲ課セサルコトヲ為シタルハ此ノ趣旨ヲ証明スルモノニシテ財政学者ノ所謂遡源徴収主義ヲ採リタルニ外ナラサルナリ斯ノ如ク会社ノ所得ニ対シテ課税スルハ各株主ニ対シテ課税スルニ代ヘテ便宜上会社ニ対シ課税スルモノナルヲ以テ株主カ株主トシテ会社ニ拠出シタルモノハ所得税法ニ所謂利益ト称スルコトヲ得ス従テ之ニ対シテ所得税ヲ課スヘカラサルモノナリ然ルニ額面超過額ナルモノハ前述ノ如ク株金額ト同ク株主カ株主トシテ会社ニ拠出スルモノナルヲ以テ之ニ対シテ課税スヘカラサルヤ勿論ナリトス

四、以上述ヘタル所ニ依リ額面超過額ノ利益ニ非サルコト明ナリト信ス而シテ行政裁判所幾多ノ判決ハ額面超過額ノ利益ナルコトヲ前提トシ而モ其ノ何カ故ニ利益ナルヤヲ説示セラレサリシニ最近大正四年六月二十一日判決ニ於テハ額面超過額ハ会社ノ積極ノ財産ヲ増加スル収入ナルカ故ニ利益ナル旨ヲ説示セラレタリ思フニ額面超過額ハ会社ノ積極ノ財産ヲ増加スル収入ナルコト疑ナシト雖而モ会社ノ積極的財産ヲ増加スル収入ハ総テ利益ナリト云フヲ得ス若然リトセンカ資本ノ増加モ会社ノ積極的財産ヲ増加スル収入ナルカ故ニ会社ノ利益ナリト云ハサルヲ得サルニ至ルヘシ会社計算ニ於テハ既ニ述ヘタルカ如ク資本ト利益トハ相反スル観念ニシテ会社ノ積極的財産ヲ増加スル収入中資本ニ属スルモノハ利益ニ非ス而シテ額面超過額ハ既ニ述ヘタルカ如ク資本ニ属スルモノナルヲ以テ額面超過額カ会社ノ積極的財産ヲ増加スルヲ理由トシテ会社ノ利益ナリト論断スルハ誤レリ

五、額面超過額ハ会社ノ利益ニ非ス従テ之ニ対シテ所得税ヲ課スヘキモノニ非サルハ前述ノ如シ然レトモ仮ニ百歩ヲ譲リ額面超過額亦会社ノ利益ナリトスルモ商法第百九十四条第二項ニ依リ法定準備金ニ組入ルル部分ハ所得税法ニ所謂利益ニ非スト思考ス蓋額面超過額中当然法定準備金ニ組入ルヘ

> キ額ハ当該営業年度ノ成績如何ヲ問ハスシテ之ヲ法定準備金ニ組入ルルコ
> トヲ要シ之ヨリ当該年度ノ損金ヲ控除スルコトヲ得サルモノナルヲ以テ之
> ヲ損益計算ノ利益金ニ算入スルコトヲ得ス而シテ損益計算ノ益金ニ算入ス
> ヘカラサル利益ナルモノアリ得ヘカラサルヲ以テ此ノ部分ノ額面超過額ハ
> 利益ニ非ストナハサルヘカラス是ニ由テ之ヲ観レハ原告会社ノ収得シタル
> 額面超過額中少クトモ商法第百九十四条第二項ニ依リ法定準備金ニ組入ル
> ヘキ金額九百九十二万五千五十九円七十三銭ニ対シ所得税ヲ賦課スルハ不
> 当ナリトス

　この主張において，原告側は，株式プレミアムを額面金額とまったく同様の株主の出資とみるこんにちの払込資本説に立脚し，具体的な設例ももちいて，「資本説」の正当性を詳細に論証している。
　これに対して，被告たる税務当局はつぎのように反論した[71]。

> ……原告ハ額面超過額ハ資本金ニ属スルモノニシテ利益ノ性質ヲ有セサルカ
> 故ニ所得計算上除外スヘキモノナリト主張スルモ所得税法第四条第一項ノ総
> 益金トハ資本ノ払込以外ニ於ケル積極財産ノ増加額及消極財産ノ減少額全部
> ヲ指スモノト解スヘク而モ額面超過額ハ決シテ資本ニ非ス且資産ノ増加ヲ来
> スヘキ収入ナルコト疑ナキヲ以テ特別ノ法文ナキ以上ハ之ヲ総益金ヨリ除外
> スルノ理由ナシ惟フニ会社ノ純財産額カ資本ノ額ヲ超ユルニ非サレハ利益ナ
> ルモノアルヘカラストノ原告ノ主張ハ正当ナルモ額面超過額ヲ資本ナリト称
> スルハ誤レリ抑モ株式会社ノ資本ナルモノハ必之ヲ株式ニ分ツコトヲ要スル
> カ故ニ（商法第百四十三条）株式金額ノ合計ハ即資本総額ニシテ株式金額以
> 外ニ資本金ノ存在スルコトナシ法文ノ形式上然ルノミナラス其ノ実質ニ於テ
> モ亦然リ株式金額ノ払込ハ之ヲ資本トシテ生産利殖ノ元本ヲ構成セシムルノ
> 目的ニ出ルモノナルヲ以テ損益ノ観念外ナルコト勿論ナルモ額面超過額ハ営
> 業元本タルノ性質ヲ有セス株主権ノ所得ヲ許サルルコトニ対スル株金以外ノ
> 特別ノ対価ナリ独逸商法ノ如ク此ノ額面超過額全部ヲ必準備金ニ組入レシメ
> 且之ニ対シテ一定ノ利子又ハ配当金ヲ交付スル法制ノ下ニ於テハ其規定ヲ総
> 合シテ法律カ営業元本タルノ性質ヲ有スト認メタルモノナリトシ従テ之ヲ資
> 本ナリトスルノ説ヲ生スヘシト雖我商法ニ於テハ資本ノ性質ヲ有セサルモノ

第1章 『シャウプ勧告』以前の税務会計の発達

ト為シタルコト疑ナシ即（一）法定準備金ニ充当シタル残額ヲ配当スルコトヲ得シムルハ資本金ニ非スト認メタルカ為ナリ（二）特ニ之ヲ準備金ニ組入ルルコトヲ要スト規定シタルモ亦資本金ニ非サルコトヲ前提ト為セルモノナリ若資本金ナリトセハ法文ヲ竢タスシテ之ヲ保留スルコト当然ニシテ如何ナル場合ニ於テモ之カ配当ヲ許スヘキモノニ非ス（三）株金ハ営業元本構成ノ要素ナルカ故ニ利益配当及会社解散ノ場合ニ於ケル残余財産分配ノ標準タルモ（第百九十七条及第二百二十九条）額面超過額ハ之ニ反シ其ノ払込ニ依リ株主ト為リタル後ニ於テ会社ニ対シ何等ノ負担ヲ為サシムルコトナシ以上ハ皆商法カ額面超過額ヲ営業元本又ハ基本財産ト認メサルノ証左タリ

この反論において，被告側は，「株式会社ノ資本ナルモノハ必之ヲ株式ニ分ツコトヲ要スルカ故ニ（商法第百四十三条）株式金額ノ合計ハ即資本総額ニシテ株式金額以外ニ資本金ノ存在スルコトナシ」と述べて，「額面超過額ハ営業元本タルノ性質ヲ有セス株主権ノ所得ヲ許サルルコトニ対スル株金以外ノ特別ノ対価ナリ」と主張している。現代の会計理論に照らせば，原告の主張の合理性はあきらかであるが，当時の行政裁判所は原告の訴えを棄却した。その判決理由の要旨はつぎのとおりである[72]。

株式会社カ額面以上ノ価額ヲ以テ株式ヲ発行シタル場合ニ於ケル額面超過額カ会社ノ株主タラントスル者ノ出資ナルコトハ原告ノ主張スル所ノ如シ然レトモ商法ニ於テ資本ト称スルハ株式券面額ヲ指シ額面超過額ハ其ノ中ニ包含セス従テ額面超過額ハ株主総会召集ノ請求利益若ハ利息ノ配当請求清算ノ場合ニ於ケル残余財産ノ分配請求其ノ他社員権ノ行使ニ何等影響スル所ナキト同時ニ営業上ヨリ生スル利益ト同ク会社ニ於テ株主ニ配当スル等自由ニ之ヲ処分スルヲ得ヘク何等資本ニ関スル制限規定ノ適用ヲ受クルコトナシ唯額面超過額カ営業上ヨリ生スル利益ト異ル所ハ会社ノ準備金カ未資本ノ四分ノ一ニ達セサル場合ニ於テ営業上ヨリ生スル利益ハ商法第百九十四条第一項ニ依リ其ノ二十分ノ一以上ヲ之ニ組入ルルヲ以テ足ルモノナルニ額面超過額ハ同条第二項ニ依リ準備金カ資本ノ四分ノ一ニ達スル迄之ニ組入レサルヘカラサルノ相違アルノミ而シテ額面超過額ハ商法ニ於テ之ヲ資本ト称セス資本ニ関スル規定ヲ適用セス会社ノ自由処分ニ委シタルコトモ営業上ヨリ生スル利

37

益ト前示準備金ニ組入ルヘキ限度ヲ除キテハ何等異ル所ナキ以上所得税法ノ適用ニ付テモ額面超過額ハ之ヲ資本ト認メス同法第四条第一項ノ総益金中ニ包含セラルルモノト解スルヲ相当トス

　原告の訴えを棄却した行政裁判所のこの判決のおもな根拠は,「商法ニ於テ資本ト称スルハ株式券面額ヲ指シ額面超過額ハ其ノ中ニ包含セス」との解釈にある。
　上記の事件と同じ大正8 (1919) 年に提訴された「京都電灯株式会社事件」[73]ならびに「久原鉱業株式会社事件」[74],さらには,「株式会社大阪堂島米穀取引所事件」[75]の各事件においても,行政裁判所は,株式プレミアムは商法上の資本金とは異なるゆえに所得ではないとする判断を示し,「資本説」に依拠した原告側の所得金額決定変更ならびに所得金額決定取り消しの訴えを棄却した。すでに指摘したように,当時の学界における株式プレミアム研究は一定の進展をみ,「資本説」は多数説となりつつあった。しかしながら,優れた先達らの努力と研究成果は,行政裁判所ならびに税務当局の判断には,まったく反映されなかったことになる。
　その後,昭和24年に公表された「企業会計原則」において,剰余金なる概念がはじめて公式に採用され,資本剰余金と利益剰余金との区分の重要性が強く指摘された。これをうけて,昭和25年の改正商法は,株式プレミアムを資本準備金として積み立てるべきむねの規定を創設し[76],それによってはじめて,株式プレミアムの性質をめぐる商法規定の曖昧さは解消され,「資本説」の公認をみるにいたった。かくして,論争の決着をみるまでに,既述の減価償却の問題と同様,約半世紀の歳月を要したことになる。
　もっとも,のちに第3章で述べるように,株式プレミアム「利益説」をとる税法の伝統は,この商法改正によっても払拭されたわけではなかった。

4 「主秘第一号」通牒の意義と限界

　戦前の税務会計の不十分な発展状況は，前節においてすでに言及した総合通牒「主秘第一号」からも読みとれる。
　「主秘第一号」通牒は，所得税，営業収益税ならびに資本利子税の取り扱いを定めた総合通牒として，昭和2年1月6日，各税務監督局に示達された。この通牒誕生の背景には，通達「所得税法施行上取扱方心得」の示達された大正9年以降における第1種所得税（法人所得税）についての研究の進展と，この時期の経済発展に伴う法人経理の複雑化が存在していたものとみられている[77]。この通牒は，税務当局の「有権的解釈」[78]を示した税務執行上の内規として，その後も重視され，戦後の法人税取扱通達をはじめとする各種通達の「起源」ともなった[79]。
　「主秘第一号」通牒には，当時の税務会計理論をうかがい知るうえで重要と思われる数多くの事項が定められている。貴重な資料であるので，つぎに，それらを原文のまま掲載しよう[80]。

- 株式プレミアムの益金算入
  二五　法人ノ総益金トハ資本ノ払込以外ニ於テ純資産増加ノ原因トナルヘキ一切ノ事実ヲ指スモノナルヲ以テ会社カ額面以上ノ価格ヲ以テ株式ヲ募集シタル場合ノ額面超過額及株式ノ消却又ハ切下等ノ場合ニ於ケル計算上ノ差益ト雖之ヲ益金ニ算入スヘキモノトス

- 減資差益の処理
  二六　法人ノ資本減少ニ因ル差益ニシテ繰越欠損金ト積立金トヲ併有スル場合ハ其ノ相殺残額ノ補填ニ充当セラレタル部分ニ対シテハ之ヲ益金ニ計算セサルモノトス（昭和五、四蔵税一〇六八改正）

- 合併差益の処理
  三一　内訓第二条ニ於テ合併差益ヲ総益金中ニ算入セスト規定シタルハ普通

ノ場合ニ於テ合併差益ハ被合併法人ノ積立金ヨリ成ルモノナルヲ以テ之ヲ前期繰越金ト看做スノ趣旨ニ他ナラス故ニ若シ其ノ合併差益トナルヘキ資産価格カ被合併法人ノ資本金秘密留保金等ヨリ成ル場合ハ之ヲ総益金中ニ算入スルモノトス

・創業費の償却の損金算入
　三七　創業費ノ償却ハ法人ノ計算ニ於テ之ヲ損金ニ現シタルト又ハ益金処分トシテ之ヲ為シタルトニ拘ラス総テ内訓第三条ノ例ニ依リ損金トシテ計算スヘキモノトス

・役員賞与金の損金算入
　四十　法人カ其ノ役員ニ対シ利益アル場合ニノミ給與スル賞与ト雖其ノ役員ニ対シテ別ニ俸給ヲ支給セサル場合ニ於テハ其ノ賞与ハ之ヲ会社ノ損金トシテ計算スヘキモノトス
　四一　法人カ其ノ役員ニ対シ支給シタル賞与金ハ之ヲ損金トシテ計算セル場合ト雖定款ノ規定又ハ総会ノ決議等ニ依リ明カニ損金タルコトヲ認メ得ル場合ノ外ハ益金処分ト認ムルモノトス（昭和二、六主秘一〇三改正）
　四一ノ二　法人カ其ノ使用人ニ対シ支給シタル賞与金ヲ損金トシテ計算セル場合ニ於テハ仮令利益ヲ予想シ得ヘキ時期ニ於テ支給シタルモノト雖其ノ計算ヲ是認スルモノトス（昭和二、六主秘一〇六改正）

・退職慰労金等の損金算入
　四二　法人カ其ノ役員又ハ使用人ニ対シ支給シタル解散手当金, 退職慰労金, 創業功労金ノ如キモノハ仮令法人カ益金処分トシテ計算シタル場合ニ於テモ之ヲ損金トシテ取扱フヘキモノトス

・建設利息の損金算入
　四三　商法第百九十六条ニ依リ配当シタル利息（利益ヨリ配当シタルモノヲ除ク）及相互保険会社ノ基金利息ハ之ヲ法人ノ損金トシテ所得ヲ計算スヘキモノトス

・減価償却ならびに資産評価損の処理
　四九　法人カ資産ノ減価償却及評価損ヲ総損金中ニ計算シタル場合ニ於テハ其ノ目的カ計算ノ基礎ヲ堅固ナラシムルニアリ特ニ脱税ノ結果ヲ来サスト認メラルル程度ノモノハ之ヲ是認スルモノトス但シ其ノ程度ノ認定ニ関シテハ左ノ各号ニ依リ取扱フモノトス

　甲　減価償却
　(一)　減価償却額ハ付属第九号表ノ耐久年数ニ応シ左記減価償却歩合表ノ歩合ニ依リ計算スルモノトス
　(二)　……

　乙　評価減
　(一)　土地，建物，器具，機械及流動資産ニ対シ評価減ヲ為シタルモノニシテ時価又ハ原価ヨリモ低キ評価ヲ為シタルトキト雖時価又ハ原価ノ内何レカ其ノ低キモノト対照シ其ノ減差額カ左表低減歩合ヲ超過セサルトキハ之ヲ是認シ超過スルモノニ付テハ其ノ超過部分ヲ否認スルモノトス但シ時価若ハ原価ヨリモ将来著シキ低落ヲ予想シ得ヘキ特殊ノモノニツイテハ低減歩合ノ三倍額迄ヲ是認シ又所得決定当時ニ於テ既ニ低落ノ事実ヲ認ムルトキハ其ノ程度迄是認スルモノトス
　(二)　……

　ここに掲げた「主秘第一号」通牒の内容は，法人所得計算上の重要問題の多くに及んでいる。なかでも注目されるのは，株式プレミアムの益金算入を指示した「二五」において「純資産増加説」が表明され，税務当局の採用する「益金」計算の原則が明示されている点である。税務当局の「純資産増加説」の確立をうかがわせる資料としても，この通牒は重要である。

　先達の指摘によれば，これらの特徴を有する「主秘第一号」通牒が示達されたことによって，税務の第一線の取り扱いの相当の「整一化」[81]がもたらされることとなった。それとともに，この通牒の存在やその内容は会計実務家や会計学者らの知るところとなり，企業の実務にも相当の影響を与えた[82]。その意味において，わが国税務会計発達史上の「主秘第一号」通牒の意義は軽視できない[83]。

反面,「主秘第一号」通牒は,企業会計理論とは相容れない税務当局独自の判断や解釈を少なからず含んでいた。たとえば,株式プレミアムの益金算入を要求した上記の規定（二五）をはじめとして,減価償却の損金算入の条件を定めた規定（四九）は,その事実を端的に示している。

　しかも,「主秘第一号」通牒は,税務当局の解釈を示した内規にほかならず,賦課課税制度下にあった当時非公開とされていた。すなわち,それは,こんにちの公開通達とは違い,納税者による税法解釈のための指針としての役割は与えられず,所得決定権を有する税務当局の「有権的解釈」の指針としての役割だけをもっぱら期待されていたのである。この点で,非公開通達としての「主秘第一号」通牒は,国民全般に公開され,その批判にさらされるこんにちの公開通達とは,あきらかにその本質を異にしていたのである。

　要するに「主秘第一号」通牒は,法人所得計算にかんする税務当局の解釈を示した最初の総合通牒としてのその意義とは裏腹に,「税務当局による,税務当局のための税法解釈の集大成」であるがゆえの限界を有していたことになる。

5　おわりに

　本章を終えるにあたって,以上の検討を総括するとともに,若干の論評をくわえることとしたい。

　本章の検討内容は,大きく二分されている。まず本章の冒頭では,ふたりの先達による貴重な税務会計発達史研究の成果をふまえて,わが国税務会計発展にかんする時代区分を提示した。かれらの見解によれば,わが国税務会計発展の歩みは,『シャウプ勧告』が発表された昭和24年ないしは翌昭和25年を境として,二分されるべきことになる。

　つづいて,『シャウプ勧告』以前の税務会計の発達とその特色をあきらかにするために,明治期の所得税法,明治期ならびに大正期の行政訴訟,さらには,昭和初期の税務当局の通牒を検討した。この一連の検討をつうじて,

第1章 『シャウプ勧告』以前の税務会計の発達

戦前の税法は，法人の課税所得の計算方法や計算根拠について必要とされる判断や解釈のいっさいを，事実上，税務当局に白紙委任していたこと，さらに税務当局は，そうした税法に依拠して，独自の解釈ないし税務慣行を形成し，それを体系化していったことをあきらかにした。ちなみに，昭和2年に示達された「主秘第一号」通牒は，戦後の法人税取扱通達をはじめとする各種通達の「起源」として注目されるが，そこには，こんにちの企業会計理論とは相容れない税務当局独自の判断ならびに解釈が含まれていた。しかもそうした解釈は，戦後にいたるまで，あらためられることはなかった。

結局のところ，戦前の税務会計は，税務当局独自の解釈にささえられた徴税の技術としての特質を払拭できなかったことになる。

[注]

（1）ここでとりあげた長谷川忠一教授の著書の初版本が出版されたのは，税務会計研究がいまだに黎明期を脱しない昭和41(1966)年のことである。なお，わが国における税務会計発展の歴史を，企業会計制度発展の歴史との関連においてあきらかにした貴重な研究として，畑山［1984］があげられる。
（2）長谷川〔忠〕［1975］p.3.
（3）長谷川〔忠〕［1975］p.5.
（4）長谷川〔忠〕［1975］pp.6-7.
（5）『シャウプ勧告』の発表（昭和24年9月）以前の税務会計の実態について，昭和24年当時，大蔵省調査査察部長だった忠［1949a］p.34は，つぎのように述べている。
「私は，税務官庁における租税法規の解釈についての態度は，実定法規の企図する真にあるべき姿を具体的事実について実現させ，実定法規を補充して一体としての租税法体系を形成するための努力をなすことにあったのだと考えたい。ただ惜しむらくは，こうした合理的な十分の考慮を欠いていたために，解釈の集成に客観性を付与し，判例法と相まって有力な法体系の一部を形成せしめるという自覚にまでは到達しなかったわけである。そして，このことはまた，納税者及び学界の自覚の不十分さがその一半を分担すべきものかとも考えられる。」
（6）長谷川〔忠〕［1975］pp.3-7を参照のこと。なお，長谷川忠一教授による研究の空白部分ともいうべき税務会計発展通史の研究が，のちに本格的に着手されるまでに

は，相当の歳月の経過を待たなければならなかった。
（7）武田昌輔教授は，上記の論文に先だって，「課税所得論」（武田〔昌〕〔1977〕）と題する論文を発表し，わが国法人税法上の課税所得計算規定の歴史的変遷をくわしく紹介している。この論文は，わが国における税務会計発展通史の先駆的研究と呼ぶべき内容のものとなっている。なお，既述の平成2（1990）年発表の論文（武田〔昌〕〔1990〕）は，税務会計研究学会第1回大会（1989年7月1日，成蹊大学）における同教授の研究報告をとりまとめたものである。
（8）武田〔昌〕〔1990〕p. 31.
（9）武田〔昌〕〔1990〕p. 32. なお，新井〔清〕〔1998〕pp. 18-20も，わが国戦後税法ならびに企業会計の沿革を簡潔に説明したうえで，税法ならびに企業会計の発展を導いた『シャウプ勧告』の影響力の重大性を指摘している。

　また，武田〔隆〕〔1999〕p. 108も，『シャウプ勧告』にもとづく昭和25（1950）年の税制改正によって税法の「課税所得計算の精緻化」がもたらされた事実を指摘し，この改正を，戦後の税務会計近代化史上の「第1の波」と呼んでいる。
（10）この武田昌輔教授の論文では，Shoup Mission〔1950〕の一部も引用されている。なお，以下では，この勧告書を『第2次勧告』と呼ぶことにする。
（11）武田〔昌〕〔1990〕pp. 38-40.
（12）武田〔昌〕〔1990〕p. 40.
（13）もっとも，ドイツ連邦成立以前のプロイセンでは，19世紀中葉には，すでに所得税法が施行され，その後の改正をへて，発展を遂げている。わが国の明治20年の所得税は，当時のプロイセンの所得税法の影響をとくに強くうけたものといわれている。この点については，高橋〔誠〕〔1958〕pp. 47-83；林〔健〕〔1979〕pp. 303-324を参照されたい。なお，当時の主要先進諸国の税制の実態は，汐見〔1934〕pp. 7-8において，簡潔に要約されている。
（14）明治20年の所得税の納税義務者は，年間300円以上の所得を有する個人とされ，300円以上の所得を5段階に区分したうえで，最低1％から最高3％までの累進税率が適用された（明治20年3月19日，勅令第5号，第1条ならびに第4条）。なお，明治20年の所得税法創設の目的や，草案作成の経緯ならびに議会での審議経過，実施にいたった所得税の特質と問題点等については，汐見〔1934〕pp. 247-260；大蔵省〔1937a〕p. 977；井手〔1959〕pp. 6-12；高橋〔誠〕〔1958〕pp. 53-54，69-70；林〔健〕〔1979〕pp. 295-335；大蔵省〔1988〕などがくわしい。
（15）第2条第1項は，収入金額をもってただちに所得の金額とすべき所得のひとつとして，「営業ニアラサル貸金ノ利子」をあげていることから，「営業ニアラサル貸金ノ利子」以外の貸金利子，すなわち，貸金業者等が営業活動によって獲得する利子所得の計算については，第2項の規定が適用されることになる。明治20年の所得税

法において，営業活動によって獲得される所得とそれ以外の所得との所得計算上の区分が重視されていた事実は，この点からもうかがえよう。なお，貸付金利子への課税問題は，明治20年の所得税法の元老院における法案審議の主要な論点のひとつとなっている。その論争の詳細については，林〔健〕[1979] pp. 303-327；大蔵省 [1988] pp. 7-8を参照されたい。

(16) 上記第2条第2項に規定された前3カ年平均主義は，明治32年の改正によって予算主義へと変更されたが，その後，大正15(1926)年改正によって再度変更され，前年実績主義へと戻された。

なお，前3カ年平均主義の採用は，プロイセン税法にならったものであったといわれるが，平均主義の採用は，たとえば，農作物の豊凶による米価の変動をうけやすい地主の所得の計算上，とくに重要な意味を有していたという。この点については，高橋〔誠〕[1958] p. 75；林〔健〕[1979] p. 315を参照。

(17) 林〔健〕[1979] p. 303は，明治20年の所得税法の草案作成の段階で，「……元来所得税なるものは，人民が収入をうるうえに要する租税や負債もしくは原材料費などを控除したのこりの純収入に課するものである。」との認識が起草者側にあった事実を指摘している。

(18) 明治20年の所得税法が所得計算にあたって損益計算を要請していた事実は，清水 [1987] p. 49でも指摘されている。

(19) 明治20年の所得税法が，当時としてはきわめて近代的な総合累進所得税制度としての特色を具備していた事実は，多くの先達によって，すでに指摘されてきた。後発の資本主義国だったわが国が，そうした近代的所得税制度を先進諸国の多くにさきがけて持ちえた理由を，汐見 [1934] p. 9はつぎのように説明している。

「明治二十年の当時にあつては，我國の租税制度は固定したる制度（established order）として存在せず，従って我が財政は新制度を樹立すべき處女地であった。而して我が先覚者が傭外国人等の進言を容れ当時最も進歩したと考へられている所得税制度を何の遠慮なしに其の處女地の上に植えつけたのではなからうか。……〔中略：高橋注〕……我國の財政が租税制度の處女地であった事が，當時の我國に不釣合に進歩していた所の所得税の制度を助け且つ其の発達を促した事となるのである。」

(20) 明治20年の所得税法は，その第1条において「凡ソ人民ノ資産又ハ営業其他ヨリ生スル所得金高一箇年三百圓以上アル者ハ此税法ニ依テ所得税ヲ納ムヘシ」（明治20年3月19日勅令第5号）と規定していたが，この条文中の「人民」という用語は，自然人たる個人の意味にもちいられていたものとみられる。なお，法人に対する所得税課税の是非は，すでに言及した貸付金利子への課税問題と同様に，明治20年の所得税法の元老院における法案審議の主要な論点のひとつとなった。審議の過程で

は，いわゆる「法人実在説」に立脚した法人課税構想を盛り込んだ修正案が，いったんは浮上したものの，最終的には法人を非課税とした原案が逆転成立している。法人課税構想が不採用に終わった理由は必ずしもあきらかではないが，林〔健〕〔1979〕p. 336；大蔵省〔1988〕p. 6は，その直接的原因として，法案の起草にあたった大蔵省側が当初から個人に対する課税だけを念頭に置いていたことや，元老院内部の産業保護論の高まりをあげている。法案審議の経緯ならびに法案の詳細については，林〔健〕〔1979〕pp. 303-326, 341-342を参照されたい。

(21) すでに指摘したように，長谷川忠一教授は，税務会計を「国民の納税義務を金額的に確定するための会計」と定義する。一方，武田昌輔教授は，税法固有の会計手法ならびに会計思考の生成を，「税務会計」誕生のメルクマールとして重視する見解を示したうえで，大正9年の「所得税法施行上取扱方心得」（大正9年8月19日大蔵大臣達），ならびに，のちにくわしく紹介する昭和2年の「主秘第一号」と呼ばれる総合通牒（「所得税取扱方」昭和2年1月6日主秘第一号）をもって，税務会計の誕生とみる見解を，前記論文で示している（武田〔昌〕〔1990〕pp. 34-35）。

本書では，企業会計的手法にもとづく所得計算を特質とするこんにちの税務会計発展の歴史に注目する見地から，税務会計を「企業の課税所得計算を目的としておこなわれる会計」と定義することとしたい。

(22) 第1種所得（法人所得）には2.5％の比例税率，第2種所得（公社債利子）には2.0％の比例税率，その他の所得については，1.0％から5.5％までの累進税率が適用された（明治32年2月10日，法律第17号，第3条）。これらの所得のうち，公社債の利子（第2種所得）への課税は源泉課税とされ，所得の支払者側に納税義務が課されていた。このため，所得税は，納税義務者の異なる3種類の所得税，すなわち，法人所得税（第1種所得税），利子税（第2種所得税），個人所得税（第3種所得税）に，事実上，三分されていたことになる。また，明治32年の所得税法は，法人所得を所得税の「第1種所得」として課税する一方で，法人の受取配当ならびに旧法のもとで総合課税の対象とされてきた個人の受取配当を非課税所得としている点において（第4条ならびに第5条），法人所得への課税を個人の受取配当への源泉課税ないしは代替課税とみなす考え方に立脚していたものとみられている。法人課税の仕組みやその基本原理は，その後，数次の変更をへて現在にいたっている。その歴史的変遷ならびに時代区分については，吉国・武田〔昌〕〔1975〕pp. 89-147；佐藤〔1977〕pp. 32-99などを参照されたい。

なお，上林〔1901〕では，明治32年の改正所得税法にかんする詳細な解説が試みられている。同書は，わが国の法人税制度を解説した最古の文献としても貴重である。

(23) 片野〔1968〕pp. 97-145によれば，損益計算書と利益処分案とを結合した「損益及

び利益処分結合計算書」を作成する従来の会計慣行は，この規定の実施を契機として改められ，損益計算書は「計算書」，利益処分案は「利益又ハ配当金ノ分配案」として区分・作成する慣行が形成されていった。

(24) 税法上の「確定決算主義」が法人所得に対する所得税の課税開始当初から存在したものとみる見解は，忠［1979］p. 11をはじめとして，畑山［1984］p. 42；川端［1985］pp. 11-12；武田［昌］［1999a］p. 100などにもみられる。なお，確定決算主義の意義については，川端［1985］；武田［隆］［1998］pp. 38-43などを参照されたい。

(25) 川端［1985］pp. 12-13, 15-16は，わが国税法の確定決算主義の「淵源」として，1874年制定のドイツ・ザクセン所得税法の「税務貸借対照表に対する商事貸借対照表の基準性の原則」をあげている。なお，同教授は，この「基準性の原則」の本質を「『法的拘束力のない生成的規範としての正規の簿記の原則』（公正なる会計慣行）と，税法の課税所得計算との結合」とみている。

(26) 従来の商法創設前後のわが国財務諸表制度の特色と企業会計の実態については，片野［1968］pp. 97-145がくわしい。

(27) 明治32年商法の会計規定の不備について，黒澤［1990］pp. 5, 169-170はつぎのように批判している。

「明治中期にはじまる近代立法運動は，近代国家としての明治日本の新生面を開いたものではあるが，明治初期以来旺盛な展開を示した明治簿記時代は，逆に沈滞の時代を迎えるにいたった。ドイツ旧商法の不完全な計算規定（一八六一年のドイツ旧商法）をそのまま明治三十二（一八九九）年の日本商法典が継受し，簿記，会計に対する軽視の思想を生んだことがその一因である。こうして明治簿記時代は終焉の時を迎えた。」

「ロエスラー草案［明治32年商法のモデルといわれるロエスラー商法草案のこと：髙橋注］は，既述のように，一八六一年ドイツ旧商法を典拠としたのであるが，明治三十二（一八九九）年の前年，すなわち一八九八年に，ドイツ旧商法は改正され，改正商法の総則第二八条には，計算規定の最高規範となった有名な『正規の簿記の諸原則』（Grundsätze ordnungsmassiger Buchführung）［原文のママ：髙橋注］の規定が設けられたのであるが，その翌年に制定された日本商法典の商業帳簿の規定は，これを参照することを完全に怠ったのである。このことは，昭和時代にまで尾を引く日本商法の欠陥となるにいたるのである。」

ちなみに，明治32年の改正商法第26条第1項は，つぎのような内容のものであった。

「動産、不動産、債権、債務其他ノ財産ノ総目録及ヒ貸方借方ノ対照表ハ商人ノ開業ノ時又ハ会社ノ設立登記ノ時及ヒ毎年一回一定ノ時期ニ於テ之ヲ作リ特ニ設ケタル帳簿ニ之ヲ記載スルコトヲ要ス」

なお，明治23年創設の原始商法は，つぎのような商業帳簿規定を置いていた。
「第三十二条　各商人ハ開業ノ時及ヒ以後毎年初ノ三个月内ニ又合資会社及ヒ株式会社ハ開業ノ時及ヒ毎事業年度ノ終ニ於テ動産，不動産ノ総目録及ヒ貸方借方ノ対照表ヲ作リ特ニ設ケタル帳簿ニ記入シテ署名スル責アリ
財産目録及ヒ貸借対照表ヲ作ルニハ総テノ商品，債権及ヒ其他総テノ財産ニ当時ノ相場又ハ市場価直ヲ附ケ弁償ヲ得ルコトノ確ナラサル債権ニ付テハ其推知シ得ヘキ損失額ヲ扣除シテ之ヲ記載シ又到底損失ニ帰ス可キ債権ハ全ク之ヲ記載セス」
（明治23年3月27日法律第32号）

(28) 法人税法上の所得計算規定が本格的に整備されたのは，昭和25年の「シャウプ税制」以降のことであり，「益金」の額に算入すべき収益の額ならびに「損金」の額に算入すべき原価・費用・損失の額の計算の原則を「一般に公正妥当と認められる会計処理の基準」に置くことを定めた法人税法第22条第4項の規定が創設されたのは昭和42年のことであった。また，商業帳簿の作成にかんする規定の解釈にあたって「公正ナル会計慣行」を斟酌すべきことを定めた従来の商法第32条第2項の規定が創設されたのは，さらにあとの昭和49年になってからのことであった。なお，明治32年改正税法第4条第1項の規定は，大正2（1913）年改正によって整備され，「……各事業年度総益金ヨリ同年度総損金ヲ控除シタル金額ニ依ル」（大正2年4月7日法律第13号第4条第1項）と改正された。

(29) 戦前の税務会計の特質を「税務慣習の集積」ないしは「官僚税務会計」と呼び，こんにちの税務会計と区別する見解は，長谷川〔忠〕［1975］p.6をはじめとして，畑山［1984］p.43；畑山［1995］pp.3-4などにもみられる。ちなみに，片岡［1935］「自序」pp.3-6は，税務会計研究における税務官吏としてのみずからの優位性を，つぎのように主張している。

「……税務行政に於ける課税技術の問題は一つに『利益』の計量と云ふことに集中せられているのである。此の税務執行官庁の職能の現れとして，利益計量に関する多くの実験則より織り成せる税慣習が成立し，之が対社会的にも意義を持つに至っている。而して税慣習に付ては材料的にも方法的にも税務官吏の研究が専門的であり且事実にタッチして居り，税務官庁の内規にも即して居るのであって，其の故にこそ税務官吏の体験が税務の解釈に意義を持つとも云ひ得るのである。斯様な意味合に於て，私は古くより一般簿記会計理論に対し，税慣習化せられたる損益認定の定型解釈の基準を総合統一することに興味を持ち，此の研究に対し『税務会計』なる命題を附して呼ぶことにしているのである。……

（附言）税務会計は税務当局の実務から成る税慣習の集積を骨子として其の原理を究むべきであるから，税務の体験を持合さずして之を説くことは許されない筈である。……」

(30) 税務当局は，法人課税の開始当初から法的基準を重視し，最も素朴な現金基準以外にも，権利義務確定基準を採用していたものとみられている。この問題については，木村〔和〕［1960］pp. 137-150；武田〔昌〕［1990］pp. 33-35などを参照されたい。
(31) この時期の税務会計の問題点を指摘した初期の文献としては，東［1917］pp. 51-59；上田［1917］pp. 16-42；長谷川〔安〕［1949］pp. 104-134などがある。なお，比較的近年において，これらの税務訴訟の判例の意義ならびに問題点をとりあげた研究としては，木村〔和〕［1960］をはじめとして，佐藤［1977］；高寺［1974］；高寺［1979］；黒澤［1982］pp. 54-62；木村〔弘〕［1983］pp. 106-163；新井〔益〕［1994］；武田〔昌〕［1990］などがある。
(32) 高寺［1974］p. 38；高寺［1979］pp. 241, 243, 245-246. なお，わが国における減価償却会計の導入・定着プロセスの特色については，高寺［1974］pp. 16-19；高寺［1979］pp. 241-243を参照されたい。
(33) くわしくは，高寺［1979］pp. 241-246を参照されたい。
(34) 高寺［1979］p. 252. 高寺［1974］pp. 237-239；高寺［1979］p. 252；武本［1913］pp. 96-97によれば，「明治32年10月2日主税局通牒」は，減価償却にかんする取り扱い方法にかんする税務当局の当時の統一見解を示す資料として重要である。この通牒は武本［1913］pp. 95-97に掲載されているが，その重要箇所はつぎのとおりである。
「一、総益金中ヨリ総損金ヲ控除シタル純益金ノ内ヨリ器械器具代償却準備金若クハ器械器具償却積立金ノ名称ヲ以テ積立ルモノ
二、前項ノ同名称ノモノヲ損金トシテ計算シ其ノ實定款ニハ利益ノ内ヨリ償却又ハ積立ルコトニ定メアルモノ
右器械器具償却積立金ハ一、二ノ場合共積立金ハ所得ト見ルヘキモノトス
一、土地建物器械器具等固定資本ハ商法ノ規定ニ依リ其ノ決算期ニ於テ時価ヲ付スルモノナレハ其ノ時価ヲ前期決算期ノ時価ニ対比シ増差額ハ固定資本ノ増益金トシテ総益金ニ計算シ減差額ハ減価損金トシテ総損金ニ計算スルモノ
二、有価証券又ハ商品等ニシテ翌期ニ繰越スモノモ亦前項同様前決算期ノ時価又ハ原価ニ対スル増差額ヲ総益金総損金ニ計算スルモノ
右固定資本並商品等ノ減価損金ハ一、二ノ場合共ニ其ノ損金ハ総損金中ニ計算スヘキモノトス」
高寺［1974］pp. 240-241によれば，当時の税務当局は，企業が利益の処分として減価償却積立金を積み立てている場合には，それを所得として課税する一方で，当時の商法第26条第2項の時価評価規定にしたがって，企業が固定資産時価評価損を計上している場合には，それを損金に算入する方針をたてていた。
(35) 減価償却会計を導入する見返りとして補助金の支給をうけられない業種では，当初から「利益処分方式」を採用せざるをえない企業が多く，明治31年から32年にか

けては，とくに，「利益金分配」として「機械代消却積立金」を計上する会社が急増したという。その理由ならびに当時の実務の詳細については，高寺［1974］pp. 246-259；高寺［1979］pp. 250-251を参照されたい。

(36) 明治33年第112号，明治33年11月14日宣告：『行政裁判所判決録』第11輯（1900年）第41巻，p. 10.

(37) 明治33年第112号，明治33年11月14日宣告：『行政裁判所判決録』第11輯（1900年）第41巻，p. 11.

(38) 明治35年第218号，明治36年7月10日第一部宣告：『行政裁判所判決録』第14輯（1903年），pp. 610-611.

(39) 明治36年第51号，明治36年7月10日第一部宣告：『行政裁判所判決録』第14輯（1903年），p. 630.

(40) 明治36年第123号，明治36年12月25日第一部宣告：『行政裁判所判決録』第14輯（1903年），p. 972.

(41) 高寺［1974］pp. 299-301；高寺［1979］p. 254；武本［1913］pp. 100-101によれば，「明治36年12月27日原甲第565号主税局長通牒」では，「日本郵船株式会社及東洋汽船株式会社対東京税務監督局長第一種所得金額取消ノ訴訟ニ付本年七月十日行政裁判所判決ニ基キ同局長ニ於テ右両会社ニ対シ船齢ヲ二十五ケ年ト見做シ一事業年度（事業年度ハ六ケ月ナリ）毎船価百分ノ二ヲ船価償却トシテ損金ニ計算スルコトニ決定致候趣此計算ハ当局ニ於テモ相当ト認メ候ニ付為御参考此段及通牒候」と述べられていたという。

なお，直接法による減価償却の損金性を認める法解釈の生成プロセスについては，高寺［1974］pp. 236-288がくわしい。

(42) 高寺［1979］p. 255.

(43) 高寺［1979］p. 253. なお，高寺［1974］p. 242なども参照されない。

(44) 大正7年第62号，大正8年4月24日第三部宣告：『行政裁判所判決録』第30輯（1919年），p. 257.

(45) 大正7年第62号，大正8年4月24日第三部宣告：『行政裁判所判決録』第30輯（1919年），pp. 258-259.

(46) 大正7年第62号，大正8年4月24日第三部宣告：『行政裁判所判決録』第30輯（1919年），pp. 259-260.

(47) 木村〔和〕［1960］p. 148. 木村〔和〕［1960］p. 147は，この判決について，「……船舶の財産としての評価方法と，減価償却計算とを同一視しており，当時の商法の時価以下主義をあくまで堅持しているのである。減価認識の生成の推移を知るのに好適の見本である。」と述べている。

(48) 上田［1917］p. 19. 黒澤［1982］p. 59は，上田論文のこの結論を「けだし至言で

(49) 黒澤［1947］pp. 316-318は，減価償却計算のための耐用年数や償却率を定めた「固定資産減価償却歩合表」が，大正7(1918)年に大蔵省内規として存在した事実を指摘している。なお，耐用年数が，「法人税法施行規則細則別表」として法定されたのは，昭和22(1947)年のことである。

(50)「法人税法施行規則」（昭和22年3月改正）は，法人の固定資産の減価償却について，つぎのような規定を設けている。

「第十三条　法人の固定資産の償却額は，各事業年度の普通所得の計算上，これを損金に算入する。

　　前項の固定資産及び償却に関し必要な事項は，大蔵大臣がこれを定める。」（昭和22年3月31日勅令第111号）

上記第2項の規定をうけて，法人税法施行細則（昭和22年8月改正）は，減価償却の対象資産の範囲や，耐用年数，償却方法にかんする画一的な定めを置いているが，第2条但し書きでは，「但し，法人が償却すべき金額を固定資産の帳簿価額から直接控除しなかった場合においては，この限りではない。」（昭和22年8月22日大蔵省令第77号第2条）と規定し，間接法によって計上された減価償却費の損金算入を認めないこととしている。

なお，昭和22年における法人税法施行規則ならびに法人税法施行細則の改正の経緯と背景については，吉国［1996］p.42を参照されたい。

(51) なお，わが国の従来の商法が，取得原価主義の立場から減価償却を義務づけるようになったのは，昭和37(1962)年の商法改正以降のことである。ちなみに，昭和37年の商法改正によって，会社の計算にかんするつぎのような減価償却規定が，はじめて創設されている。

「第二百八十五条ノ三　固定資産ニ付テハ其ノ取得価額又ハ製作価額ヲ附シ毎決算期ニ相当ノ償却ヲ為スコトヲ要ス」（昭和37年4月20日法律第82号）

会社および商人全般について，減価償却を義務づける商法の減価償却規定（商法第34条第2号）は，この条文に由来する。

(52) 明治32年の改正商法は，つぎのような規定を設けて，株式の額面以下の発行を禁止した。

「第百二十八条　株式発行ノ価額ハ券面額ヲ下ルコトヲ得ス

　　第一回払込ノ金額ハ株金ノ四分ノ一ヲ下ルコトヲ得ス」（明治32年3月7日法律第48号）

(53) 明治23(1890)年創設の「原始商法」は，つぎのような規定を設けて，利益準備金の積み立てを法人に義務づけていた。

「第二百十九条　利息又ハ配当金ハ損失ニ因リテ減シタル資本ヲ填補シ及ヒ規定ノ

準備金ヲ扣取シタル後ニ非サレハ之ヲ分配スルコトヲ得ス
　　　準備金カ資本ノ四分ノ一ニ達スルマテハ毎年ノ利益ノ少ナクトモ二十分ノ一ヲ準備
　　金トシテ積置クコトヲ要ス」（明治23年3月27日法律第32号）
(54) 木村〔弘〕［1983］p. 106；長谷川〔安〕［1949］p. 128.
(55) 木村〔弘〕［1983］p. 106；長谷川〔安〕［1949］p. 128.
(56) 『行政裁判所判決録』第19輯（1908年），pp. 411-412.
(57) 『行政裁判所判決録』第19輯（1908年），p. 411.
(58) 『行政裁判所判決録』第19輯（1908年），p. 413.
(59) 明治40年第48号，明治41年4月14日第3部宣告：『行政裁判所判決録』第19輯（1908年），pp. 414-417.
(60) 明治41年第81号，明治41年6月23日第3部宣告：『行政裁判所判決録』第19輯（1908年），pp. 779-781.
(61) 『行政裁判所判決録』第19輯（1908年），pp. 410, 414, 779-780.
(62) 明治41年第79号，明治41年10月31日第3部宣告：『行政裁判所判決録』第19輯（1908年），pp. 1166-1170.
(63) 『行政裁判所判決録』第19輯（1908年），pp. 1168-1169.
(64) 『行政裁判所判決録』第19輯（1908年），pp. 1169-1170.
(65) 株式プレミアムの税務当局の取り扱いをめぐって争われた裁判としては，ここでとりあげたもの以外に，「ルナパーク株式会社事件」（大正2年第3号，大正2年5月6日第3部宣告）が有名である。参考まで，その判決の重要箇所のみを，つぎに示そう。
　　「……原告ハ株式額面以上ノ募集収入ハ原告会社成立前ニ於ケル収入ナリト云フモ其募集ハ発起人カ原告ノ為ニ為シタル行為ナルノミナラス現ニ総会ノ決議ヲ経テ原告ノ準備金中ニ組入レタル以上ハ原告会社ノ営利的所得ナリト認サルヲ得ス又原告ハ右ノ収入ニ就テハ所得税法第五条第五号ノ適用ヲ受ク可キモノナリト云フモ株式ノ募集ハ会社資本ノ調達ニシテ其調達ハ営業上必要欠ク可カラサル行為ナレハ之ニ由テ得タル利益ハ営利ノ事業ニ属セサル所得ナリト云フヲ得ス又原告ハ額面以上ノ株式募集行為ハ一時的ノモノナリ此ノ如キ行為ニ依リ得タルモノニ対シ課税スルハ所得税法ノ『各事業年度収入』云云ノ法文ヨリ云フモ許ス可キニアラスト主張スルモ所得税法ニハ営利ノ事業ニ属セサル一時ノ所得ニ課税セサルコトヲ規定スルモ課税ノ目的タル可キ所得ハ継続的ノ行為ヨリ生スルモノナラサル可カラスト規定セサルニ依リ其主張モ採用スルヲ得ス又原告ハ商法第百九十四条第二項ヲ以テ額面ヲ超ユル金額ノ配当ニ付制限ヲ加フルニ依リ額面以上ノ株式募集収入ニ対シ普通年度間ノ収入トシテ課税ス可カラサルコト疑ヲ容レスト云フモ会社ノ純然タル利益ニシテ課税ノ目的物タルコト明ナルモノモ同条第一項ニ依リ

第1章 『シャウプ勧告』以前の税務会計の発達

準備金中ニ組入ル可キモノナルヲ以テ同条第二項ハ利益配当ニ対シ制限ヲ設ケタルニ止リ所得税ノ課否ニ関シ何等関係ナキモノト云ハサルヲ得ス」『行政裁判所判決録』第24輯（1913年），pp. 429–430.

(66)旧所得税法第5条は，「左ニ掲クル所得ニハ所得税ヲ課セス」との規定を置いて，「営利ノ事業ニ属セサル一時ノ所得」の非課税を定めるだけだったが，この改正において，この条文が「第三種ノ所得ニシテ左ノ各号ニ該当スルモノニハ所得税ヲ課セス」（大正2年4月7日法律第13号第5条）と改められた結果，株式プレミアムが「営利ノ事業ニ属セサル一時ノ所得」であるとの解釈のもとに，その非課税を主張することはできなくなった。

(67)木村〔弘〕［1983］pp. 115–116によれば，大正2年の所得税法改正は，従前の所得源泉説から純資産増加説への法人所得計算理論の転換点と位置づけられる。

(68)くわしくは，木村〔弘〕［1983］pp. 118–128を参照されたい。なお，長谷川〔安〕［1949］p. 129によれば，わが国における株式プレミアム論争のピークは，大正8（1919）年頃だったという。

(69)大正8年第35号，大正8年12月24日第1部宣告：『行政裁判所判決録』第31輯（1920年）（上），pp. 1–22. なお，長谷川〔安〕［1949］p. 132によれば，この「大阪商船株式会社事件」は，問題となった株式プレミアム金額ならびに，それに課せられた所得税の金額の大きさゆえに，当時の人々の注目を集め，また，学界にもセンセーションを巻きおこした「画期的事件」となったという。

　また，木村〔弘〕［1983］p. 136によれば，この裁判において原告が展開した株式プレミアム課税反対論は，当時としては，最も洗練された内容のものであったという。

(70)『行政裁判所判決録』第31輯（1920年）（上），pp. 4–12.
(71)『行政裁判所判決録』第31輯（1920年）（上），pp. 12–14.
(72)『行政裁判所判決録』第31輯（1920年）（上），pp. 19–20.
(73)大正8年第42号，大正8年12月23日第3部宣告：『行政裁判所判決録』第30輯（1919年）（下），pp. 1171–1180.
(74)大正8年第65号，大正9年3月12日第1部宣告：『行政裁判所判決録』第31輯（1920年）（上），pp. 198–219.
(75)大正8年第77号，大正9年1月28日第2部宣告：『行政裁判所判決録』第31輯（1920年）（上），pp. 47–65.
(76)昭和25年の商法改正によって，つぎの条文が創設された。
　「第二百八十八条ノ二　左ニ掲グル金額ハ之ヲ資本準備金トシテ積立ツルコトヲ要ス
　　一　額面以上ノ価額ヲ以テ額面株式ヲ発行シタルトキハ其ノ額面ヲ超ユル額
　　二　……」（昭和25年5月10日法律第167号）

(77) 雪岡 [1955] p. 48. 事実，「主秘第一号」通牒では，法人所得を意味する「第一種所得」の計算方法を定めた詳細な規定が，多数，設けられている。ちなみに，「主秘第一号」通牒は「納税義務者」（第1章），「所得税ヲ課セサル者」（第2章），「第一種所得」（第3章），「免除所得」（第6章），「所得審査」（第7章），「所得及訴訟」（第8章），「雑件」（第9章）の各章から構成されているが，第3章については，以下の各節が，とくに設けられている。

「普通所得ノ計算」（第3章第1節），「資本金及積立金」（第3章第2節），「超過所得ノ計算及税率」（第3章第3節），「清算所得ノ計算及税率」（第3章第4節），「第二種所得税ノ控除」（第3章第5節），「同族会社」（第3章第6節），「決定及決定通知」（第3章第7節），「誤謬訂正」（第3章第8節），「徴収及納税地」（第3章第9節），「其ノ他」（第3章第10節）。

(78) 雪岡 [1955] p. 48.

(79) 新井〔益〕[1959] p. 11.

(80) 以下で引用した「主秘第一号」通牒の各事項の特色と問題点については，雪岡 [1955] pp. 48-51；新井〔益〕[1959] pp. 11-18；新井〔益〕[1980] p. 12を参照されたい。なお，「主秘第一号」通牒や雪岡 [1955] は未公刊のため，入手に困難をきたしたが，幸いにも，故新井益太郎成蹊大学名誉教授より，原文のコピーの提供をうけることができた。筆者のぶしつけな依頼を快諾され，ご尽力いただいた事実をここに記し，同教授のご好意に対して，心から感謝の意を表する次第である。

(81) 新井〔益〕[1959] p. 18.

(82) 新井〔益〕[1980] pp. 11-12.

(83) 武田〔昌〕[1990] pp. 34-35は，「主秘第一号」通牒について，「…大正九年の取扱方心得をかなり乗り越えており，税法の課税所得計算の中身が明らかになっている。いいかえれば，税法独自の考え方が生まれてきているように思われる。」と述べたうえで，「この意味においては，昭和二年の主秘第一号をもって税務会計の誕生とみてよいように思われる。」と評している。

ちなみに，大正9年の通達「所得税法施行上取扱方心得」で定められた会社所得の計算規定は，わずかに以下の11条だけであった。

「第一条　法人ノ所得計算上前期繰越益金ハ之ヲ総益金中ニ算入セサルモノトス

第二条　法人合併ノ場合ニ於テ継承シタル資産価格カ合併ノ為ニ発行シタル株式金額ヲ超過スル場合ノ所謂合併差益ハ之ヲ総益金中ニ算入セサルモノトス

第三条　法人資産減価償却及繰越欠損金ノ補填ハ其ノ事業年度ノ損金ト認ムヘキモノナルヲ以テ法人ノ計算ニ於テ純益金ノ処分トシテ之ヲ為シタル場合ト雖其ノ純益ノ生シタル事業年度ニ於ケル総損金中ニ之ヲ算入スヘキモノトス

第四条　法人ノ所得計算上国債及貯蓄債権法ニ依リ発行シタル貯蓄債権ノ利子ハ

其ノ全額ヲ以テ所得税ヲ課セサル所得ト看做スヘキモノトス
第五条　法人ノ総益金中ニ国債以外ノ公債ノ利子其他ノ第二種所得又ハ他ノ法人ヨリ受ケタル配当金（其ノ所得税ヲ課セラレタルト否トヲ問ハス）アルモ之ヲ控除セス課税所得トシテ之ヲ計算スルモノトス
第六条　保険会社ノ利益金又ハ剰余金ヲ算出スル場合ニ於テハ保険契約ニ因ル配当金又ハ配当準備金ヲ控除スルモノトス但シ配当準備金ニ付テハ保険約款上ノ確定的義務ニ基キ積立テタルモノニ限ル保険契約ニ因ル配当金ハ之ヲ第三種所得トシテ計算セサルモノトス
第七条　法人カ月カ月ノ中途ニ於テ解散シタルトキハ解散ノ日ヲ以テ所得税法第六条ノ月末ト看做シ資本金ヲ計算スルモノトス
第八条　所得税法第十四条第二項ニ依リ利益ノ配当ト看做サレタル金額ハ法人ノ当該事業年度ノ配当所得中ニ算入スルモノトス
第九条　法人ノ清算所得又ハ所得税法第十条第二項ニ依ル配当所得計算ニ付テハ残余財産又ハ積立金中所得税ヲ課セサル所得又ハ之ヲ免除スル所得ヨリ成ルモノアルモ之ヲ控除セサルモノトス
第十条　合名会社又ハ合資会社カ商法第八十五条又ハ第百五条ニ基キ任意清算ニ依リ財産ノ処分ヲ為ス場合ニ於テハ解散当時ノ総資産価額ヨリ債務金額ヲ控除シタルモノヲ以テ税法第十一条第一項ノ残余財産ト看做スヘキモノトス
第十一条　清算中ニ払込ヲ為シタル株式金額又ハ出資金額アルトキハ清算所得ノ算出上之ヲ払込株式金額又ハ出資金額ニ算入スルモノトス」（大正9年8月19日大蔵大臣達）

第2章 転換点としての『シャウプ勧告』

1 はじめに

　わが国の租税制度は，第2次世界大戦後の占領下に実施された一連の税制改革によって，大幅な修正をうけることになる。なかでも，昭和24年に発表された『シャウプ勧告』は，その後のわが国税制ならびに税務会計の発達にきわめて重要な影響を及ぼし，その近代化に大きく貢献した[1]。

　本章では，『シャウプ勧告』において会計の改革が必要とされるにいたった背景，会計の改革の目的，さらに，そこで提案されている改革案の具体的内容，ならびに，それらの意義などについて検討する。

　なお，本章の論述にあたっては，歴史的資料としての『シャウプ勧告』の意義を重視し，かつ，筆者の論評の正確性を期す見地から，『シャウプ勧告』からの引用を多用してある。

2 昭和22年の税制改正とシャウプ使節団による問題提起

　昭和22年3月，租税負担の不均衡の是正や税制の民主化をめざす連合軍総司令部の強い指導のもとで，所得税を中心とした戦後初の本格的な税制改正が実施された[2]。既存の所得税制度は，この改正によって大幅に修正され，昭和15年以来引き継がれていた分類所得税と総合所得税との二本だて所得税

制度の総合累進所得税への一本化や，伝統的な賦課課税制度の申告納税制度への転換をはじめとする画期的改革が実現された(3)。

シャウプ使節団は，この昭和22年改正後のわが国税制の動向に注目し，所得税が大衆課税であること，さらには，所得税収入が全国税収入の半分に達しようとしていた事実などをあげて(4)，つぎのように述べている(5)。

> 日本は，それゆえ，政府をささえるために国民全体が納付する租税としての個人所得税を発展させる大事業に着手した。他の大国のなかで，この政策を採用して，ある程度の成果をおさめているのは合衆国と英国だけである。しかも，両国とも，これに着手したのは，第二次世界大戦の影響をうけるようになったごく最近のことである（フランス，ドイツならびにイタリア税制の戦後改革の成果について論評するのは，なお時期尚早である）。
>
> したがって，日本の現行税制について問われるべき唯一の最重要問題は，個人所得税を，国民一般が政府をささえるための主要な手段とする試みを，日本が継続すべきか否かということである。

シャウプ使節団によれば，当時のわが国所得税の重要性の高まりは，「国民全体が納付する租税としての所得税を発展させる大事業」に，わが国が着手した事実を物語る証拠にほかならない。したがって，かれらの見解によれば，当時のわが国の税制の今後の進路について，いま問われるべき最重要問題は，目下の大事業を今後も継続すべきかどうかという問題以外に存在しない。

つづいてシャウプ使節団は，この問題の核心をつぎのように指摘する(6)。

> このような高邁な事業の本質的な利点については，疑いの余地はない。もうひとつの道は，一般国民が政府のためにどれほどの寄与をしているのかを曖昧にし，寄与していることすら気づかないようにしてしまうほどの重い間接税の制度に帰ることである。そうなると，政府は国民にとって縁遠い存在となり，国民はときおり政府の恩恵にあずかる場合以外，これとまったく関係がなくなってしまう。そのうえ，間接税では，所得や富の格差ならびに家

族負担の差異を適正に考慮に入れることはできない。それは，近代国家が必要とする多額の税を公平に徴収するための機構としては，あまりにも不完全（crude）なものである。財政学の研究者は，税に対する認識を高め，租税負担の分配における公正を達成するために，税制の改革を長年にわたって主張してきた。日本は，いままさにそうした事業を開始したのである。

　目的がいかに高邁であっても，それを達成しようとする熱意，あるいは，その技術的能力に欠けていれば，それをもとめることは無意味である。この改革［昭和22年の所得税改革のこと：髙橋注］は日本国民のうえに突如としておこったもので，それは1947年にはじまったことなのである。会計ならびに簿記の習慣は，けっして十分な発展をとげているとはいえない。税を意識すると，税に対する反感をもちやすい。間接税とインフレーションをつうじていかに多くの隠れた負担を負わされたのかを，まったく知らない中低所得者の場合にはとくにそうである。課税に対する反感は脱税を招来し，ひいては国民のモラルの退廃をもたらす。所得税に広範な脱税があり，しかも，納税者の財産の差し押さえや競売を振りかざして，恣意的な更正決定をすることによって税を徴収するということは，間接税よりもなお悪い。

　シャウプ使節団によれば，間接税にはない優れた機能を有する所得税を，国民一般の主要な納税手段とする試みの固有の利点は明白であり，国民の納税意識の向上と課税の公平の実現を目的とした税制改革を意味するこの事業に，わが国が着手したことの意義もあきらかであるが[7]，問題は，それを実施する肝心の日本国民の側に，この事業達成への意欲，あるいは，それに必要な技術的能力が欠けていないかどうかという点にある。かれらの指摘によれば，わが国がこの事業に着手してまもないだけに，この問題の検討はきわめて重要である。

　すなわち，シャウプ使節団によれば，当時のわが国では，適正な課税所得の計算に欠かせない会計経理や簿記の習慣が未発達であることにくわえ，所得税を課税された経験の乏しい多くの中低所得者が存在した。かれらの見解によれば，それらの中低所得者を中心とした多くの国民が，もしも，所得税を主要な納税手段とすることを望まず，またかりに，それを望んだとして

も，それに必要な技術的能力を欠いていれば，この事業全体が失敗に終わることは，火をみるよりもあきらかなのである。

かくして，シャウプ使節団によれば，いま，なによりも重要なことは，この事業達成への意欲とそれに必要な技術的能力の有無を日本国民に問い，その有無を的確に見極めることである。

シャウプ使節団はこの課題を重視し，その究明に尽力した模様をつぎのように記している[8]。

> 過去4カ月間，わが税制使節団はこれらの問題をあますところなく論議しあった。われわれが全国にまたがる視察旅行を実施し，各階層の納税者や各階級の税務職員と会談したのも，それによって，日本の所得税の将来像という問題に対して，正しい判断のもとで解答を与えようとしたからにほかならない。

これらの記述によれば，シャウプ使節団はまさに全力をあげて，上記の課題の究明にとり組んだことになる。

3 シャウプ使節団の最終結論

シャウプ使節団は，みずからが到達した結論をつぎのように述べている[9]。

> 所得税を税制の根幹とする試みは継続されねばならない。

この結論は，さきの課題にかんするシャウプ使節団の調査・研究の最終結論を意味している。「所得税を税制の根幹とする試み」の継続を支持するにいたった根拠を，シャウプ使節団はつぎのように述べている[10]。長文にわたるが，かれらの貴重な研究成果を示す資料ゆえ，関連箇所の全文を引用する。

1. 適正な税務行政の必要性

　日本の財政組織において所得税が効果的に機能するためには，適正にそれを執行することが不可欠である。所得税は租税体系の中核をなしている。所得税は，最も多くの納税者に影響を及ぼす租税であり，事業組織に最大の衝撃を与える租税である。それはあらゆる生活のなかに浸透している。同時に，所得税は最も執行の困難な租税である。所得税を多数の納税者に適用するためには，租税構造の簡素化を必要とするが，租税負担を公平に配分しようとすれば，逆に複雑にならざるをえないのである。

　所得税の適正な執行が絶対に必要であるにもかかわらず，それを実際には達成することは困難であることから，政府は絶えざる挑戦を強いられることになる。税務行政を効果的に執行する責任は政府の官僚らのみが負うべきではなく，賃金労働者と給与所得者，農業者と漁業者，小規模事業者と会社の役員，自由業者と投資家等々，要するに，全国民にかかっているのである。それゆえに，所得税の適用にあたって公正を実現するには，あらゆる階層の納税者と政府との相互の協力を必要とする。

2. 適正な税務行政に対する障害

　日本の戦後の所得税を効果的に執行するには，大きな障害があった。所得税は富裕な少数者ではなく，大多数の市民に，突然，影響を及ぼすようになった。農地改革のうんだ小規模自作農は，農業者であると同時に納税者となった。低賃金労働者と小規模事業者は，ともに所得税の問題には無経験であったが，小規模自作農とともにかれらは，課税をうける新市民層の一部となった。所得税の執行には，正確な会計と簿記が不可欠であるが，それにかわって，一方では帳簿と記録が欠けており，他方では，なげかわしいことに，二重帳簿が存在した。

　税務行政において重要な役割をはたすべきふたつの職業団体，すなわち，計理士と弁護士は，この仕事への用意がなかった。計理士はその職務上必要な独立的地位と伝統とを有してはいなかったし，弁護士は租税の問題についてまったく無知であった。

　政府の側では，すべての税務業務が，一部，戦争の結果として，非組織的で非効率な状態にあった。……［中略：髙橋注］……税務署の事務手続きは，ひどく不十分なものであった。

　政府側，納税者側ともにまったく不備であったにもかかわらず，重大な財

政状況がひかえていた。猛烈なインフレーションは，物価と賃金を完全に不安定にした。これに伴う政府の経済統制は，広範な闇市場を招来した。しかし，所得税の税率と控除は，インフレーションでない時の状態をもとに設定されていた。事実，課税所得という概念全体は，安定した物価水準を前提としていた。かくして，インフレーションの衝撃は，脱税に恐ろしいほどの拍車をかけた。

こうした状態のもとで多額の歳入が徴収されたということは，ひとつの偉業である。しかし，基本的には，このような徴収は，ふたつの要因によるものであった。すなわち，軍政府の圧力と，あらかじめ決定された歳入目標額に達するように，税務署がおこなった大量の更正決定であった。所得税は徴収された。しかし，適正な所得税の基礎となる個人所得の客観的測定は，必然的に犠牲にされたのである。

3. 将来の見通し

したがって，所得税にかんして，こんにち直面する基本問題は，それがはたして適正に執行できるかどうかである。もしも，それが十分に執行されないのであれば，執行のより容易なほかの租税によって置き換えられるべきである。この問題について，確信をもって答えることはできない。ここで強調した障害は，あい変わらず多く残されている。しかし，これらの障害のもとで，集団的かつ平均的な課税方式に依存する多少の必要性はあるにせよ，所得税の健全な執行への歩みは開始されている。

その足取りは不安全で，しかも，不規則である。しかし，その足取りは，適正な税務行政という目標が，それに到達しようとする意欲が持続される限り，達成可能であること示すに足るほど明確なものである。

かくして，所得税を効果的に執行しようとする試みが日本において達成されるであろうことは，現在の混乱と無組織のなかでも，この足取りによって十分に示されているのである。この試みが失敗の悲運に会うとは考えられない。逆に，これまでの結果に照らして，日本の納税者ならびに税務官吏には，所得税を効果的に執行する能力を有することを証明する機会が与えられるべきである。

ここでのシャウプ使節団の関心は，日本国民が所得税を適正に執行できるかどうかという点にある。かれらの見解によれば，所得税は，もっとも執行

の困難な租税である。実際，かれらの判断によれば，わが国の所得税は，その適正な執行をはばむ障害に直面していた。

シャウプ使節団は，この問題にかんするみずからの回答を，上記の「3．将来の見通し」に記している。かれらの見解によれば，わが国所得税の適正な執行の実現までに克服されるべき障害が，いまだに山積していることは確かであるが，他面では，日本国民による「所得税の健全な執行への歩みは，開始されている」ことも見逃せない事実なのである[11]。しかも，かれらによれば，その「歩み」は「適正な税務行政という目標が，それに到達しようとする意欲が持続される限り，達成可能であること示すに足るほど明確」なものであった。こうした認識にもとづいて，シャウプ使節団は，その「歩み」を，「日本の納税者ならびに税務官吏」をはじめとする日本国民が，「所得税を効果的に執行する能力を有すること」を示す証拠と判断したのである。

さきの結論において「所得税を税制の根幹とする試み」の継続をシャウプ使節団が支持した最大の理由は，かくして，みずからが最良の租税と考える所得税を適正に執行する能力を日本国民の努力のなかに発見したからにほかならない[12]。

なお，上記の「3．将来の見通し」において，シャウプ使節団が，「日本の納税者ならびに税務官吏には，所得税を効果的に執行する能力を有することを証明する機会が与えられるべきである」と述べる一方で，「この問題について，確信をもって答えることはできない。」との見解を付記した背景には，この試みが開始されてから日も浅く，所得税の執行上の障害が未解決のまま山積する状況のもとで，かれらの判断に不確実性が介入することは不可避であることを説明するという意図があったものとみられよう。

4　付帯条件とその意義

もっとも，シャウプ使節団は，「所得税を税制の根幹とする試み」の継続

を無条件に支持したわけではなかった。すなわち，かれらは，上記の結論の付帯条件として，つぎのような勧告を付記している[13]。

> ……しかし，1年や2年では，その目的を達成するわけにはいかないことを覚悟しなければならない。われわれが可能だと思う速度で進展したとしても，租税負担を公平に配分し，政府に対する盲目的な反感をかき立てることなしに，市民意識を引き出すような所得税が日本で円滑に機能し，それが受け入れられる税制となるのは，5年あるいは10年後のことだろう。しかし，こういったからといって，1年1年着実に前進しなくてもよいというわけではない。所得税の税務行政ならびに納税協力の毎年の成果は，前年よりも顕著な進歩を示すものでなければならない。どの年度であっても，進歩がないということは，この試み全体が失敗する危険性があることを示すものである。

シャウプ使節団は，ここで，この「所得税を税制の根幹とする試み」の将来の展望と今後の課題にも言及し，所得税の税務行政ならびに納税協力の大幅な改善を達成するための長期的努力の重要性を述べ，さらには，それらの改善のいかなる停滞も許されないとの警告まで発している[14]。

ところで，上記の最終結論の付帯条件を意味する勧告を付記しなければならなかった理由を，シャウプ使節団はつぎのように述べている[15]。

> 所得税にかんして，日本の当面する基本的課題は，何百万という納税者に適用される近代的所得税法を施行するために必要な完全な機構をつくりあげることである。この課題はきわめて重要なもののひとつである。それは，日本国民の努力と，想像力と忍耐力に対する真の挑戦を意味する。その事業は，一夜にして完成するようなものではない。適正な税務行政は1年や2年のうちに突如として出現するものではない。それは，日本国民によっても，また，その他の国民によっても，徐々にしか獲得できないものである。それが，はたして獲得できるものであるのかどうか，また，いかなる程度に達成されるのかということは，日本人自身にかかっている。しかも，右の問いに対する回答は国民全体にかかっているもので，税務官吏または様々な納税者の集団

のみにかかっているものではない。

　出発の第一歩は，日本人によって，すでに踏み出されている。将来に対して，相当な希望をいだかせるような手続きがとられ，計画はすすめられている。しかし，十分な進歩が達成されるためには，税務手続きならびに徴税のあらゆる分野にわたって着実な改善が一様に開始されなければならない。そのような全般にわたる不断の努力は複雑なことがらである。しかし，所得税の執行は，その最悪の時期をすぎたと信じるべきあらゆる理由がある。前途の見通しはあかるい。

　シャウプ使節団によれば，所得税の適正な執行の達成は，いかなる国の国民にとっても着実な努力の長期の積み重ねを要する困難な課題なのであった。しかも，わが国所得税の執行改善への歩みは開始されているにせよ，それは第一歩を踏み出したにとどまるのであり，十分な改善を達成するためには，所得税の執行に関連する全分野にわたって，一様な改善を着実に達成してゆく必要があった。それゆえに，「所得税を税制の根幹とする試み」を短期間で達成するのは不可能なことであった。

　かくして，さきの最終結論に付帯条件を付したシャウプ使節団の意図は，所得税の執行面全般の改善にむけた長期的なとり組みの必要性を強調することによって，その改善を可能にする新たな包括的計画案の必要性を示唆すると同時に，所得税の執行の改善方法を詳述したみずからの勧告実現への日本国民の努力をうながすことにあったものとみられよう。

5　会計改革の重要性

　「所得税を税制の根幹とする試み」の継続と，わが国所得税の執行面の改善への長期計画実施の必要性を日本国民に対して，以上のように強く訴えかけたのちに，シャウプ使節団は，わが国所得税が直面する重要問題の解決策の検討にうつる。そのなかで，かれらは，わが国における会計の改革の必要性について，つぎのように言及している[16]。

第Ⅰ部　『シャウプ勧告』の歴史的意義

　　　所得税は，現在，一方では脱税，他方では独断的な更正決定の危険にさら
　　されている。さらに悪いことには，脱税と更正決定が，一群の納税者―小規
　　模事業者ならびに農業者―において他の群の納税者―給与所得者―よりもは
　　るかに多いということである。これが不公平の主要な原因となっている。
　　　これらの欠点を是正するためには，いくつかの措置を講じる必要がある。
　　会計技術を向上させ，食糧管理当局からの情報を十分に活用し，更正決定に
　　対する納税者の不服申し立ての手続きを改善しなければならない。

　さらに，わが国において会計の改革が重視されねばならない具体的な理由
を，シャウプ使節団はつぎのように指摘している[17]。

　　　申告納税制度のもとでの適正な納税者の協力は，かれが自分の所得を算定
　　するために，正確な帳簿と記録をつける場合にのみ可能であるということは，
　　自明の理である。こんにち，日本における記録は，なげかわしい状態にある。
　　多くの会社には帳簿記録がまったく存在しない。ほかの会社には，ありあま
　　るほど存在し，どれが本当のもので，どれが仮装のものにすぎないのかは，
　　その納税者にしかわからない。その結果は悪循環となる。税務官吏は，信用
　　すべき正規の帳簿がないから標準率ならびにその他の平均額を基礎とする賦
　　課課税によるほかはないと主張する。納税者は，たとえ，正規の帳簿をつけ
　　る能力があったとしても，税務官吏が帳簿を信用しないから，正規の帳簿を
　　つけることは意味がないという。この悪循環を断ち切らねばならない。納税
　　者が帳簿をもち，正確に記帳し，その正確な帳簿を税のために使用すること
　　を奨励ならびに援助するよう，あらゆる努力と工夫を傾注しなければならな
　　い。同様に，税務官吏が，そのような正確な帳簿にもとづいて開示された情
　　報を尊重するように，あらゆる努力と工夫を傾注しなければならない。

　シャウプ使節団によれば，当時のわが国の所得税では脱税と恣意的な更正
決定の悪循環が蔓延し，所得税の税務行政は危機にひんしていた。そうした
悪循環を断ち切るための方法として，かれらは，納税者の会計経理ならびに
簿記の水準の向上をはかると同時に，納税者による正確な会計経理と帳簿記
録に対する税務当局の尊重をうながすことを提案したのである。

すなわち，シャウプ使節団は，それらの提案を，納税者たる企業がもちいる企業会計の改革にかんする勧告と，税法によって規定された税務会計の改革にかんする勧告とに区分したうえで[18]，前者においては会計基準ならびに会計慣行の改善のための多様な方法を提案し，後者においては企業会計理論にそくした税法規定の整備ならびに近代化を強くもとめた。ここで，前者の勧告の目的が納税者の会計経理ならびに簿記の水準の向上をはかることに置かれ，後者の勧告の目的が納税者による正確な会計経理と帳簿記録に対する税務当局の尊重をうながすことに置かれているのはあきらかであろう。

6 企業会計改革のための勧告

企業会計の改革にかんする勧告において，シャウプ使節団は，まず第1に，「近代的会計技術を利用できる独立の会計専門家の制度を発展させること」[19]の必要性を指摘し，「公認会計士法の施行」を勧告している[20]。つづいて，企業会計の改革にむけた第2の勧告として，かれらは，「会計基準ならびに会計慣行の改善」というタイトルを掲げて，つぎのような注目すべき勧告をおこなっている[21]。

(1) 会計基準改善委員会
　日本の会計慣行を改善するためには，組織的な努力がはらわれなければならない。このための努力は，会計基準改善委員会の設置によって開始された。この委員会は，政府であると私人たるとを問わず，会計基準の問題に関心を有する者の利益を代表する独立の諮問機関として，引き続き仕事を継続すべきである。とくに，国税庁は，この委員会に代表を送るべきである。この委員会の勧告の実効性は，委員の力量と勧告の内容にかかっており，勧告自体は諮問的（advisory）なものとされるべきである。

(2) 証券取引委員会
　証券取引委員会も，会計基準を向上させるために，指導的な役割をはたさなければならない。同委員会は，種々の会計上の書式を規定する権限をもっ

ているから，会計慣行の発達に大いに貢献しうる優位な立場にある。同委員会は，会計基準を規則として公布するようにすべきである。外国における経験では，そうした会計基準の設定は，会計慣行の大幅な改善をもたらすことが証明されている。証券取引委員会が，会計基準にかんする規則を発表することは，日本において必要な改善を達成するための最も効果的な第一歩となるであろう。……[中略：髙橋注]……証券取引委員会が，効果的な機関として発達するのを援助するために，大蔵省ならびに法務省は最大限度の協力をすべきである。

　これらの勧告において，シャウプ使節団は，会計実務ならびに会計慣行の改善にむけた組織的努力の必要性を指摘したうえで，「会計基準改善委員会」ならびに「証券取引委員会」に対する期待を表明している。

　上記の第1の勧告は，「企業会計原則」をさきに発表し，わが国企業会計制度の改善・統一を目的とした独立の諮問機関としての活動をすでに展開していた「企業会計制度対策調査会」の存在意義を公式に認め，その活動の継続と活性化とをもとめたものである[22]。同調査会の活動に対し，はじめての公的な支持表明を意味したという点で，この勧告は特筆にあたいしよう[23]。

　一方，上記の第2の勧告は，前年の昭和23(1948)年における証券取引法の制定に伴って設立された証券取引委員会の実質的活動の開始をうながす内容のものである。この勧告において，シャウプ使節団は，同委員会による会計規則の早期制定をもとめているのである[24]。

　「会計基準ならびに会計慣行の改善」という問題は，『シャウプ勧告』にもとづく翌昭和25(1950)年の画期的税制改正の実施後に再来日したシャウプ使節団によって作成・公表された『第2次勧告』(Shoup Mission [1950])において，再度つぎのようにとりあげられている[25]。

　　近代的所得税ならびに法人税制度の成功は，とくに法人や大規模な個人の企業にかんしては，有能であり尊敬すべき会計専門家の存在に依存するとこ

ろが多い。ほぼ同様の理由により，近代的会計基準ならびにその手続きをできるだけ広範にとりいれることが，絶対に必要であろう。企業会計制度対策調査会の仕事は，この点にかんして頼もしいところがある。同調査会は，この線にそってその活動を継続すべきである。

　この『第2次勧告』において，シャウプ使節団は，「会計基準ならびに会計慣行の改善」の必要性をあらためて指摘したうえで，「企業会計制度対策調査会」の活動の継続を，再度勧告している。この勧告の注目すべき点は，かれらが「会計基準ならびに会計慣行の改善」の担い手としての同調査会の活動を支持したことである。かれらは，同調査会の実績を高く評価し，将来の活動に大きな期待をよせていたのである。
　かくして，シャウプ使節団は，「企業会計制度対策調査会」の存在意義をあらためて確認し，その活動に対する公的支持を再度表明していることになる。こうした2度にわたる支持表明が，本格的な活動を開始してまもない「企業会計制度対策調査会」にとって，貴重な存立基盤ないしは支持基盤となったことは間違いないであろう。
　会計の改革の実現にむけて，シャウプ使節団によって考案された勧告は，上記のものだけにとどまらない。上記の勧告以外にも，かれらは，「独立公認会計士をもっと利用すること」，「大学およびその他における会計教育」，「国税庁の会計士」，「外国資料の利用」，「総司令部の監督」という5項目にわたる勧告を示し，税務監査制度の導入，大学における会計教育の内容の見直し，税務会計専門の税務官吏の養成，近代会計の輸入，会計専門職の確立の援助を目的とした連合軍総司令部の指導監督部局の創設といった多様な提案をおこなっている[26]。
　さらに，シャウプ使節団は，大企業とは異なり，記帳能力の一般に乏しい中小企業の会計実務の改善を全業種において達成することの困難性にも言及し，その達成にむけて，とくに考案された一連の措置を勧告している[27]。
　まず，シャウプ使節団は，中小企業に対する会計教育の拡充の必要性を指

摘し，商工会議所や同業組合などにおいて，中小企業に対する簿記ならびに会計の教育の機会を幅ひろく提供し，正確な帳簿記録の重要性を強調すること，さらには，中学をはじめとする教育機関において簿記教育を重視することなどを勧告している。ついで，かれらは，会計教育の効果的な実施をめざすべく，企業の業種や企業家の教育水準に適合した帳簿様式を開発するとともに，会計様式についても業種に応じて変更し，簡素化することを勧告している[28]。最後に，かれらは，正確な帳簿記録をつけることを納税者に対して積極的に奨励するための手段として，当時としてはまったく斬新な青色申告制度の創設を勧告している[29]。

　青色申告制度の特色は，正確な帳簿記録をつける納税者に対して，他の納税者とは区別しうるような異なる色の申告用紙の使用を認めたうえで，帳簿記録をつけることへの見返りとして，税務行政上の種々の特典を与える点にあった。その特典として，シャウプ使節団は，税務当局に対して，当時，頻繁に実施されていた推計による更正決定をおこなわないこと，帳簿記録の調査によって問題点が発見されない限り，納税者の帳簿記録を尊重すること，更正決定をおこなう場合には更正理由を開示することなどを勧告した。その一方で，かれらは，これらの特典を与えてもなお，納税者が帳簿記録をおこなわない場合に備えて，「罰」ないしは「ムチ」を意味する措置を用意した。すなわち，かれらは，帳簿記録をおこなわない納税者に対しては，青色申告に付与される上記の特典はおろか不服申し立ての権利も認めず，さらには，減価償却費の損金算入や欠損の繰り越しといった所得計算上の諸制度の適用さえも認めないよう勧告した。

　シャウプ使節団の立案した中小企業の会計実務の改善策は，このように，会計教育・記録技術・税務行政という３つの側面に及び，しかも，それぞれの側面において，かれらは創意にあふれた斬新な対策を詳述している。これらの対策は，会計の改革に注がれた「あらゆる努力と工夫」[30]の結晶を，文字どおり，意味するものとみられるのである。

　以上の勧告に共通した特色は，企業の課税所得計算の基盤を企業会計にも

とめ，わが国企業会計の近代化を強くせまる点にある。このことは，シャウプ使節団の会計の改革の基本方針が，課税所得計算における「企業会計の尊重」(31)という新たな改革の精神に由来することを物語る証拠でもある。

7 税務会計改革のための勧告

　他方，税務会計の改革にかんする勧告において，シャウプ使節団は，税法規定の大幅な近代化をもとめる様々な画期的提案をおこなっている。かれらは，税務会計の近代化にあたって指摘されるべき税法上の問題点を具体的に指摘し，かつ，その改善のための方法を詳細に提示した。それらの勧告は，『シャウプ勧告』の第2巻第7章「個人所得税および法人所得税に共通する問題」において，つぎのようにとりまとめられている(32)。

A. 固定資産の再評価
B. 在庫品の価格差益課税
C. 損失の繰り戻しおよび繰り越し
D. 棚卸資産の経理
E. 減価償却
F. 修繕対資本的支出
G. 貸倒準備金

　まず，「A. 固定資産の再評価」において，シャウプ使節団は，第2次世界大戦の戦中・戦後をつうじて昂進をつづけたインフレーションが，会計ならびに所得課税制度に与える影響と，それを排除する対策としての固定資産の再評価の必要性を，つぎのように論じている(33)。

　　所得税は強力，かつ，適応性のある財政手段ではあるが，それは，10年間に200倍もの騰貴率を示すインフレーションに堪えうるようにできあがってい

るものでは，けっしてなかった。いま，われわれがここに直面している問題は，納税者相互の公平という問題はひどく混乱しているものの，再評価の経済的影響は，それと見合うほどの有益さがあるという状況である。われわれのなしうることは，ただ最悪の不公平を避けるとともに，期待される最大の経済的利点を確保しうるような妥協案を勧告することにある。

われわれは，再評価が必要であると確信する。……

再評価は，所得税のもとにおける税務行政ならびに納税協力の徹底的改革が必要であるゆえに，必要とされるのである。この改革への重要な段階のひとつは，会計の基準ならびにその実践を大いに奨励し，改善することである。この目的は，企業が，現在ではほとんど意味のなくなった過去の原価を基礎として減価償却をつづけていかなければならないと言いわたされたとすれば，おそらくは達成されないであろう。われわれは，原則として，再取得原価にもとづく減価償却には賛成しない。しかし，貨幣単位がその旧価値の200分の1までも下落した場合には，歴史的原価による減価償却はほとんど意味を失い，減価償却を，なんらかの方法で現在の物価水準と関連づける必要が生じる。

同時にまた，企業が，所得税を納付するために，あまりにも多くの現金を失う結果，使用済みの資産を更新することが不能となることを防止するうえでも，再評価は望ましいし，必要でもある。……

しかし，われわれは，また，すでに実現されたキャピタル・ゲインを有する者に対してとられた税務上の取り扱いにかんがみ，さらにまた，収入が固定している財産の所有者のうけた実質的損失が考慮されていない事実にかんがみ，再評価益の全額に対してなんら課税しないということは，あまりにも行き過ぎであると考える。

「B．在庫品の価格差益課税」において，シャウプ使節団は，当時の物価統制令にもとづく統制価格の改訂に伴って生じる在庫品の価格差益を対象として実施されていた課税の是非を問題としている。この問題について，かれらは，つぎのように述べて，棚卸資産の価格差益課税の原則廃止を勧告している[34]。

在庫品の価格差益課税は，少なくとも，正常の在庫品に適用される場合，ただの名目上，または，擬制の利益に課税されるのであって，実際の経済的利益に課税されるのではない。価格差益課税を存続するということは，経済の復興と矛盾する。

　以上のふたつの勧告において，シャウプ使節団は，インフレーションならびに公定価格の改訂に伴う価格変動に起因する名目的利益に対する課税の排除という，税務計算における応用問題を論じている。これに対して，「C. 欠損の繰り戻しおよび繰り越し」以下の残りの5つの勧告において，かれらは，税務会計上の基本問題をとりあげ，その合理的解決方法を示している。かれらの提案の要旨とその特色をあきらかにするために，つぎに，これらの勧告の重要箇所を示そう。

　C. 損失の繰り戻しならびに繰り越し[35]
　個人については，所得額の変動のもたらす不合理は，一時所得または一時損失の次年度以降への繰り越しを認めることによって，ある程度緩和される。法人には累進税率が適用されないが，ある年度において損失を生じたにもかかわらず，これを相殺すべき所得がない場合には，同様に不合理が生じる。個人の場合でも，繰り越し措置が適用されないか，または適用されても，その規定が，損失額ならびに控除可能額の全額を相殺するに足る十分なものでなければ，同様の不合理が生じる。
　それゆえ，われわれは，つぎの勧告をおこなう。すなわち，法人たると否とにかかわらず，納税者がある年度に損失を生じた場合，この損失を翌年度以降の損益計算において繰り越して控除できることとし，損失が所得によって相殺されるまで，この繰り越しを継続するのである。しかし，この制度の濫用を防止するため，この規定は，青色申告書の提出を許されるような適正な帳簿記録をしている納税者（法人以外の場合）に限って適用されるべきである。……
　しかし，無制限な損失繰り越し制度といえども，あらゆる場合に公平をもたらすとはいえない。多くの事業は，完全に業務を廃止する直前には，多額の損失が発生する時期があり，そうした場合には，税を控除しようにも，将

来の所得というものがない。さらに，損失繰り越し制度が納税者に与える恩恵は，あとになってからでなくては，あらわれてこないのであって，すでにこの時には，損失の生じた時点とくらべれば，この制度の必要性は，はるかに減少してしまっているのである。それゆえに，われわれは，損失の２年度繰り戻しを納税者に認めるように勧告する。損失繰り戻しとは，つぎのような制度である。すなわち，納税者は，前年度または前２年度分の申告所得額から当該年度の損失を差し引き，その年度分または前２年度分の税額をあらためて算出し，この税額をこえて実際納付した税額の差額の還付を請求するのである。

この「C. 欠損の繰り戻しならびに繰り越し」において，シャウプ使節団は，従来の税務には存在しなかった，まったく新しい制度を提案している。かれらの目的は，欠損の繰り戻しならびにその繰り越しを認めることによって，利益の期間変動に起因する課税の不合理と不公平を解消し，投資活動を促進するとともに，納税者をして，正確な帳簿記録の励行に導くことにあったものとみられる[36]。

D. 棚卸資産の経理[37]

所得税ならびに法人税にかんして，現在，大蔵省によって認められている棚卸資産の経理方法は，加重平均法（平均原価法）ただひとつである。数々の実地調査において，日本各地の種々の法人および個人の帳簿を手当りしだいに調査してわかったのであるが，棚卸資産の経理は，とくに法人税にかんして不統一な点が多い。棚卸資産の評価については，熟知されている方法が多くある。（企業の種々の形態について，特定の事業年度の法人または個人の正確な所得を最も正しく見積るには，事業のタイプごとに異なる棚卸資産経理の方法が必要である。）ある産業にとっては，後入先出法または正常在高法をもちいることが望ましいかもしれない。また，他の産業にとっては，先入先出法が望ましいかもしれないのである。世界各国において現在使用されているこれらの方法は，合理性が認められている。適切な条件のもとで，それらを使用すれば，日本の納税者の経理制度は改善されるはずである。

しかし，濫用と税の回避を防止するために重要なことは，納税者をして，

ひとつの方法を選択させ，それ以降は，その方法を一貫して採用させることである。
　大蔵省の認可をえた場合にだけ，いったん選択した棚卸資産の経理方法の変更が認められるようにすべきである。そうすれば，変更の申請に関連して，大蔵省は所得の計算に一定の調整を要求することによって，納税者の変更を認める条件を示すことができるであろう。
　したがって，つぎのことを勧告する。
(1) 大蔵省は，棚卸資産の経理の種々の方法，しかも，日本の産業の形態に適合する方法を幅ひろく研究すること。
(2) その研究の完了とともに，大蔵省は，日本の産業に適合した棚卸資産の経理方法を，納税者の選択によって使用できることを認める根拠法律をつくるか，または，もし法律が必要でないとするならば，適当な通達を示すべきである。その通達には，納税者が，いったんある方法を選択したあとは，大蔵省から変更の認可がえられるまで，それを一貫して採用する必要があることを定めるべきである。

　この「D．棚卸資産の経理」において，シャウプ使節団は，税務計算の多様性を認め，納税者による経理方法の適切な選択を可能にすることの必要性と，いったん選択した会計方法の継続適用の必要性を指摘している。この勧告の目的は，継続性の原則の適用を条件とした「企業の自主的経理」を可能な限り容認することにあったものとみられよう。

　E．減価償却[38]
　実地調査において，種々の会計帳簿を手当りしだいに調べてみて，大部分の納税者は，固定資産についてなされるべき減価償却を決定するのに，一定の方針にしたがっていないことが非常にはっきりした。課税上，固定資産について容認されている唯一の減価償却の方法は定率法である。これが，企業資産の減価償却のための優れた方法のひとつであることは，あきらかである。本使節団に対して，とくに法人に有利となるように，定額法にもとづく固定資産の減価償却の容認をもとめる非常に多くの要望が提出された。
　これらの方法を含む種々の減価償却の方法は，会計士に十分知られている

ものである。一般的にいって，一事業年度の真実の所得を最も正確に見積ろうとするならば，資産の種類に応じて，異なる減価償却の方法が必要とされるであろう。納税者には，税務当局のはなはだしい制限をうけることなく減価償却の方法を使用し，可能ならば，資産の種類に応じて異なる方法を使用することができる合理的な範囲の自由が与えられるべきである。しかし，一事業年度の納税者の真実の所得が，課税上，いったん決定されたならば，その方法は一貫してまもられねばならない。

この「E．減価償却」において，シャウプ使節団は，「D．棚卸資産の経理」と同様に税務計算の多様性を認め，納税者による経理方法の適切な選択を可能にすることの必要性を指摘している。「企業の自主的経理」を幅ひろく容認しようとするシャウプ使節団の基本方針を，この勧告から確認することができる。

F．修繕対資本的支出[39]
　個人ならびに法人の資本的性質を有する多くの支出項目の控除を適正に統制する方策は進歩していないように思われる。……[中略：髙橋注]……一般的にいって，資産を修繕する支出は，それが資産の耐用年数を延長するような場合には，資本的支出とされねばならない。また，一般的にいって，それが耐用年数を延長しないならば，営業経費として取り扱われるべきである。この問題について，大蔵省は綿密な研究を実施し，この分野に対して適切な指示を与える通達を早急に示す必要がある。大蔵省は，経費となる修繕と資本的支出となる修繕との間に一線を画するための一般原則を作成すべきである。
　キャピタル・ゲインが全額課税され，減価償却，修繕ならびに棚卸資産の記帳がなされている全資産の基礎価額に対して適当な調整がなされる限り，これらの経理方法の変更は，所得が申告される時期の相違をもたらすにすぎないのであって，総額の変化は，けっしてもたらさない。したがって，これらの項目の経理方法においては，一定の自由が認められてもよい。もしも，キャピタル・ゲインが全額課税されないのならば，これらの項目に対する制限は，はるかに厳密になされなければならない。

この「F. 修繕対資本的支出」において，シャウプ使節団は，従来の税務では不統一だった修繕費と資本的支出の区分にかんする明確な基準の必要性を指摘している。かれらの目的は，会計理論にそくした合理的な所得の算定を可能にすることによって，合理的な課税を実現することにあったものとみられよう。

G. 貸倒準備金[40]

貸倒準備金の設定を認め，課税所得の算定において，この準備金への繰入額の控除を認めるべきであるという要望が，とくに，金融機関などの納税者から提出されている。原則として，これに対する異論はない。ただし，準備金は，その金額が妥当な範囲内にとどまり，一定時における受取勘定の総計から予想される平均貸倒見込額を示すようなものでなければならない。しかし，国債を購入するや否や大幅に償却する慣行は，正当とは認められない。
　　　……［中略：髙橋注］……
本使節団は，この問題について，具体的勧告を提示するに足る十分な研究をおこなう時間をもたなかったので，この問題がさらなる研究を要する課題であることを指摘するにとどめる。しかし，本使節団は，検討されるべき措置として，つぎのものを提示する。
1．命令で定める制限内で，あらゆる種類の事業にかんして，貸倒準備金を認めること。
2．準備金の最大限度額は，各事業および債権の種類ごとに区分された受取勘定に対して，命令で定める一定割合とすること。
　　　……［中略：髙橋注］……
7．貸倒金の償却は，納税者の記録において，かかる償却がなされてはいないということが立証される以上，貸倒金がそれ以前に償却されたはずだという理由や，以前の年に控除された償却が不適当であるという理由だけで，税務官吏によって否認されないこと。

この「G. 貸倒準備金」において，シャウプ使節団は，貸倒引当金の繰入額の損金計上の必要性を認め，将来において創設されるべき新制度の基本的枠組みを示した試案を提示している。貸倒引当金制度創設の目的は，いわゆ

る発生主義会計の立場から支持される引当金制度の創設をつうじて，所得計算のいっそうの適正化をはかることにあったものとみられる。この勧告の特徴は，当時の最新の会計理論にそくした制度の近代化をめざすシャウプ使節団の強い意欲を示す点にもとめられよう。

上記の5つの勧告をつうじて，シャウプ使節団は，企業会計理論に照らして指摘されるべき税務会計上の諸問題をとりあげ，それらの問題の解決に有効な税法改正案，ないしは，問題解決のための試案を具体的に提示している。従来のわが国税法にはみられなかった「企業会計の尊重」という新たな精神に立脚し，税法の近代化を強くもとめたという意味において，これらの勧告は，文字どおり，画期的な意義をもつものとみられよう。

8 おわりに

本章では，『シャウプ勧告』において会計の改革が必要とされるにいたった背景や会計の改革の目的，さらに，そこで提案されている改革案の具体的内容，ならびに，それらの意義などについて検討した。本章を終えるにあたって，以上の検討を総括するとともに，若干の論評をくわえることとしたい。

本章の前半（第2節～第5節）では，『シャウプ勧告』において会計の改革が必要とされるにいたった背景をあきらかにした。筆者の見解によれば，シャウプ使節団が直面した最大の問題は，所得税の適正な執行を達成することが当時の日本国民にとって困難な状況にあり，その結果として，所得税本来の優れた機能が発揮されていないという点にあった。そのため，かれらは，所得税を基幹税として存続することの是非をあきらかにするために，わが国所得税の税務行政改善の可能性を真剣に論じている。かれらの見解によれば，所得税が満足に執行される見込みがえられない限り，所得税を基幹税として存続することは無意味であり，所得税は，執行のより容易な租税によって置き換えられるべきであったからである。

シャウプ使節団は，結論として，「所得税を税制の根幹とする試みは継続されねばならない」との勧告をおこなった。かれらの見解によれば，税務行政改善のとり組みの第一歩は，すでに日本人の手で踏み出されており，その足取りは，「所得税を税制の根幹とする試み」が達成可能であることを信ずるに足るほど確かなものであったからである。もっとも，かれらは，「所得税を税制の根幹とする試み」の継続を無条件に支持したわけではなかった。かれらによれば，わが国所得税の執行改善への歩みはその第一歩を踏み出したにとどまるのであり，十分な改善を達成するためには，所得税の執行に関連する全分野にわたって，一様な改善を着実に達成してゆく必要があった。そのため，かれらは，所得税の執行面の改善方法を詳述した勧告を作成し，それらの実現にむけた日本国民の努力をうながしたのであった。

　それらの勧告の中核をなしたものこそ，会計の改革にむけての勧告にほかならなかった。シャウプ使節団の見解によれば，当時のわが国の所得税には，脱税と独断的な更正決定の悪循環が蔓延し，所得税の税務行政は危機にひんしていた。そうした悪循環を断ち切るための方法として，かれらは，納税者の会計経理ならびに簿記の水準の向上をはかると同時に，納税者による正確な会計経理と帳簿記録に対する税務当局の尊重をうながすことを提案したのである。ちなみに，かれらの提案は，納税者たる企業がもちいる企業会計の改革にかんする勧告と，税法によって規定された税務会計の改革にかんする勧告に二分される。

　本章の後半（第6節，第7節）では，上記の区分にしたがって，会計の改革にかんする勧告を，企業会計の改革にかんする勧告と税務会計の改革にかんする勧告に区分し，それぞれについて検討をくわえた。筆者の見解によれば，それらの勧告の特徴はつぎのようにまとめられる。

　まず，企業会計の改革にかんする勧告に共通した特色は，企業の課税所得計算の基盤を企業会計にもとめ，わが国企業会計の近代化を強くせまった点にある。たとえば，シャウプ使節団は，「近代的会計技術を利用できる独立の会計専門家の制度を発展させること」の必要性を指摘し，「公認会計士法

の施行」を勧告した。くわえて、かれらは、「会計基準ならびに会計慣行の改善」というタイトルを掲げて、「企業会計制度対策調査会」ならびに「証券取引委員会」に対する期待を表明し、その活動の継続と活性化をもとめた。さらに、記帳能力の一般に乏しい中小企業の会計実務の改善策として、当時としてはまったく斬新な青色申告制度の創設を勧告した。

つぎに、税務会計の改革にかんする勧告の多くに共通した特色は、従来のわが国税法にはみられなかった「企業会計の尊重」という新たな精神に立脚し、税法の近代化を強くもとめた点にある。ちなみに、税務会計の改革にかんする勧告は、「A. 固定資産の再評価」、「B. 在庫品の価格差益課税」、「C. 損失の繰り戻しおよび繰り戻し」、「D. 棚卸資産の経理」、「E. 減価償却」、「F. 修繕対資本的支出」、「G. 貸倒引当金」という7つの項目に及んでいる。これらの勧告の多くをつうじて、シャウプ使節団は、企業会計理論に照らして指摘されるべき、わが国税務会計上の諸問題をとりあげ、それらの問題の解決に有効な税法改正、あるいは、問題解決のための試案を具体的に提示している。

これらの点において、『シャウプ勧告』の会計の改革にかんする勧告は、わが国税務会計発達史上、画期的な意義をもつものとみられよう。

[注]

（1）金子［1983］p. 16；金子［1996］p. 28は、『シャウプ勧告』の意義について、「所得税に関する限り、戦後改革の総仕上げの意味をもっていた」と述べている。
（2）昭和22(1947)年の税制改正の基本方針の決定をめぐって、連合軍総司令部と日本側（大蔵省主税局）との間に見解の相違があった事実は、ひろく知られている。すなわち、この改正にあたって、総司令部側が所得税中心主義にもとづく抜本改革をめざす方針をとったのに対して、日本側は、税務行政上の困難性を主たる根拠としてこの方針に反対し、従来の所得税制度の維持継続と間接税への依存強化をつうじて当面の税収の確保をはかる方針を支持した。この対立は、結局のところ、総司令部側の強いイニシアティブのもとで、日本側が総司令部側に譲歩するかたちで決着し、上記のような内容の抜本的改革が成立した。戦後の税制改革の幕開けは、こう

して，日本側にとっては，まったく不本意なものとなった。なお，昭和22年改正とその前後のわが国税制の実態については，松隈［1959］pp. 1-18；大蔵省財政史室［1979］pp. 187-290；佐藤・宮島［1990］pp. 1-10；金子［1983］pp. 8-15；金子［1996］pp. 21-28；宮島［1983］pp. 262-269などを参照されたい。
（3）宮島［1992］p. 117は，昭和22年改正の注目すべき特色として，「日本の政治，行政および経済の民主化政策に歩調を合わせてアメリカ税制の考え方をとりあえず日本に移植する」ことが目的とされていた点をあげている。
（4）Shoup Mission［1949］Vol. I, p. 43.
（5）Shoup Mission［1949］Vol. I, p. 44. なお，以下で引用する『シャウプ勧告』の邦訳は，『シャウプ勧告』本文中の邦訳に，筆者の手による修正を，必要に応じてくわえたものである。なお，この修正にあたっては，とくに，福田［1985］を参考にした。
（6）Shoup Mission［1949］Vol. I, pp. 44-45. なお，昭和24年5月10日に来日したシャウプ使節団は，昭和22年改革後の税務行政の混乱状況をまのあたりにして，その改善の必要性を痛感していた。当時の模様は，昭和61（1986）年におこなわれたシャウプ博士に対するNHKのインタビュー（NHKテレビ，昭和61年10月8日放映「ETV8 税制改革」）の席上で，博士本人によって語られている。なお，このインタビューの内容は古谷・井上［1988］pp. 31-45に掲載されている。
（7）金子［1983］pp. 16-19；金子［1996］pp. 28-31は，『シャウプ勧告』の「基本的特色」のひとつとして，「所得税中心主義」をあげ，『シャウプ勧告』においてそれが表明されている理由の究明を試みている。
（8）Shoup Mission［1949］Vol. I, p. 45. シャウプ使節団は，3カ月余の訪日期間中の多くの時間を，当時の池田勇人大蔵大臣をはじめとする大蔵省幹部との会談や，税務行政の実地調査にあてた。なかでも，6月下旬に実施された10日間に及ぶ全国視察旅行は，わが国税制の実状の把握に精力をそそいだかれらの熱意を象徴する出来事として，特筆されるべきだろう。なお，訪日期間中のかれらの行動日程については，福田［1985］pp. 451-454を，また，調査活動の模様については，福田・井上［1988］pp. 206-248；高石［1971］pp. 104-140；大蔵省［1977a］pp. 429-446などを参照されたい。
（9）Shoup Mission［1949］Vol. I, p. 45.
（10）Shoup Mission［1949］Vol. IV, pp. D1-D3.
（11）『シャウプ勧告』の「序文」（Shoup Mission［1949］Vol. I, Foreword, p. i）において，つぎのように述べられている事実は，注目にあたいしよう。
「そのうえ，われわれは，税法を公平かつ効率的に施行することの目下の困難性，ならびに，日本の納税者の納税に対する高度なコンプライアンスを獲得することの目下の困難性は，必ずしも取り除くことができないものではないとの確信を，

第Ⅰ部　『シャウプ勧告』の歴史的意義

　　　ただちにえるにいたったのである。そこで，われわれは，事業者ならびに相当の生計を営むすべての納税者が記帳を励行し，公平にかんするかなり複雑な問題について慎重に論証することをいとわないことを前提とする，近代的な制度を勧告することをめざすことにした。」

(12) 所得税の執行面の改善が，日本国民の手で，すでに開始されていた事実に，シャウプ使節団は，しばしば言及している。たとえば，かれらは，税務行政機構改革の一環として，昭和24年6月に国税庁が設置された事実や，のちに詳述するように，経済安定本部内に，当時すでに設置されていた「企業会計審議会」（当時は，「企業会計制度対策調査会」）の活動が，会計基準や会計慣行の改善に貢献している事実などを述べている（Shoup Mission［1949］Vol. Ⅱ, p. 217；Shoup Mission［1949］Vol. Ⅳ, pp. D43–D44, D52–D53, D57；Shoup Mission［1950］Supplementary Memoranda, pp. 78–79）。

(13) Shoup Mission［1949］Vol. Ⅰ, pp. 45–46.

(14) シャウプ使節団は，国税ならびに地方税の全般にわたる一連の改革案を，『シャウプ勧告』の第1巻ならびに第2巻において，ひととおり提示したのちに，2冊（第3巻ならびに第4巻）の『付録』を設けて，補足的な勧告を提示している。『付録』に掲載された勧告のタイトルは，「地方政府の財政」（Appendix A），「所得税における不規則所得の取り扱い」（Appendix B），「固定資産の再評価」（Appendix C），そして，「個人所得税ならびに法人所得税の執行」（Appendix D）である。個人所得税ならびに法人所得税の執行面の調査・研究に1冊の『付録』（Appendix D）全体があてられている事実は，この問題に対するかれらの関心の高さを示すものといえよう。

(15) Shoup Mission［1949］Vol. Ⅳ, pp. D67–D68.

(16) Shoup Mission［1949］Vol. Ⅰ, p. 46.

(17) Shoup Mission［1949］Vol. Ⅳ, p. D56.

(18) 企業会計改革にかんする勧告は，『シャウプ勧告』第4巻『付録』（Appendix D）「個人所得税ならびに法人所得税の執行」の「E　附帯問題」において詳述されているが，その要旨は，第2巻第14章「所得税における納税協力・税務行政の執行ならびに訴訟」の「会計の役割」に記されている。また，税務会計の近代化にむけての勧告は，『シャウプ勧告』の第2巻第7章「個人所得税および法人所得税に共通する問題」にとりまとめられ，詳述されている。

(19) Shoup Mission［1949］Vol. Ⅳ, p. D50.

(20) Shoup Mission［1949］Vol. Ⅳ, pp. D50–D52.

(21) Shoup Mission［1949］Vol. Ⅳ, pp. D52–D53.

(22) 昭和22年に当時の経済安定本部内に設置された「企業会計制度対策調査会」が，その後の改組をへて，「企業会計審議会」と改称された事実は，ひろく知られてい

る。この機関の委員として活躍した黒澤［1979b］pp. 98-99は、『シャウプ勧告』のオリジナルの邦訳文において「会計基準改善委員会」とされていた"Committee for the Improvement for Accounting Standards"という原文のタイトルが、「企業会計制度対策調査会」のことを意味し、同じく「委員会の勧告」とされていた"The recommendations of the Committee"は、「企業会計原則」を意味していた事実、ならびに、このタイトルのもとで提示された勧告の趣旨が、邦訳文に必ずしも十分に反映されていない事実を指摘している。

(23) 当時、「企業会計原則」の設定にたずさわった黒澤［1979a］p. 98は、のちにみずからがその委員を務めた「企業会計制度対策調査会」とシャウプ使節団との交渉の経緯について、興味深い事実をのちにあきらかにしている。その貴重な証言によれば、シャウプ使節団の来日直後から、両者の間に「内面的交渉」がもたれており、申告納税制度を基礎に置いたシャウプ使節団の改革構想が、その当初から、「企業会計制度対策調査会」に伝えられるとともに、シャウプ使節団にも、「企業会計制度対策調査会」による「企業会計原則」の基本構想が伝えられていたという。たとえば、「企業会計原則」の第2原則として「正規の簿記の原則」を組み込む構想を伝えられたシャウプ博士は、「企業会計制度対策調査会」に対して、多大の期待を表明したという。

一方、「企業会計原則」の設定をめぐって「四面楚歌」の状態にあった「企業会計制度対策調査会」にとって、申告納税方式による近代的所得税制度を税体系の中核に置く、シャウプ使節団の税制改革構想を知らされたことは、「企業会計原則」設定への「有力な援護射撃」となったという（黒澤［1980c］p. 95）。

このことについて黒澤［1979a］p. 100；黒澤［1979b］p. 99は、当時、みずからが想い描いた理想を、税制と会計との「同時平行的変革」という言葉で表現し、その変革が、シャウプ博士との「内面的交渉」ならびに『シャウプ勧告』の発表をつうじて、みずからの理想に近いかたちで実現されたことを指摘している。

なお、黒澤［1980a］pp. 74-78；黒澤［1980b］pp. 80-84；黒澤［1980c］pp. 95-100は、昭和25年の法人税法ならびに所得税法の改正、さらには、同年の法人税法施行細則ならびに所得税法施行細則の改正に際して、黒澤みずからが、「企業会計制度対策調査会」の代表として、税制審議会ならびに税務行政運営協議会の審議に参加し、税法への「正規の簿記の原則」の導入にかんする問題の解決にあたるなど、税法の課税所得計算規定の近代化に尽力した事実を詳細に記している。

(24) この勧告は、翌昭和25年の「財務諸表等の用語様式作成方法に関する規則」（証券取引委員会規則第18条）の制定によって実現された。

(25) Shoup Mission ［1950］Supplementary Memoranda, pp. 78-79.

(26) Shoup Mission ［1949］Vol. Ⅳ, pp. D53-D56.

(27) Shoup Mission［1949］Vol. Ⅳ, pp. D57-D59.
(28)『シャウプ勧告』(Shoup Mission［1949］Vol. Ⅳ, pp. 57-58) は，中小企業への会計教育の実施にあたって，企業の規模や企業家の教育水準に適合した帳簿様式を提供することの必要性を指摘したのちに，「会計基準改善委員会」の役割に，再度，言及して，つぎのように述べている。

「このような方向への努力は各所でなされており，頼もしい成果が生まれている。この点において，会計基準改善委員会は，前述の大学や事業団体そして農業協同組合と同様に有益である。このような努力に対して，大蔵省は，国税庁，国税局ならびに税務署をつうじて，全面的に協力すべきである。また，農林省のような他の政府機関も，この仕事に参加すべきである。」

この勧告でとりあげられている「会計基準改善委員会」とは，すでに指摘したように，「企業会計制度対策調査会」のことをさしているが，同調査会の目的は，「企業会計原則」の制定のみならず，中小企業をも含む企業の会計実務全般の改善策の検討にも及び，その活動の一環として，会計教育用に標準化された帳簿様式の作成や中小企業用に簡素化された会計方法の開発などが試みられていた。シャウプ使節団は，同調査会のそうした活動に注目し，上記の勧告をおこなったものとみられる。

(29) Shoup Mission［1949］Vol. Ⅱ, pp. 218, 225；Shoup Mission［1949］Vol. Ⅳ, pp. D58-D59.
(30) Shoup Mission［1949］Vol. Ⅳ, p. 56.
(31) たとえば，武田〔昌〕［1990］p. 39を参照されたい。
(32) Shoup Mission［1949］Vol. Ⅱ, pp. 123-142.
(33) Shoup Mission［1949］Vol. Ⅱ, pp. 125-126. なお，資産再評価の方法や，税率，さらに，再評価益の会計上の性格などについては，のちに，会計研究者らの活発な議論が展開されている。資産再評価は，昭和25年を皮切りに数次にわたって実施された。その実施の経緯については，新井〔清〕［1965］pp. 226-228；久野［1970］pp. 369-371などを参照されたい。
(34) Shoup Mission［1949］Vol. Ⅱ, p. 131.
(35) Shoup Mission［1949］Vol. Ⅱ, pp. 133-134.
(36)『シャウプ勧告』(Shoup Mission［1949］Vol. Ⅱ, p. 135) は，この制度が「税の公平に大きく寄与するとともに，納税者が適正な記帳をするための大きな誘因となるであろう。」と述べている。
(37) Shoup Mission［1949］Vol. Ⅱ, pp. 135-136.
(38) Shoup Mission［1949］Vol. Ⅱ, pp. 138-139.
(39) Shoup Mission［1949］Vol. Ⅱ, pp. 140-141.
(40) Shoup Mission［1949］Vol. Ⅱ, pp. 141-142.

第3章 『シャウプ勧告』以降の税務会計の発達(その1)

―税務会計の発展と確立―

1 はじめに

　前章で指摘したように，まさに画期的な税務会計近代化構想を盛り込んだ『シャウプ勧告』は，昭和25年3月の税制改正によってほぼ全面的に実施された[1]。これを契機として，わが国税務会計は，近代化への本格的な歩みを開始する。本章では，昭和25年以降，いわゆる「公正会計処理基準」の誕生をみる昭和42年までの期間をとりあげて，主要な税法改正ならびに税法改正運動の動向を整理し，『シャウプ勧告』が戦後の税務会計の発展に及ぼした影響を具体的に検討する。

2 「シャウプ税制」の成立と税務会計研究の興隆

1 昭和25年の法人税法改正とその問題点

　いわゆる「シャウプ税制」の成立を意味する昭和25年の税法改正は，きわめて大規模なものとなった。この法人税法改正ならびに法人税施行規則改正の重要項目ならびにその要点は，つぎのとおりである。

・繰越欠損金の控除の期間延長（法人税法第8条）

従来は1年のみであった控除期間が5年に延長された。

・棚卸資産評価規定の創設（法人税法第9条の7ならびに法人税法施行規則第20条）

　原価法として，個別法，先入先出法，後入先出法，総平均法，移動平均法，単純平均法，最終仕入原価法，売価還元法が認められるとともに，時価法と低価法の採用も認められることになった。

・固定資産の減価償却規定の整備（法人税法第9条の8ならびに法人税法施行規則第21条）

　有形固定資産について，新たに定額法の適用が認められた結果，定率法と定額法との選択適用の道がひらかれた。

・欠損繰り戻し制度の創設（法人税法第26条の3）

・修繕費と資本的支出との区分基準の明確化（法人税法施行規則第10条の2）

　資本的支出にかんする概念規定の創設によって，修繕費との区分が明確にされた。

・貸倒引当金制度の創設（法人税法施行規則第14条）

　上記の一連の改正をつうじて，税務会計の近代化は大きく前進した。それは，わが国税務会計の発展史上かつてない画期的な出来事であった[2]。

　さらに，これらの改正にくわえて，昭和25年の税法改正では，各種資本準備金の積み立てをもとめる商法規定が創設されたことに伴って，つぎのような改正も実施されている。

・額面超過金（株式プレミアム）益金不算入制度の創設（法人税法第9条の2）[3]

・減資差益益金不算入制度の創設（法人税法第9条の4）

・合併会計処理基準の改正（法人税法第9条の5）
　　人格合一説（人格承継説）に立脚して，合併差益の一部（合併減資益と被合併会社の積立金）を益金不算入とし，評価益からなる合併差益だけを益金とした。

　これらの改正は，いずれも，税務会計の近代化という側面から注目すべき内容のものであったが，なかでも，額面超過金（株式プレミアム）益金不算入制度の創設は，かつて大論争を巻きおこした重要課題にひとつの終止符をうったという点で，とくに注目すべきものであった。
　もっとも，額面超過金（株式プレミアム）益金不算入制度の創設については，その税法の近代化という側面と同時に，旧法の影響を残す側面をも指摘することができる。たとえば，上記の額面超過金（株式プレミアム）益金不算入制度において，改正税法は，額面超過金（株式プレミアム）の全額を益金不算入とすることなく，益金不算入額の計算方法を定めた，つぎのような規定を設けている[4]。

　　第九条の二　法人が額面をこえる価額で株式を発行した場合の額面をこえる金額から当該株式の発行のために要した費用の額を控除した金額は，前条第一項の所得の計算上，これを益金に算入しない。（昭和25年3月31日法律第72号）

　上記の規定によれば，額面超過金（株式プレミアム）から新株発行費を控除した残額は益金不算入とされる。しかし，税法はこの規定において，額面

超過金（株式プレミアム）を「益金」とみる従来の解釈を変更したわけではない。かりに，上記規定において，額面超過金（株式プレミアム）の資本性を容認し，その非課税を規定するのであれば，費用たる新株発行費の金額の大小とは無関係に，額面超過金（株式プレミアム）の全額を非課税とすべきであろう。しかし，上記規定において，税法は，額面超過金（株式プレミアム）の全額非課税を規定せず，新株発行費控除後の額面超過金（株式プレミアム）の残高のみの益金不算入を指示している。このことは，税法が額面超過金（株式プレミアム）の資本性をいまだ容認せず，それを，株式発行費の対価として獲得された収益とみなしていることを意味している。すなわち，上記規定の趣旨は，本来の「益金」たる額面超過金（株式プレミアム）を特別に益金不算入とする点にあり，税法は，上記規定において，本来は益金である額面超過金（株式プレミアム）を益金に算入しない以上，その益金に関連する費用の損金計上も認めないとの意図を表明しているものとみられるのである。

かくして，上記規定において，税法は，額面超過金（株式プレミアム）の本質を資本とみる解釈を受け入れたわけではなく，むしろ，その本質を「益金」とみる伝統的解釈を，依然として踏襲していることになる。

さらに，昭和25年の税法改正では，国庫補助金に対する圧縮記帳の規定（法人税法施行規則第11条）と保険差益に対する圧縮記帳の規定（昭和22年10月改正法人税法施行規則第13条の2から6）が，旧法から継承されている[5]。そもそも，これらの圧縮記帳制度は，国庫補助金や保険金によって取得した資産の取得価額の切り下げを条件として，国庫補助金や保険差益に相当する損失（圧縮損）の計上を認める課税技術にほかならず，この制度の適用をうける国庫補助金や保険金は，非課税ないしは免税の所得として課税所得から除外されるわけではない。しかも，国庫補助金や保険金で取得した資産の取得価額切り下げの影響は，減価償却費計算をつうじて，資産の耐用期間にわたる所得金額の増加となってあらわれることによって，資産取得時点で損失計上からもたらされた減税効果は，実質的に相殺されてしまうことに

なる。つまり，圧縮記帳制度は，国庫補助金や保険金について課税の繰り延べを認めるための課税技術にほかならず，国庫補助金と保険差益は「益金」として課税されていることになる。

このように，昭和25年の税法には，『シャウプ勧告』にそって導入された新制度と，旧法の影響を色濃く反映する旧制度とが混在していたことになる。改正税法は，まさに，新旧の理論の交錯する「モザイク」[6]にほかならなかったのである。

2　税法批判と「純資産増加説」見直し論の登場

昭和25年3月の税法改正後まもない同年9月には，通達の公開主義への転換をもとめた『シャウプ勧告』の提案が受け入れられ[7]，「法人税基本通達」（昭和25年9月25日直法1-100）の公開が実施された。昭和25年の改正税法は，法人所得計算の通則規定として，「内国法人の各事業年度の所得は，各事業年度の総益金から総損金を控除した金額による。」（第9第1項）との規定を掲げるだけだったが，これを契機として，「益金」ならびに「損金」の計算の実質的基準とされてきた税務当局の解釈が，つぎのように公開された。

　51　総益金とは，法令により別段の定めのあるものの外資本の払込以外において純資産増加の原因となるべき一切の事実をいう。（昭和25年9月25日直法1-100）

　52　総損金とは，法令により別段の定めのあるものの外資本の払戻又は利益の処分以外において純資産減少の原因となるべき一切の事実をいう。（同上）

これらの通達によれば，「益金」ならびに「損金」は，純資産の増加原因ならびに減少原因として定義される。課税所得は「総益金」と「総損金」との差額概念にほかならないから，上記の通達は，所得を純資産の増加分ない

しは減少分として定義していることになる。このことから，上記の定義は，「純資産増加説」と一般に呼ばれ，わが国においては，法人の課税所得概念の説明として，税務当局によって従来からもちいられていた[8]。

税務当局の伝統的所得計算理論としての「純資産増加説」の特徴は，第Ⅰ章（第3節第2項）で指摘したように，「益金」ならびに「損金」とはみなされない資本取引の範囲を法定資本金の増減取引に限定するという前提にたって，法定資本金以外の純資産の増加原因のいっさいを「益金」とみる解釈を展開した点にある[9]。上記の通達もまた，税務当局の伝統的「純資産増加説」を踏襲して，「資本の払込」ならびに「資本の払戻」という用語を，それぞれ，「資本金の払い込み」ならびに「資本金の払い戻し」の意味にもちいているものとみられる[10]。ちなみに，上記「益金」の定義中に，「法令により別段の定めのあるものの外」という除外規定を挿入した税務当局の意図は，額面超過金（株式プレミアム）について，「本来ならば，法人の益金であるが，法律の特別規定によってこれを益金としては取扱わない旨の規定であることを言外に表示」[11]することにあったといわれている。

上記の通達に示された税務当局の伝統的理論ならびに従来の税務会計のあり方は，通達の公開とともに，国民の強い批判にさらされることになった[12]。

まず，『シャウプ勧告』の啓発をうけて，当時，急速に勃興しつつあった税法学研究の分野では[13]，昭和26(1951)年1月に発行された『税法学』創刊号の誌上において，昭和25年の改正税法ならびに取扱通達への批判が早くも展開されている。

たとえば，中川一郎教授は，「税法の法源と税法規の解釈—取扱通達について—」と題した論文（中川[1951a]）において，税務当局から公表される通達の法的性格について，「……いずれも税法の法源ではなく，又各税法規の解釈に際しては，その明確に定める納税義務の限界拡大とならないものに限り，一基準となるにすぎない」[14]と述べている。さらに，別稿「法人税取扱通達批判（一）」（中川[1951b]）において，同教授は，法人税の課税所得計算の基礎とされるべき「益金」ならびに「損金」概念を定義した明文

規定が，法人税法上設けられていない点を立法上の欠点として指摘したうえで，「殊に納税義務法定主義の立前よりして，かかる重要な法概念を通達をもって決定せんとする態度は，国民に不要な疑惑を与えるものとして強く排撃されなければならぬ。」(15)と，厳しく批判している。

こうした批判につづいて，中川教授は，上記の取扱通達に示された「総益金」ならびに「総損金」の定義の問題点を指摘したうえで，つぎのような新たな定義を提示している(16)。

> 益金とは法人の純資産を増加せしめるような事実にもとずく収益その他経済的利益をいい，損金とは法人の株主又は社員に対する利益配当以外において法人の純資産を減少せしめるような事実にもとずく費用その他の経済的損失をいう。

その後，中川教授は，「現行税法における基本的法概念としての『所得』」と題した一連の論文（中川［1952a］；中川［1952b］；中川［1952c］；中川［1952d］；中川［1952e］；中川［1952f］；中川［1952g］；中川［1952h］；中川［1952i］；中川［1952j］；中川［1953］）を発表し，わが国税法上の所得概念の究明を目的とした独自の研究の成果を発表している。この研究において，同教授は，「益金」ならびに「損金」の計算方法を定めた法人税法，同法施行規則ならびに租税特別措置法上の規定を詳細に検討し，つぎのような結論に達している(17)。

> 以上の如く，益金・損金の概念の基準となるものは，金銭債権及び金銭債務の発生，価値権の増減，金銭債権・債務の絶対的消滅並びに責任準備金積立義務であるということができる。それは，ドイツ所得税法第四条が規定する如き計算方法と結果的には変りはなく，又会計学者の説く成果計算法とも変りはないであろう。唯，税法学上，益金・損金の概念を把握するには，以上の如く，権利義務をもって表現しなければならないのである。蓋し，法的価値判断の尺度は，権利義務以外にはないからである。

中川教授による上記の研究とほぼ同時期に，田中勝次郎氏もまた，一連の税法研究の成果（田中〔勝〕［1951a］；田中〔勝〕［1951b］；田中〔勝〕［1951c］；田中〔勝〕［1951d］）を発表している。同氏は，昭和25年の改正税法ならびに上記の取扱通達の「総益金」ならびに「総損金」の定義を「誤った商法依存主義」[18]と評して厳しく批判し，税法独自の目的にそくした法解釈の必要性を指摘している[19]。同氏によれば，さきに掲げた取扱通達中の「資本の払込」ならびに「資本の払戻」は，本来，「商法上の意義ではなく，経済上の意義における払込と払戻し」と理解されるべきであり，上記通達は「経済上の意味における」という文言を挿入したうえで，つぎのように訂正されるべきであると述べている[20]。

  総益金とは経済上の意味における資本の払込以外において純資産増加の原因となるべき一切の事実をいう

  総損金とは，経済上の意味における資本の払戻以外において純資産減少の原因となるべき一切の事実をいう

さらに，昭和24年8月の『シャウプ勧告』の発表と，それにつづく昭和25年の画期的税法改正に刺激された会計学者の一部も，昭和25年の改正税法ならびに上記通達に対する批判を開始した。

たとえば，黒澤　清教授は，昭和26年1月に，「近代税法と会計原則」と題した論文（黒沢［1951］）を発表している。そのなかで同教授は，改正税法を新旧の理論が交錯する「モザイク」[21]と呼び，その非近代的側面を批判している。同教授は，この論文において，「企業会計原則」の立場から指摘されるべき改正税法の所得計算規定の主要な問題点を列挙したのちに，「……日本税法は，近代化の途を進みつつも，未だ若干の点で停滞を示しているものと断ぜざるを得ないのである。」[22]との認識を示し，税法のよりいっそうの近代化のために，税法上の伝統的所得計算原理たる「純資産増加説」を見

直す必要性を説いている(23)。

　太田哲三教授もまた，黒澤論文と同様の見地から税法を批判した，みずからの講演の要旨をとりまとめた論文（太田［1951］）を，「会計原則と税務」と題して発表している。同教授は，この論文において，昭和25年の税法改正を税法による「企業会計原則」への「近接」(24)として評価し，残された両者の差異を解消することを目的とした「純資産増加説」の見直しの必要性を説いている。

3　税務当局者による税法研究の進展と伝統的税務会計観の動揺

　一方，『シャウプ勧告』の発表ならびに「シャウプ税制」の成立を契機として，税務当局の内部には，従来の税務行政に対する真摯な反省がみられるようになった。たとえば，忠　佐市氏は，大蔵省主税局調査課長だった昭和24年11月に，「税務計算と会計原則」と題した論文（忠［1949a］）を発表し，そのなかで，従来の賦課課税制度時代の税務行政への反省を，つぎのように述べている(25)。

　　……見逃すことのできない事実は，このような課税方式［賦課課税方式のこと：髙橋注］をとってきた関係から，租税法規に関する解釈等は，すべて行政訓令的に上級官庁からの下級官庁に対する内部通牒等の形式で伝達され，外部的に納税者に与えられる性質のものではなかったということである。もっとも，これらの解釈通牒の一部は，必要に応じて外部の納税者へも発表せられ，また，行政裁判事件などを通じてその解釈の当否が争われたことも一再ではなかったために税務官庁側における租税法規の解釈適用に関するあらかたの方向は，関心を有する納税者及び学界の知悉するところとなっている。しかし，この解釈通牒が実定法規を補充して一体となって租税法体系を形作る，というような客観性をもつものと観念せられるまでにはとうてい至らなかったのである。あまつさえ，この税務官庁の解釈の集成を，税務意識にもとずく独自の原則と観測されたり，また，税務官庁の独善かつ独占的労作と誤解されたことも，一再に止まらなかったと考えられる。

こうした反省にもとづいて，忠氏は，申告納税制度へ転換した新たな税制にふさわしい「合理的な，客観的な」[26]租税法解釈の基準確立の必要性を説き，それにむけた試みの一環として，当時発表されてまもない「企業会計原則」と税法の相違の分析をおこなっている。この研究からえられた結論のひとつとして，同氏は，「かくして，今回発表された企業会計原則は，法人税法における所得の概念規定においてすでに秩序ずけられた体系を大きくゆりはじめたのである。」[27]との認識を示している。忠氏のこの研究では，伝統的「純資産増加説」見直しにかんする具体的提言はなされてはいないが，税務会計研究の方法論について，つぎのようないましめが説かれている[28]。

> 税務官庁がその年来信奉してきた財産増加説を，所与のものとして科学的検討の労を惜しむことは独断であり，また学界が税務官庁の伝統的解釈の根底を解剖し，批判せずして，かつ合理的な租税負担の実現を論証せずして，その非を唱うることには，輿しえないものがある。

忠氏は，その後，「税務計算の新理論」と題した一連の論文（忠 [1951a]；忠 [1951b]）を発表し，そのなかで，昭和25年の税法改正に伴う法人所得概念の修正点の分析をふまえて，「益金」ならびに「損金」にかんする，つぎのような独自の定義を展開している[29]。

> 総益金とは，対資本主取引以外において，法人の純資産の増加となるべき一切の事実にもとずく収益その他の経済的利益を指し，総損金とは，対資本主取引以外において，法人の純資産の減少となるべき一切の事実にもとずく費用その他の経済的損費を指す

さらに，忠氏は，法人税法の所得計算構造の特質にもふれて，つぎのような見解を表明している[30]。

> ……所得の概念規定において財産増加説を主張することと，所得の計算に

おいて財産計算原理によるか，それとも成果計算原理によるかは，必然的な関連を有しない問題であって，特に，現行税法の全体の構成を通観するときは，基本的には成果計算原理に立脚する所得計算の原則があきらかにせられている，と理解しているものである。

これらの研究をへて，忠氏はつぎのような結論に達している[31]。

……所得概念を規定するものとしての正味財産増加説（通用語は純資産増加説）と，所得計算における期間的所得計測の原則とは区別せらるべきものであること，そして，税法上の期間的所得計測については，期間的損益配分の原則と，原価主義評価の原則との二支柱に立脚しているものと考えられる……。

また，企業会計とは目的を異にする税務会計の独自性に注目し，「企業会計原則」と対比されるべき「税務会計原則」の究明を目的とした意欲的研究も，この時期に，税務当局者の手で開始されるようになった。

たとえば，富岡幸雄教授は，東京国税局に所属していた昭和25年7月，「税務会計原則序説―税務会計の理念と現実―」と題した論文（富岡 [1950a]）を発表し，その結論において，「税務会計原則」確立の必要性をつぎのように述べている[32]。

以上に依り筆者は税務会計を「理念としての税務会計」と「現実としての税務会計」とに便宜的に概念的に区別し税務会計の理念としての姿の認識に於ける企業会計との統一性えの理想は是認するものなるも，税務会計の特殊性よりする税務会計の現実としては両者の計算思想に於ける離反を認識し，これが解決を計る方法として税務会計原則を樹立し企業会計原則に準拠し作成せられたる「企業財務諸表」をこの税務会計原則の提供する計算基準に依り修正し課税所得の計算的把握をなす「税務財務諸表」えの道を開拓することに依り，税務会計の特殊なる性格の作用による企業会計の混乱と会計理論の発達に於ける具体的実務えの妥当性の面における妨げによる不合理さを解

消し，同時にこの税務会計原則の樹立に依り，課税所得金額計算の明確なる基準を提供することに依り，課税の公平と其の明確性，合理性が期し得られるものと考える。

富岡教授は，その研究の成果を掲載した多数の論文につづいて[33]，一連の研究を集大成した著書『税務上の損益計算』（富岡［1951b］）を発表し，そのなかで，法人税法の所得計算構造の分析にかんする結論をつぎのように述べている[34]。

> 斯くて法人所得の計算構造は税務上の資本取引の区分の原則に立ち成果計算の原理に基本的な基盤を求める計算原理に立脚するものであると考えるものである。

学界ならびに官界双方における先駆的税務会計研究が，かくして，深まりをみせるなかで，昭和26年5月には，日本会計研究学会第10回大会が「会計原則，規則と商法・税法」という統一論題のもとで開催され，「企業会計原則」と税法との調整のあり方をめぐって，学界・官界・産業界の各代表者による研究報告ならびに円卓討論がおこなわれた[35]。この大会に客員として，とくに招かれた国税庁法人税課長の明里長太郎氏は，「企業経理と税務経理の相違点について」と題する研究報告（明里［1951］）をおこない，その結論において，つぎのような注目すべき見解を表明している[36]。

> 税務経理はさきに述べたようにそれ自体が独自な会計理論を有するものではなく，税法における実体的の規定は，その時において一般的に認められた会計理論を基盤として規定されたものである。したがって，現在においては，別段のものを除く外なお純資産増加説が採用されていると解すべきであるが，企業会計原則が一般に公正妥当と認められた場合においては，損益確定の理論として税務経理は全面的にそれを基盤とすべきであると考えられる。ただ，この場合においても，さきに述べたように課税目的による面において相違す

ることはやむを得ないであろう。

　明里氏のこの発言によれば,「企業会計原則が一般に公正妥当と認められた場合」には,課税所得計算の基本は,「企業会計原則」に全面的に依存すべきことになる。この見解は,税務当局者の間に従来から存在したといわれる「税務会計として固有の原則がある乃至あるべきであるという根深い伝統的観念」[37]の動揺と,それにかわる「企業会計の尊重」という新たな理念の台頭を反映したものと解されよう。

3　税法改正運動の展開

1　「税法と企業会計原則との調整に関する意見書」の発表（昭和27年6月）とその影響

　昭和27（1952）年に入ると,税法と「企業会計原則」との調整をもとめる企業会計基準審議会の一連の働きかけが開始され,それらをつうじて,税務会計のいっそうの近代化が達成されてゆくことになる[38]。

　昭和27（1952）年6月,企業会計基準審議会は,「税法と企業会計原則との調整に関する意見書」（経済安定本部［1952］；以下では,「27年意見書」と呼ぶ）を発表した[39]。この意見書の目的は,「企業会計原則」と税法との間に残された矛盾対立について,「企業会計原則」の立場から,税法に対して調整を希望する問題点を提起し,それらについて望まれる調整の方向を示すことに置かれた[40]。

　「27年意見書」の検討事項は,発生主義の原則,実現主義の原則,費用収益対応の原則ならびに継続性の原則といった,損益の期間配分にかかわる原則の税法への適用上の問題と,資本剰余金と利益剰余金の区分という資本と利益の区分原則の税法への適用上の問題とに区分され,それぞれの問題について,「総論」では原則的問題,「各論」では個別・具体的な問題が検討され

ている。「27年意見書」において指摘された問題点と要望は多岐にわたっているが、その基本的な主張はつぎの点に要約される[41]。

  税法における所得計算の基本理念もまた窮極において、「一般に認められた会計原則」に根拠を求めなければならないのである。

  税法においても、明文をもって正規の簿記の原則を認め、企業の純所得の決定に関しては、健全な会計慣行を尊重するごとき規定の設けられることが望ましい。

 もちろん、「27年意見書」は、課税所得の計算を目的とする税法の独自性をも否定したわけではなかったが[42]、上記の主張ならびに要望については、それらを「企業会計原則至上主義」[43]とみなす厳しい批判が、税務当局者を中心に巻きおこった。

 たとえば、「27年意見書」発表直後に国税庁から発せられた通達「『税法と企業会計原則との調整に関する意見書』の発表について」(昭和27年7月23日直法1-101)では、「27年意見書」に対する、つぎのような批判が展開されている[44]。

 二　この意見書に対する税法上の批判
  この意見書は、企業会計原則の立場から税法に対する見解を述べたものである。
  会計学者、会計実務家等が一年有余にわたって研究した結果であるから参考となるべき意見書であることはいうまでもないが、その根本的な考え方は、租税政策上差異があるものを除いては企業会計原則を至上のものとしてそれに一致せしめらるべきものであるとの立場を採っている。
  しかし、税法においては課税所得に対する固有の理論があるのであるから、企業会計原則と税法の課税原則との間に本質的に一致に至らない部面のあることはやむをえないことである。又現在多くの点において、税法が一般の会計実務と一致しているのは、税法上の所得と会計上の利益とでは理論的には

異なる構成を有しながら，実際上はその範囲がきわめて接近していることと，税法が実務上の便宜によりできるだけ会計実務を技術的に採り入れていることによるものである。

　かかる観点からこの意見書については，根本的な両者の相違点を明確に認識した上において両者の調整を考うべきものであるから，意見書のよって立つ立場自体に対して更に批判がなされなければならないものである。

三　この意見書と現行税法

　この意見書は，右に述べたように，企業会計原則の立場から細部にわたって税法の改正についての見解を述べたものであるから，その内容について更に充分な検討を必要とするものであり，また，立法上は考うべき点もあるが，これを現行法の改正に直ちに移すにはなお相当の時日と研究を要するものと認められる。

　この通達では，「27年意見書」に対する税務当局側からの，いわば「逆批判」が展開されているのであり，「企業会計原則」の尊重をもとめる企業会計基準審議会の主張と要望は，結局のところ，「門前払い」された形となっている。

　かくして，上述のような「27年意見書」の主張と要望は，ただちに受け入れられることはなかった。しかし，上記通達に示されたかたくなな姿勢にもかかわらず，税法規定の整備・近代化の動きは着実に進行し，次第に本格的な税法改正運動へと拡大していった。

2　税法と「企業会計原則」との調整の進展

　まず，昭和28(1953)年5月には，通達「原価差額の調整について」（昭和28年5月18日直法1-54）[45]，ならびに，通達「法人税基本通達の一部改正（たな卸資産関係）について」（昭和28年5月18日直法1-53）が国税庁から示達された。前者は，原価差額の税務上の処理方法の統一をはかることを目的としていたが，反対の根強い原価差額の調整計算を原則として要求したことから，調整計算不要論者の新たな反発を招く結果となった[46]。一方，後者

は，棚卸資産の取得価額にかんする詳細な計算方法を示すことで[47]，従来の通達の規定の整備に大きく貢献した[48]。

昭和30年代に入ると，税務当局による既存の通達の整理統合と，新たな総合通達制定のための検討作業が開始された[49]。その改正案検討の過程で，通達による規制の範囲を逸脱するような基本的事項にかんする規定については，法令にゆだねる必要性が生じたため，昭和34年3月には，法人税法施行規則や租税特別措置法施行令などの関係法令の改正が実施された[50]。これらの改正によって，役員報酬ならびに賞与，固定資産の交換，固定資産の評価換え，資産の取得価額，繰延費用の償却，価格変動準備金の対象資産などにかんする規定が政令として明文化されることとなった。これらの新たな規定のうち，税法と「企業会計原則」との調整という側面から，とくに注目される点はつぎのとおりである。

- 固定資産の評価損益の損金ならびに益金への算入を原則的に認めないこと（法人税法施行規則第17条ならびに同規則第17条の2）。

- 繰延費用の範囲ならびに償却方法にかんする原則的規定（法人税法施行規則第21条の8）を創設するとともに，創業費，建設利息，株式発行費，社債発行費，開業費，開発費，試験研究費の償却方法について，任意償却ないし随時損金算入を部分的に認める規定（法人税法施行規則第21条の9）を設けたこと。

- 繰延費用の範囲について「資産の取得価額に算入される費用及び前払費用を除く」むねの規定（法人税法施行規則第21条の8）を設けたことに伴って，資産の取得価額に含まれるべき費用の範囲を明確にする必要性が生じたため，株式，棚卸資産，固定資産の取得価額にかんする原則的規定（法人税法施行規則第19条の6，同規則第20条の4，同規則第21条の7）を設けたこと。

その後，昭和36(1961)年の法人税法施行規則の改正では，既存の準備金・引当金制度が整備され，貸倒準備金の損金算入限度額計算における所得基準の廃止や，退職給与引当金の取り崩し方法の合理化が実施された[51]。これにつづいて，昭和38(1963)年の同規則改正では，前年の商法改正ならびに「企業会計原則と関連諸法令との調整に関する連続意見書　第四　棚卸資産の評価について」の要望にそくして[52]，棚卸資産の評価方法のうちの時価法が廃止された。

　昭和38年には，複雑化した法人税法規定の体系的整備を目的として，精力的な活動をすでに展開していた税制調査会から，『所得税法及び法人税法の整備に関する答申』(税制調査会［1963］)[53]が提出された。この答申をもとにして，昭和40(1965)年には，当時，懸案となっていた法人税法の全文改正が18年ぶりに実施された[54]。これによって，課税所得計算の通則規定は大幅に整備され，「内国法人の各事業年度の所得は，各事業年度総益金から総損金を控除した金額による。」(旧法人税法第9条第1項)との旧法の規定にくわえて，「益金」ならびに「損金」という税法上の概念を，企業会計上の収益ならびに費用概念をもとに定義した現行法人税法第22条第2項ならびに第3項の規定の創設をみた。

　また，この全文改正では，従来は通達で認められていた返品調整引当金が法制化されるとともに(法人税法第53条)，賞与引当金制度も新たに創設される(法人税法第54条)など，税法と「企業会計原則」との調整がはかられた。さらに，昭和37(1962)年改正商法の新規定との調整を目的としたつぎのような改正も実施され，税法の所得計算規定の整備・近代化が促進された[55]。

・資産の評価損益を，原則として，損金ならびに益金不算入とするむねの規定の創設(法人税法第25条，同法第33条)。

・従来，もちいられてきた「繰延費用」という用語にかわる「繰延資産」という用語の導入，ならびに，その定義規定の創設(法人税法第

2条第25項）と，繰延資産にかんする減価償却計算規定の整備（法人税法第32条，法人税法施行令第64条）。

3 「税法と企業会計との調整に関する意見書」の発表（昭和41年10月）と「公正会計処理基準」の誕生

　昭和41年には，翌42年の税制改正に重大な影響を及ぼすことになる公的な報告書，意見書ならびに答申書が相次いで発表されている。

　まず，昭和41年5月，日本会計研究学会税務会計特別委員会は，「企業利益と課税所得との差異及びその調整について」と題された報告書（日本会計研究学会［1966］；以下では，「特別委員会報告書」と呼ぶ）を発表した[56]。「特別委員会報告書」は，その「まえがき」において，税法と企業会計との差異の調整方法にかんする検討の立脚点を，「企業会計原則」の立場のみに限定せず，税法の所得計算原則をも考慮に入れた立場まで拡大すべきであるとし，つぎのような提言をおこなった[57]。

　　われわれは，税法と企業会計原則との調整を論議するにあたっては，その前提として，税務会計についての理論的研究をすすめ，税務会計自体の立脚点，税務会計を支配する基本原則及び所得計算原則をまずもって解明しなければならないと考える。かくしてはじめて，地に足のついた税法規定の批判と調整のための提案が可能となると信ずる。

　この「まえがき」につづく「総論」および「各論」において述べられた企業利益と課税所得との差異分析，ならびに，それにもとづく税法批判ないし税法改正の要望に対しては，同報告書の発表直後から，多くの問題点が指摘された。しかし，税法の所得計算原則をも検討の対象にとり込んだ同報告書の基本姿勢は，税務当局者からも歓迎された[58]。

　昭和41年10月には，「税法と企業会計との調整に関する意見書」（大蔵省［1966］；以下では，「41年意見書」と呼ぶ）が，企業会計審議会から発表された。この意見書は，「総論」と「各論」から構成されており，「総論」にお

いては，課税所得計算における「企業の自主的経理の尊重」という理念の重要性を説くと同時に，その理念の導入にあたって前提条件とされるべき会計実務の継続性の意義を指摘し，さらには，「企業会計原則」自体の検討課題にも論及している。また，「各論」において，「41年意見書」は，「企業の自主的経理の尊重」を達成するための具体策を，「会計方法の選択の自主性」，「重要性判断の弾力性」，「事実認定の自主性」，「表示上の調整」に分けて提案している。

「41年意見書」は，その方法論において「27年意見書」とは異なっており，そこでは，「企業会計原則」の立場だけにとらわれることなく，広く税法の課税所得計算の原則をも考慮した包括的な検討が展開されていた。その主張は，「企業の自主的経理の尊重」という理念を基調とする点で「27年意見書」と同様であったが，具体的提案においては，過去の調整の歴史と「特別委員会報告書」の提言とをふまえたうえで，より現実的な調整の方法が模索されていた[59]。かくして，「41年意見書」は，将来において実施されるべき税法改正にむけて，つぎのような提案をおこなった[60]。

　　……法人税法の課税標準の総則的規定として，「納税者の各事業年度の課税所得は，納税者が継続的に健全な会計慣行によって企業利益を算出している場合には，当該企業利益に基づいて計算するものとする。納税者が健全な会計慣行によって企業利益を算出していない場合又は会計方法を継続的に適用していない場合には，課税所得は税務官庁の判断に基づき妥当な方法によりこれを計算するものとする」旨の規定を設けることが適当である。

さらに，昭和41年12月には，税制調査会による『税制簡素化についての第一次答申』（税制調査会［1966b］）が発表された[61]。この答申は，税制簡素化の実現のために税法と企業会計との差異を縮小する必要性を認め，つぎのような注目すべき提言をおこなった[62]。

　　課税所得は，本来，税法，通達という一連の別個の体系のみによって構成

されるものではなく，税法以前の概念や原理を前提としていると言わねばならない。絶えず流動する社会経済事象を反映する課税所得については，税法独自の規制の加えられるべき分野が存在することも当然であるが，税法において完結的にこれを規制するよりも，適切に運用されている会計慣行にゆだねることの方がより適当と思われる部分が相当多い。このような観点を明らかにするため，税法において課税所得は，納税者たる企業が継続して適用する健全な会計慣行によって計算する旨の基本規定を設けるとともに，税法においては，企業会計に関する計算原理規定は除外して，必要最小限度の税法独自の計算原理を規定することが適当である。

この提案は，さきの「41年意見書」がもとめた税法規定の創設を，税制の簡素化という視点から，あらためて主張したものであったが，翌昭和42年の税制改正では，ついにこの提案が受け入れられ[63]，いわゆる「公正会計処理基準」を定めた法人税法第22条第4項の規定の創設をみた。

4 おわりに

本章では，「企業会計の尊重」という新たな精神にもとづく『シャウプ勧告』の税務会計近代化構想が，わが国で受け入れられ，税務会計の近代化が達成されてゆく過程を具体的に検討した。本章を終えるにあたって，以上の検討を総括するとともに，若干の論評をくわえることとしたい。

筆者の見解によれば，わが国税務会計近代化の過程は，おおむね2段階に分けられる。まず，第1段階は，「シャウプ税制」の誕生が，税法批判や税務会計研究の勃興に貢献した時期である。すなわち，税務会計研究の推進や通達の公開をもとめた『シャウプ勧告』の提言は，「シャウプ税制」の誕生をつうじて，税法学者や会計学者らによる税法批判ならびに税法研究の勃興に大きく貢献し，それらの動向が，税務当局の伝統的所得計算原理たる「純資産増加説」見直し論につながっていった。同様の動きは，進歩的税務官僚の間にも広がりをみせ，従来の税務会計への真摯な反省と，新たな所得計算

第3章 『シャウプ勧告』以降の税務会計の発達（その1）

理論探究への気運を税務官僚の間に形成していった。学界ならびに官界における，これらの先駆的税務会計研究の進展は，「税務会計としての固有の原則」の存在を確信してきた税務当局者の「伝統的観念」の動揺をもたらし，税法上の所得計算原則を「企業会計原則」にそくして見直すことの必要性を，人々に認識させるようになっていった。

このように，「シャウプ税制」成立以降の税務会計近代化運動の第1段階の牽引役が，『シャウプ勧告』の啓発をうけた研究者ならびに進歩的官僚であったのに対して，つづく近代化の歴史の第2段階の牽引役は，「企業会計の尊重」を掲げるシャウプ使節団の支持をえて，企業会計制度の改善・統一という本来の活動を本格化させつつあった「企業会計審議会」の委員らであった。かれらは，「企業会計原則」と税法との調整をもとめる一連の組織的運動を長期にわたって展開し，税法の整備・近代化を着実に実現していった。かれらの10年余に及ぶ運動は，企業会計を税務会計の基盤とすべきことを認めた法人税法第22条第4項の規定の創設となって，ついに実を結んだ。一般に「公正会計処理基準」と呼ばれるこの規定の創設は，企業会計を基礎に置くこんにちの税務会計の確立を意味するという点において，税務会計近代化の歴史のひとつの到達点とみられる。

かくして，『シャウプ勧告』にもとづく昭和25年の税制改正を端緒とするわが国税務会計の本格的な近代化の歩みは，ひとつの頂点をむかえた[64]。企業会計理論の税法による部分的摂取にはじまり，「公正会計処理基準」の確立にいたるその歩みは，それが『シャウプ勧告』によって動機づけられ，推進力を与えられたという意味において，『シャウプ勧告』の根底に流れる「企業会計の尊重」という精神の浸透の歴史とみなすことができよう。

[注]

（1）改革案としての『シャウプ勧告』と，実際に法制化された制度とを区別する都合上，昭和25年改正後の新税制は，「シャウプ税制」と呼ばれることが多い。両者の間

の重要な相違としては,『シャウプ勧告』では,その実施が強制されていた資産再評価が,当初,任意とされた点や,地方税として導入が勧告されていた付加価値税の実施が延期された点などがあげられる。なお,付加価値税は,再三の実施延期ののち,昭和29(1954)年にいたって,日の目をみないまま廃止されている。

(2) 武田〔昌〕〔1977〕p.107は,「近代的税務会計は,この昭和二五年の改正をもって,始まったといっても過言ではないであろう。」と述べて,昭和25年の税法改正の税務会計発展史上の意義を重視している。

　また,黒澤教授(染谷〔1984〕p.26)は,この改正をふりかえって,「税法はシャープ勧告がございまして,われわれの意見が直接に反映したわけではございませんが,われわれの意見を実現したのに近い税法改正も行われた。」と述べて,企業会計制度の改善・統一をめざすかれらにとって,この改正が歓迎すべき内容のものであったことを,あきらかにしている。

(3) ただし,この改正では,額面超過金(株式プレミアム)のうちの株式発行費控除後の残高のみが,益金不算入とされた。のちに詳述するように,この事実は,税法固有の「益金」概念を知るうえで見逃せない。

(4) この条文中の「前條第一項」にあたる法人税法第8条第1項には,「法人税の課税標準は,各事業年度の所得及び積立金の金額による。」との規定が置かれている。なお,額面超過金(株式プレミアム)の益金不算入額の計算上,株式発行費の控除をもとめる規定は,額面超過金(株式プレミアム)の益金不算入を,はじめて認めた昭和21年の租税特別措置法において,すでに採用されている。

(5) 国庫補助金に対する圧縮記帳については,昭和25年の法人税法施行規則の改正によって現在の詳細な規定の原形の誕生をみたが,それ以前の昭和22年3月の施行規則全文改正において,すでに,つぎのような規定が設けられている。

　「第十一条　法人が資本的支出に充てるため,交付された国庫補助金,都道府県補助金又は市町村補助金を資本的支出に充てたときはその資本的支出に充てた部分の金額は,各事業年度の普通所得の計算上,これを損金に算入する。

　法人が前項の資本的支出に充てた部分の金額を資産として計算したときは,これを資産として計算しなかったものとみなす。」(昭和22年3月31日勅令第111号)

　上記第2項の規定は,表現こそ異なるものの,昭和25年改正後の規定と同様に,国庫補助金等の損金計上にあたって,それらの損金計上額を取得資産の帳簿価格から切り下げることを義務づけているものとみられる。

(6) 黒澤〔1951〕p.10は,昭和25年改正後の法人税法の課税所得計算規定について,「それは古い課税思想と新しい課税思想とのモザイックにすぎないことが見出される。」と述べている。

(7) 「個人所得税および法人所得税の執行」と題された『シャウプ勧告』の第4巻

第3章 『シャウプ勧告』以降の税務会計の発達（その1）

(Shoup Mission〔1949〕Vol. Ⅳ, pp. D47-D48, D65）では，税法にかんする税務当局の解釈や判断のみならず，税務行政上の各種の手続きにかんする説明を含む官庁の資料の多くを，組織的に公開すべきことが，つぎのように勧告されている。
　3　訓令の運用
　　国税庁は，国税局および税務署に発した訓令を再検討し，それを最新のものにし，ただちに尊守利用できるように適当に編集し，索引を付すべきである。このような内部的な行政上の訓令は，基本的性質を有する解釈とは別個にすべきである。行政上の手続きが改正されたあとは，国税庁は全行政過程の詳細な説明を大衆に提供すべきである。この説明には，国税庁および税務署ならびにその各部課に配分された機能，行政過程における各種の手続き，異議申し立てや上訴にかんする規則等の説明を含まねばならない。公表することの適当な内部的訓令は，できるだけ多く含まれていなければならない。このような行政過程の説明は，たえず改正し，最新のものにしておかなければならない。
　4　税法の行政上の解釈
　　税法の客観的適用を基礎とする税法執行の改善は，必然的に税法の重要な規定にかんする多数の解釈上の問題を惹起するであろう。国税庁は，行政過程のこの部分を託することのできる資格のある税務官吏の一団を育成すべきである。このような解釈は，国税庁および税務署ばかりでなく，可能な最大限まで公衆へも提供されるべきである。それは『解釈』または『判定』といったような特別の主題を付し，かつ，適当な索引をつけて編纂されるべきである。」
「(3) 解釈および判定—国税庁の解釈および判定は，現在，一般に公開されていない。これらは，こんにち，国税庁および税務署に発せられる通牒に統合されている。これらの解釈および判定は，通牒から分離し，適当な索引を付して，一般大衆の用に供すべきである。これらは，あきらかに，統一的な様式で定期的に発行され，つねに最新のものにしておくべきである。」
　なお，『シャウプ勧告』以前においても，通達の公開がまったくなされなかったわけではない。この点については，井上〔1982〕pp. 116-117を参照されたい。
(8) わが国法人税法上の「純資産増加説」と，シャンツ（G. Schanz）が19世紀末に唱えた「純資産増加説」との関係については，田中〔勝〕〔1952〕pp. 17-19がくわしい。
(9) 「純資産増加説」は，すでに言及した「株式プレミアム論争」において「益金説」を主張する税務当局の論拠でもあった。
(10) 上記通達については，それを，税務当局の「旧時代の商法依存主義」の象徴として批判する見解が，通達の示達直後にすでに表明されている。この批判を含め，上記通達の分析については，田中〔勝〕〔1951b〕pp. 3-4を参照されたい。
(11) 田中〔勝〕〔1951d〕p. 2.

(12) 武田〔昌〕[1990] p. 40は,この通達公開の意義に注目し,「……課税当局における法解釈の内容が公開されたことになり,その意味では一般の国民の批判の材料が出揃ったことにもなったのである。」と述べている。

また,当時,国税庁法人税課に所属していた湊[1951b] p. 22もまた,この通達公開の意義を重視し,「他方税務会計の側においても,従来の秘密主義が一てきされて取扱通達が公表された。このことにより,それまでうかがいしれない不可思議な存在であった税務会計の全貌が明らかになり,全面的な理論闘争の素材が提供された。」と述べ,通達公開主義への転換をもとめた『シャウプ勧告』が,税務会計研究の戦後の発展にはたした役割を指摘している。

(13) 『シャウプ勧告』の第2巻第14章「所得税における納税協力,税務行政の執行ならびに訴訟」(Shoup Mission [1949] Volume II, p. 226) では,「租税に対する学究的関心」というタイトルのもとで,税法にかんする教育・研究の重要性が,つぎのように指摘されている。

「租税にかんする研究が重要視されればされるほど,日本の税制はより効果的なものとなるであろう。なぜならば,租税の研究を志す頭脳明敏な者の数が増すにつれて,かれらは,ますます重要で知的関心をよぶような問題をこの分野において提起するであろう。このことは,法律および会計の実務にたずさわる者と,大学や政府の調査部局で教育や調査にあたっている者にもあてはまる。」

また,『シャウプ勧告』の第4巻「附録D 所得税および法人税の執行」(Shoup Mission [1949] Vol. IV, p. D67) のなかでは,税法の講座を大学に開設すべきことが,つぎのように勧告されている。

「各大学の法学部は,税法の講座を独立の学科目として開設すべきである。税法の実体的かつ技術的規定ならびに税務行政の専門的側面に注意がむけられるべきである。」

さらに,税法にかんする教育・研究の重要性は,『第2次勧告』(Shoup Mission [1950] p. 78) において,再度,つぎのように指摘されている。

「大学の法学部は,財政政策ならびに財政学の見地とは異なる法律的見地に立った所得税および法人税の講座を,開設すべきである。そうした講座は,弁護士をして,租税の問題に興味をいだかせ,かつ,租税制度についての見識ある批判を喚起するのに,大いに役立つであろう。それはまた,当然のことながら,租税の法律面についての必要な学問的研究を発達させることにつながるであろう。法学部がそうした講座を開設できるように,十分な資金が予算に計上されるべきである。」

『シャウプ勧告』のこれらの提言が,わが国における税法学研究の生成・発展に大きく貢献したのは,まぎれもない事実であろう。ちなみに,金子[1995]「はしがき」p. 2は,租税法の研究と教育への気運が,『シャウプ勧告』の発表以前から潜在的に

高まりつつあったことを指摘したうえで,「この気運を一挙に顕在化させたのが,シャウプ勧告であった。」と述べている。
(14) 中川 ［1951a］ p. 33.
(15) 中川 ［1951b］ p. 41.
(16) 中川 ［1951b］ p. 42.
(17) 中川 ［1953］ p. 28. この結論は,法人税法上の所得計算原理を,成果計算原理として理解すべきことを示唆する点において,従来の伝統的見解ないしは通説を覆す内容のものであった。税法学研究の黎明期において,そうした知見をえた中川教授の研究の先見性は,注目にあたいしよう。
(18) 田中〔勝〕［1951b］p. 6. 同様の批判は,田中〔勝〕［1951a］；田中〔勝〕［1951c］；田中〔勝〕［1951d］においても展開されている。
(19) 田中氏による税法批判について,当時,国税庁法人税課に所属していた湊［1951a］p. 86は,「……傾聴に値する所論であり,この問題について反省の気運が生じているのは,一に同氏の研究によるものといえよう。」と述べ,その意義を高く評価している。
(20) 田中〔勝〕［1951a］p. 113.
(21) 黒澤 ［1951］ p. 10.
(22) 黒澤 ［1951］ p. 15.
(23) 黒澤 ［1951］ p. 13.
(24) 太田 ［1951］ p. 4.
(25) 忠 ［1949a］ p. 34.
(26) 忠 ［1949a］ p. 35.
(27) 忠 ［1949a］ p. 36.
(28) 忠 ［1949b］ p. 26. 忠氏のこの主張は,税務会計研究のあるべき姿を他にさきがけて指摘したものとして,注目にあたいしよう。なお,当時の税務会計研究の発展状況については,忠［1950b］を参照されたい。
(29) 忠 ［1951a］ p. 38. 忠 ［1950a］ p. 153にも,同様の定義が掲げられている。
(30) 忠 ［1951b］ p. 68. こうした主張の根拠については,忠［1951c］；忠［1951d］；忠［1951e］を参照されたい。
(31) 忠 ［1953］ p. 85. この結論の論拠については,忠［1952］を参照されたい。
(32) 富岡 ［1950a］ pp. 22–23.
(33) 上記論文につづいて昭和25年から翌26年にかけて発表された論文としては,たとえば,富岡［1950b］；富岡［1950c］；富岡［1950d］；富岡［1951a］；富岡［1951c］；富岡［1951d］などがある。
(34) 富岡 ［1951b］ p. 24.

(35) 日本会計研究学会第10回大会の概要については,「日本会計研究学会報」『會計』Vol. 59, No. 6, June 1951, pp. 112-113；飯野［1951］；山下［1951］などを,また,円卓討論の内容については,「円卓討論　会計原則と税法および商法の問題」『會計』Vol. 60, No. 2, August 1951, pp. 81-115を参照されたい。
(36) 明里［1951］p. 24.
(37) 湊［1951b］p. 21.
(38) ちなみに,昭和20年代後半から昭和40年代初頭にかけて,企業会計基準審議会（企業会計審議会）から公表された税法と「企業会計原則」との調整に関連した「意見書」ならびに「連続意見書」は,下記のとおりである。
　「税法と企業会計原則との調整に関する意見書」（経済安定本部［1952］）.
　「企業会計原則と関連諸法令との調整に関する連続意見書　連続意見書第一・第二・第三」（大蔵省［1960］）.
　「企業会計原則と関連諸法令との調整に関する連続意見書　連続意見書第四・第五」（大蔵省［1962］）.
　「税法と企業会計との調整に関する意見書」（大蔵省［1966］）.
　なお,「企業会計原則」と税法との,いわゆる「調整論争」の推移については,畑山［1984］pp. 45-54がくわしい。
(39) 経済安定本部［1952］.
(40) 経済安定本部［1952］「税法と企業会計原則との調整に関する意見書について　二」.
(41) 経済安定本部［1952］「総論　第一　租税目的のための会計原則の適用」.
(42) 「27年意見書」は,その前文で,「もとより税法はそれ自身の論理と体系を持ち,又国家の財政政策及び租税政策を反映するものであって,『企業会計原則』との間に完全な一致を期待しえない部面が,理論的にもまた実際的にもあり得る。」と述べている（経済安定本部［1952］「税法と企業会計原則との調整に関する意見書について　二」）.
(43) 畑山［1984］p. 45.
(44) 当時,大蔵省税制課長だった泉［1952］pp. 87-88も,「27年意見書」の調整への基本姿勢を,「……租税政策上又は租税目的上差異があるものを除いては,企業会計原則を至上のものとし,税法はそれに調整されなければならぬとする態度」と評したうえで,「……会計原則が唯一絶対なものであって,商法も税法もこれに調整するようにしなければならないと説くのは,全くの独断に過ぎないのではあるまいか。」と厳しく批判している。
　なお,『會計』,『産業経理』,『企業会計』の各誌において,「27年意見書」への賛否両論を掲載した特集号や臨時増刊号が刊行されている。たとえば,『會計』Vol. 62,

第3章 『シャウプ勧告』以降の税務会計の発達（その1）

No. 3, August 1952；『産業経理』Vol. 12, No. 7, July 1952；『企業会計』Vol. 4, No. 8, July 1952などを参照されたい。

(45) この通達は，原価差額の税務上の取り扱いについて統一をもとめる一般からの要望の高まりにこたえて示達されたものであった。ちなみに，昭和27年2月には，日本租税研究協会から「原価差額の期末処理に関する意見」が税務当局あてに提出されたのにつづいて，同年8月には，経済団体連合会からも「原価差額の調整に関する要望」が税務当局あてに提出されている。なお，通達が示達されるまでの経緯については，吉国［1953］を参照されたい。

(46) たとえば，調整不要論者の一人であった黒澤［1953］p. 6は，「本来原価差額の処理のごとき純会計技術的な問題は，企業会計の自治の領域に委ねるべきもので，法の支配介入すべきことがらではない。」と述べて，通達「原価差額の調整について」を強く批判している。同様の批判は，西野［1953］にもみられる。

なお，原価差額調整の必要性については，標準原価計算制度の実施を待って，これを再考するという含みが，この通達には残されていたといわれる（「企業会計座談会（I）『原価差額の調整』通達をめぐって」『企業会計』（臨時増大号）Vol. 5, No. 7, July 1953, p. 60)。

(47) 通達の従来の規定については，「法人税法基本通達」（昭和25年9月25日直法1-100）第17, 180-190を参照されたい。

(48) この通達では，他から購入した棚卸資産と自家製造の棚卸資産の取得原価のそれぞれについて，別々の規定が設けられ，それぞれについて取得原価の計算方法が具体的に定められている。従前の規定との最大の相違は，棚卸資産原価に含められるべき付随費用の範囲が拡大されている点にある。なお，武田昌輔教授は，通達「法人税基本通達の一部改正（たな卸資産関係）について」の意義にかんして，「この通達は，たな卸資産の取得価額について会計学的アプローチがなされたという意味で，原価差額の調整に関する通達とともに，一つの時期を画したといってよい」と述べている（「座談会　企業会計制度の基盤—わが国会計法制の30年」『企業会計』Vol. 30, No. 12, November 1978, p. 27)。

(49) 法人税取扱通達の全面改正作業は，昭和25年の「法人税法基本通達」（昭和25年9月25日直法1-100）以降発表された膨大な数の通達の整理統合を目的として，昭和31年末から開始され，民間の研究機関をも交えた検討作業を重ねた末に，昭和34年8月24日付けの改正通達「改正法人税法（昭和34年3月改正）等の施行に伴う法人税の取扱について」（昭和34年8月24日直法1-150）ならびに「改正租税特別措置法（昭和34年3月改正）の施行等に伴う法人税の取扱について」（昭和34年8月24日直法1-151）が示達されている。なお，通達の改正作業の推移については，坂野［1959］を参照されたい。

また，当時，国税庁法人税課係長として通達改正作業にたずさわっていた武田昌輔教授は，棚卸資産関連の通達の改正について，「税法は税法，企業の会計は企業の会計といったような事は出来るだけ避ける事が望ましい」と述べて，「企業会計の尊重」を基本方針とすべきことを表明している。この発言は，国税庁の見解としてではなく，あくまでも，武田教授の個人的見解として述べられたものであるが，通達改正にあたった税務当局者の認識の一端を示すものとして注目されよう（「＜座談会＞棚卸資産に関する取扱通達の要改正点について」『税経通信』Vol. 12, No. 11, October 1957, p. 186）。

(50) 昭和34年の法人税法施行規則改正の歴史的意義と，この改正がおこなわれることとなった背景について，武田〔昌〕［1990］p. 42は，つぎのように述べて，企業会計的手法の導入をもとめた「27年意見書」の影響力に注目している。

「これらの改正は，必ずしも派手なものではないが，税務会計の沿革という面からは重視されるべき改正であるといってよい。そして，これらはその数年前からの環境の変化に応じたものであることはいうまでもない。いずれにしても，『税法と企業会計原則との調整に関する意見書』が与って力があったといえる。」

(51) 退職給与引当金制度は，昭和27年の法人税法施行規則の改正によって創設されている。

(52) 昭和37年4月の商法改正では，「企業会計原則」との調整がはかられ，資産評価原則については，従来の時価以下主義にかわって取得原価主義が，新たに採用されている。ちなみに，この改正では，株式会社の流動資産の評価について，つぎのような規定が創設された。

「第二百八十五条ノ二　流動資産ニ付テハ其ノ取得価額又ハ製作価額ヲ附スルコトヲ要ス但シ時価ガ取得価額又ハ製作価額ヨリ著シク低キトキハ其ノ価格ガ取得価額又ハ製作価額迄回復スルト認メラル場合ヲ除クノ外時価ヲ附スルコトヲ要ス
　前項ノ規定ハ時価ガ取得価額又ハ製作価額ヨリ低キトキハ時価ヲ附スルモノトスルコトヲ妨ゲズ」（昭和37年4月20日法律第82号）

一方，「企業会計原則と関連諸法令との調整に関する連続意見書」では，時価主義について，「……財産貸借対照表の概念から導き出された評価思考であって，適正な期間損益算定を目的とする決算貸借対照表には適用され得ない。」との立場から，「……時価法については，これを原価法と代替し得ない評価方法とする本意見書の趣旨を尊重し，健全な企業会計慣行の育成に協力されることが望ましい。」との税法改正に対する要望がなされている（大蔵省企業会計審議会［1962］「連続意見書第四」）。

(53) 『所得税法及び法人税法の整備に関する答申』（税制調査会［1963］）は，昭和37年8月10日付けで，当時の池田勇人内閣総理大臣から中山伊知郎税制調査会会長に対して提出された，「今後におけるわが国の社会，経済の発展に即応する基本的な租税

制度のあり方」についての諮問にもとづいて，同調査会の税法整備小委員会がおこなった40回以上にもわたる審議の結果をとりまとめたものであり，昭和38年12月6日に，税制調査会会長名で提出されている．

(54) 法人税法全文改正にむけての準備作業は，昭和35年4月には，大蔵省主税局と税制調査会の双方において，すでに開始されていたといわれる．昭和40年の法人税法改正にいたるまでの準備作業ならびに検討の経緯については，「座談会／改正法人税法の問題点」『税経通信』Vol. 20, No. 6, June 1965, pp. 106-108を参照されたい．

(55) 武田昌輔教授は，昭和40年の法人税法全文改正の特色として，課税所得計算において必要とされる用語等の定義を明示したこと，企業会計上公正妥当と認められる会計原則を可能なかぎり広範にとりいれたこと，課税上許容される範囲内で弾力的な取り扱いを認めたこと，商法の計算規定との調整をはかったこと，の4点をあげて，税法と「企業会計原則」との調整に大きく貢献したこの改正の意義を指摘している（「座談会　企業会計制度の基盤―わが国会計法制の30年」『企業会計』Vol. 30, No. 12, November 1978, pp. 27-28）．

もっとも，昭和40年の法人税法全文改正にも問題がなかったわけではない．たとえば，この改正では，昭和37年改正商法の新規定との調整をはかるため，国庫補助金・保険金等で取得した固定資産の圧縮記帳にかわる引当金方式が容認されている（法人税法施行令第80条ならびに第86条）．資産の圧縮額を引当金として計上するこの引当金方式の妥当性をめぐっては，この方式をはじめて容認した通達「改正商法の施行に伴う法人税の取扱について」（昭和38年12月13日直審（法）250）が示達された昭和38年12月以来，論争が展開されている．この論争の要旨については，畑山［1984］p. 47，また，論争の詳細については，「特集／企業会計関係諸法規の改正と法人税法　座談会　改正商法と法人税法との調整」『税務弘報』Vol. 12, No. 1, January 1964, pp. 12-30；「座談会／商法と税法との調整通達について」『税務弘報』Vol. 19, No. 2, February 1964, pp. 110-126などを参照されたい．

(56) 「企業利益と課税所得との差異及びその調整について」は，日本会計研究学会税務会計特別委員会の研究成果の集約であって，前年の昭和40年7月に，すでに，公表されていた同じタイトルの報告書に，さらなる整備・修正をくわえたものであった．

(57) 日本会計研究学会［1966］「まえがき」．

(58) たとえば，泉［1966］；塩崎［1966］を参照されたい．

(59) 「27年意見書」と「41年意見書」との異同については，畑山［1984］pp. 49-50；清水［1987］pp. 56-57を参照されたい．

(60) 大蔵省［1966］「総論　一　税法における適正な企業経理の尊重」．

(61) 税制調査会の税制簡素化特別部会ならびに税制簡素化専門小委員会は，昭和41年5月以降，集中的な審議を重ね，同年9月には，その結果をとりまとめた『税制簡

素化についての中間報告』（税制調査会［1966a］）を発表している。『税制簡素化についての第一次答申』（税制調査会［196b］）には，この報告書がそのまま添付された。
(62) 税制調査会［1966b］「第3 税制簡素化のための具体的措置」．
なお，当時，税制調査会専門委員だった稲葉［1966］pp. 14-15は，つぎのように述べて，当時の法人税法および通達の問題点，ならびに，この提案の意義を指摘している。
「各事業年度の法人税の課税所得の計算原理は法第22条により明らかなごとく，資本取引を除いた総収益から，同じく資本取引を除いた売上品原価・一般管理販売費及びその他の損失を控除して計算することとされている。

これは企業の会計慣行の損益計算方式と原則的に一致しており，ただ第23条より第65条までに特記されている項目だけが，税法独自の立場から一般会計慣行の例外取扱いとなっている。従ってこの計算体系を踏襲しその適用上の留意事項を規定すべき法人税通達も又，企業会計慣行を肯定して，例外事項の適用上の留意点を中心に記述されるべきであるにもかかわらず，現在の法人税法通達の規定の大部分は課税所得の計算方法を直接的に規定する方式がとられている。この点に法人税通達の硬直性の根本原因があり，この方式の訂正，即ち健全なる会計慣行による計算を課税所得計算の基本とする基本原則への復帰が，課税所得計算の弾力化の根本である。この意味において報告（「税制簡素化についての中間報告」のこと：髙橋注）の所得計算の基本規定に関する勧告の主旨は，問題の核心を示すものとして注目に価するものと言うべきである。」
(63) 畑山［1984］p. 51は，昭和42年の税法改正に関連して，「第2次調整論争の期間においては，税制調査会の税制簡素化路線と企業会計審議会の自主性尊重路線が結合し，税務会計と企業会計とは，急速にしかも大幅に接近することになったのである。」と述べている。
(64) 武田〔昌〕［1990］pp. 43-44は，法人税法第22条第4項創設の意義について，つぎのように述べている。
「これは一つのエポックであると考える。平たくいえば税法の課税所得の解釈については，とかく税務当局が主導権を握っていたわけであるが，この規定が入ったことによって，その解釈の主体は，公正な会計処理の基準によって判断することを無視することはできないということになったわけである。もちろん，税法は税務行政の経済性を考慮して種々の画一的な規定を置いている。また，諸政策に参加をする必要から，企業会計の理論にかかわりなくその政策目的に適合するような措置を採られている。したがって，そのような政策によって明確に規定されている場合は別として，それ以外については公正妥当な処理基準が解釈・取扱いの基準となる。これは，きわめて重要なことであって，いくら重視しても過ぎるということはないと考える。」

第4章 『シャウプ勧告』以降の税務会計の発達（その2）
―税務会計の展開とゆらぎ―

1 はじめに

　前章で指摘したように、『シャウプ勧告』にもとづく昭和25年の税制改正を端緒とするわが国税務会計の本格的な近代化の歩みは、いわゆる「公正会計処理基準」を定めた法人税法第22条第4項の規定の創設（昭和42年）によって、ひとつの頂点をむかえた。その後の税務会計の発展は、税法の断片的整備を意味する改正がつづいた時期をへて、平成10(1998)年以降の変革期をむかえることとなる。

　本章では、この期間を「税務会計の展開期」と「税務会計の変革期」とに、とりあえず区分したうえで、それぞれの期間に実施された法人税改正の動向を、課税所得計算の変遷を中心として整理し、かつ、論者の批判等を手がかりに、税務会計の針路のゆらぎを指摘する。

2 税務会計の展開期―昭和42(1967)年～平成9(1997)年―

　「公正会計処理基準」の確立をみた昭和42年の税法改正以降、昭和後期、平成初期の期間をつうじて実施された法人所得計算規定等のおもな改正は、下記のとおりである。

・昭和42（1967）年
（減価償却資産の償却方法の弾力化）
　減価償却資産の償却について，法定償却方法以外の方法でも，国税局長の承認をうけて選択することができることとした。

・昭和43（1968）年
（棚卸資産の評価方法の弾力化）
　棚卸資産の評価について，法定されたもの以外の方法でも，国税局長の承認をうけて選択することができることとした。
（引当金設定についての青色申告要件の廃止）
　法人税法上認められている引当金の適用については，その事業年度につき提出している申告書が青色申告であることを要しないこととした。

・昭和44（1969）年
（法人税基本通達の全面改正）
　法人税基本通達の前文（「法人税基本通達の制定について」）において，「企業会計慣行の尊重」，「条理，社会通念の勘案」等の重要性が強調された[1]。

・昭和45（1970）年
（完成工事保証引当金制度の創設）
　建設業を営む法人が損金経理により完成工事補償引当金勘定に繰り入れた金額の一定額を損金に算入することとした。

・昭和46（1971）年
（完成工事保証引当金制度の製品保証等引当金制度への改組）
　上記の完成工事保証引当金制度を製品保証等引当金制度へ改組し

た。

・昭和49(1974)年
（交際費課税の改正）
　基礎控除のひとつである資本等（資本金と資本積立金の合計額）の金額の2.5％相当額を，その1％に引き下げた。

・昭和50(1975)年
（中間配当の取り扱いの整備）
　商法改正に伴って，中間配当も配当と同様に取り扱うこととした。

・昭和54(1979)年
（交際費課税の強化）
　損金算入限度額の計算の基礎となる定額控除額を，年400万円から年200万円に引き下げた（ただし，資本金1,000万円以下の法人については年400万円，資本金1,000万円超5,000万円未満の法人については年300万円）。また，損金算入限度額の計算の基礎とされていた資本金基準額を廃止すると同時に，損金不算入割合を90％に引き上げた。

・昭和55(1980)年
（退職給与引当金の改正）
　退職給与引当金の累積限度額を，期末退職給与の要支給額の100分の50相当額から100分の40相当額へと引き下げた。

・昭和57(1982)年
（交際費課税のいっそうの強化）
　交際費等にかんする支出の全額を，原則として，損金不算入とした（ただし，資本金1,000万円以下の法人の定額控除400万円，資本金

1,000万円超5,000万円以下の法人の定額控除300万円は存続)。

・昭和61(1986) 年
　(価格変動準備金の廃止)
　　価格変動準備金制度を全廃した。

・平成 6 (1994) 年
　(使途秘匿金課税の創設)
　　使途秘匿金の支出額の40％相当額の法人税を追加的に課税することとした。

　これらの累次の改正によって，法人所得計算にかんする税法規定等の整備は進展した。もちろん，それらの改正のなかには，交際費課税の強化を意味する一連の改正や使途秘匿金課税の創設のように，様々な問題をはらんだものも存在した[2]。しかし，上記の改正の多くは税法の断片的整備を意味するものであり，それらの改正をつうじて，税務会計の近代化は着実に進展した。その点で，この時期は，近代税務会計の展開期と呼ぶことができるであろう。ちなみに，この展開期は，平成10年の法人税法改正によって抜本改正が実施されるまでの間，30年余の長きにわたってつづいた。

3 税務会計の変革期──平成10(1998) 年～現在──

1 「抜本的税制改正」と平成10年の法人税改正

　ところで，平成10年の法人税改正は，昭和61年10月に税制調査会から発表された『税制の抜本的見直しについての答申』(税制調査会［1986］)の基本とされた「課税ベースを拡大しつつ税率を引き下げる」との改革構想を継承する点で，「抜本的税制改革」の一環であり，その仕上げを意味する改革の

ひとつにほかならなかった。

　実際,『税制の抜本的見直しについての答申』は上記の構想に立脚しており,法人税率の引き下げと同時に,貸倒引当金,退職給与引当金,賞与引当金等の大幅な見直しによる課税ベースの拡大を提言したが,そうした見直しにむけて,税制調査会が本格的な検討作業を開始したのは,平成7（1995）年になってからのことであった。その間に発表された税制調査会の答申は,法人課税の改革について,「課税ベースを拡大しつつ税率を引き下げる」との基本構想を確認するにとどまり,法人税の課税ベース見直しのための具体的検討を先送りした。

　いずれにしても,税制調査会は,平成7（1995）年10月にいたり,「法人課税小委員会」を設置し,法人税の課税ベース拡大を目的とした,本格的な調査・研究活動を開始した。平成10年の法人税改正は,こうした経緯のもとに設置された「法人課税小委員会」の活動成果を集約した「法人課税小委員会報告」をもとに立案・実施されたものであった。

2　転換点としての「法人課税小委員会報告」

　「法人課税小委員会報告」は,課税ベースの見直しの「視点」として,下記の7項目をあげている[3]。

　　（ⅰ）費用又は収益の計上時期の適正化
　　（ⅱ）保守的な会計処理の抑制
　　（ⅲ）会計処理の選択制の抑制・統一化
　　（ⅳ）債務確定主義の徹底
　　（ⅴ）経費概念の厳格化
　　（ⅵ）租税特別措置等の一層の整理合理化等
　　（ⅶ）国際課税の整備

　このような「視点」にたった課税ベースの見直しは,法人税の抜本的な見

直しを意味しており,「法人課税小委員会」の検討の範囲は,税法と企業会計との関係にも及んでいる。「法人課税小委員会」は,この点についてつぎのような注目すべき見解を表明している[4]。

　　法人課税の課税ベースの見直しの検討に当たっては,税法と商法・企業会計原則との関係にも及ぶ必要がある。……
　　法人の課税所得計算においては,これまで,商法・企業会計原則との調和が図られてきた。これは,課税所得はその期に企業が稼得した利益の額を基礎とする基本的な考え方に加えて,企業の内部取引に経理基準を課すことによって恣意性を排除する考え方,さらには財務諸表を統一し,会計処理の煩雑さを解消するという考え方に立脚するものであった。こうした点は,基本的に評価されるべきものと考える。
　　しかし,税法,商法,企業会計原則は,それぞれ固有の目的と機能を持っている。すなわち,企業の会計には,財産・持分をめぐる株主,債権者等の利害関係者間の「利害調整機能」と,関係者に企業の財政状態と経営成績を開示するための「情報提供機能」の二つの機能がある。商法会計は,株主及び会社債権者と利益の保護を目的として利害調整と情報提供の二つの機能を有しており,証券取引法会計は,投資者の保護のための情報提供機能を有している。
　　一方,税法は,税負担の公平,税制の経済に対する中立性の確保等をその立法の基本的な考え方とし,適正な課税の実現のため,国と納税者の関係を律している。したがって,税法において,適正な課税の実現という税法固有の考え方から,商法・企業会計原則と異なった取扱いを行う場合があることは当然である。……
　　近年,国民の税に対する関心の高まりの中で,税の公正・中立や透明性の視点を踏まえ,実態に即して適時適切に課税を行う必要性が以前にも増して重要となっている。
　　しかしながら,現行法人税法が商法・企業会計原則における会計処理の保守主義や選択制を容認している結果,企業間の税負担の格差や課税所得計算の歪みがもたらされている面があることも否定できない。
　　法人税の課税所得は,今後とも,商法・企業会計原則に則った会計処理に基づいて算定されることを基本としつつも,適正な課税を行う観点から,必

要に応じ，商法・企業会計原則における会計処理と異なった取扱いとすることが適切と考える。

なお，この点に関して，商法・企業会計原則における保守主義や費用収益対応の考え方は，税法においても最大限尊重されるべきであり，今後も，商法・企業会計原則と税法との調和を維持していくべきであるとの意見があった。

一方，法人税法で求めている所定の経理要件によって企業の会計が歪められている面があるので，企業の健全性，国際性を阻害しないためにも，中長期的には，経理要件を緩和し，申告調整の範囲を拡大する方向で検討すべきであるとの意見があった。

「法人課税小委員会」は，ここで，税法の方向転換を表明している。すなわち，同委員会によれば，税法，商法，企業会計原則は，それぞれ固有の目的と機能を有している以上，税法における適正な課税の実現という税法固有の見地から，商法・企業会計原則と異なった取り扱いを行う場合があるのは当然のことである。しかも，現行税法が商法・企業会計原則における会計処理の保守主義や選択制を容認している結果として，企業間の税負担の格差や課税所得計算の歪みがもたらされていることは，同委員会にとって，看過しがたい事実なのである[5]。かくして，「法人課税小委員会」は，税法と企業会計との調整を重視する伝統的見解を踏襲せず，それを，参考意見のひとつとして掲載するにとどめている。

3 「法人課税小委員会報告」の提言と近年の法人税改正

税法のこうした方向転換は，以下のような「法人課税小委員会報告」の提言のなかに，具体的に反映されている[6]。

・収益の計上基準
　（工事収益）
　　長期工事については，工事進行基準を原則的な収益の計上基準とす

る方向で検討することが適当。
(割賦販売基準に係る収益)
　割賦や延払いによる商品の販売等については，金利相当部分を除き，その引き渡し時に収益の計上を行うこととすることが適当。
・費用の計上基準
(短期の前払費用)
　少額なものやごく短期の費用の前払いを除き，現行の取り扱いについては，何らかの制限が必要。
・資産の評価
(有価証券の評価)
　上場有価証券については，低価法を廃止することが適当。
・減価償却
(償却方法)
　建物については，定額法に限ることが適当。
・引当金
(貸倒引当金)
　法定率制度を廃止し，実績率のみを用いることとする方向で検討することが適当。
(賞与引当金)
　賞与は，たとえ賃金の後払い的な性格を有するとしても，課税の公平性，明確性を期する観点から，引当金による繰り入れによるのではなく，実際に支払った日の属する事業年度の損金の額とする取り扱いに改めることを検討。
(退職給与引当金)
　現行の退職給与引当金を，退職が間近に迫っている年齢層の従業員に対する退職金に焦点を当てたものに改めることが考えられる。この考え方を引当金の累積限度額に反映させ，現行の水準を引き下げることとするのが適当。

(製品保証等引当金)
　公平性，重要性等の点で問題があるので，廃止する方向で検討。
(返品調整引当金)
　適用事業の実態等をふまえ，重要性等の観点から見直しをおこなうことが適当。
(特別修繕引当金)
　特別修繕に要する費用が適用企業の期間損益に与える影響の程度や他の事業との比較においてこれを特別に取り扱うことの妥当性といった諸点について，更に検討を加え，見直しを行うことが適当。
・法人の経費
　(交際費)
　　現行制度は基本的に維持することが適当。ただし，中小企業の定額控除額内の支出交際費の損金不算入割合をさらに引き下げることも必要。

　しかも，これらの提言は，『平成10年度の税制改正に関する答申』(税制調査会［1997］)のなかに盛り込まれ，法制化された。その結果，平成10年の法人税改正は，つぎのように抜本的なものとなった[7]。

・貸倒引当金制度の法定繰入率の原則的廃止
・賞与引当金の廃止
・退職給与引当金の縮小(累積限度額を期末要支給額の100分の40から100分の20へ引き下げ)[8]
・製品保証等引当金の廃止
・特別修繕引当金の廃止
・建物の減価償却方法の定額法への一本化
・有価証券の評価における切放し低価法の廃止
・工事完成基準の廃止

・割賦基準の廃止
・中小企業の交際費の損金不算入割合の引き上げ

　これらの改正は，いずれも税法の方向転換を具現しているという意味において，特筆にあたいしよう。

　その後の期間においては，上記の平成10年改正に匹敵するような抜本的改正はみあたらないが，新たな制度の創設や既存の制度の大幅な修正を意味する改正が相次いで実施された。ちなみに，近年における主要な法人税改正を年次順にあげると，つぎのようになる。

・平成11（1999）年
　　株式交換・株式移転に係る課税の特例の創設
・平成12（2000）年
　　有価証券の譲渡損益の計算と計上時期の変更
　　時価法の導入による有価証券の評価方法の変更
　　デリバティブ・ヘッジ取引にかんする規定の創設
　　外貨建取引等の換算にかんする規定の創設
・平成13（2001）年
　　組織再編成税制の創設
・平成14（2002）年
　　連結納税制度の創設
　　退職給与引当金制度の廃止
・平成18（2006）年
　　会社法制定に伴う整備
　　組織再編成税制の見直し
　　役員給与の見直し
　　新株予約権（ストック・オプション）を対価とする費用の帰属事業
　　　年度の特例の創設

同族会社の留保金課税制度の見直し
・平成19(2007)年
　減価償却制度の見直し

　平成11年改正によって設けられた株式交換・株式移転に係る課税の特例（旧租税特別措置法第67条の9，同法第67条の10）は，従来の商法の一部改正に伴って創設された株式交換・株式移転制度への対応を目的としていた。具体的には，平成11年の商法改正によって導入された株式交換・株式移転について，移転する株式の譲渡損益の計上を一定の条件のもとに繰り延べるという法人税法独自の措置が規定された[9]。
　平成12年の一連の改正は，金融商品会計基準等の設定に伴って実施されたものであった[10]。まず，有価証券の譲渡損益の計算と計上時期の変更ならびに時価法の導入による有価証券の評価方法の変更については，有価証券の譲渡損益の計算規定と期末評価規定を別途規定（法人税法第61条の3）し，譲渡損益については約定日基準とする一方で，期末評価の方法として売買目的有価証券には時価法を採用することとした[11]。つぎに，デリバティブ・ヘッジ取引については，新たな規定（法人税法第61条の5，同法第61条の6，同法61条の7）を設け，法人が期末に有する未決済のデリバティブ取引について，期末に決済をしたものとみなして計算した利益または損失を，それぞれ益金または損金に算入すること，また，資産・負債の価額変動等による損失を減少させるために行ったデリバティブ取引等のうち，一定の要件を満たすものについては[12]，みなし決済による利益または損失の計上を繰り延べる等の，いわゆるヘッジ処理をおこなうこととした。さらに，外貨建取引等の換算についても新たな規定（法人税法第61条の8，同法第61条の9，同法第61条の10）を設け，長期外貨建債権債務については，取得時の為替相場にくわえ，期末の為替相場による換算を認めることとした。これらの一連の改正の内容は，金融商品会計基準等の取り扱いとほぼ共通している[13]。この点で，これらの改正では，税法と企業会計との調整が重視されているも

のとみられよう。

　平成13年に創設された組織再編成税制は，従来の商法による会社分割法制の創設に伴って実施されたものであるが，その特色は，組織再編成を，税法上の要件にしたがって，いわゆる「適格組織再編成」とそれ以外の組織再編成（いわゆる「非適格組織再編成」）とに区分し，「適格組織再編成」に該当する場合に限って，資産等の移転に係る譲渡損益の繰り延べを認める点にある。こうした取り扱いは，税務上の基準を税法が独自に定めているという意味において注目にあたいしよう[14]。

　平成14年に創設された連結納税制度は，わが国の経済社会の構造変化への対応を目的としたものであり，この制度の実施によって，わが国法人税の体系は大きく変更されることになった。なお，同年における退職給与引当金制度の廃止が，税法と企業会計との乖離の拡大を意味するものであることは，言うまでもない。

　平成18年の改正は多岐にわたっている。まず，会社法の制定（平成18年5月施行）に伴って，資本金等の額等にかんする規定をはじめとする各種規定の整備がはかられた。組織再編成税制の見直しでは，株式交換・株式移転について，組織再編成税制の枠組みのなかに位置づけるとともに，他の組織再編成と整合的な取り扱いとなるように，所定の整備がはかられた。具体的には，平成11年改正によって特例（旧租税特別措置法第67条の9，同法第67条の10）として設けられた株式交換・株式移転に係る税制が本則化されるとともに，株式交換等に係る完全子法人の株主については，その完全親法人の株式以外の資産が交付されなかった場合には，当該完全子法人の株式の譲渡損益を繰り延べる一方で，株式交換等に係る完全子法人については，企業グループ内での株式交換や株式移転および共同事業をおこなうための株式交換や株式移転のどちらにも該当しない株式交換や株式移転がおこなわれた場合には，その有する資産について，時価評価による評価損益を計上することとされた[15]。また，役員給与の見直しでは，法人がその役員に対して支給する給与のうち，定期同額給与，事前確定届出給与および利益連動給与について

は損金の額に算入することなど，損金の額に算入されるものの範囲の見直しがおこなわれた。この改正は，役員に対する報酬ならびに賞与を一律に費用とみる企業会計との乖離の拡大を意味する点で注目にあたいしよう。新株予約権（ストック・オプション）を対価とする費用の帰属事業年度の特例（法人税法第54条）では，法人が個人からうける役務提供の対価として新株予約権を発行した場合には，その個人において給与等課税事由が生じた日に，その役務提供をうけたものとすることとされた。さらに，同族会社の留保金課税制度の見直しでは，留保金課税の対象となる同族会社について，3株主グループから1株主グループによる判定へと緩和するほか，留保控除額を引き上げるなどの抜本的な見直しがおこなわれた[16]。

　平成19年における減価償却制度の見直しの基本目的は，設備投資の促進および生産手段の新陳代謝を加速させることに置かれた。具体的には，平成19年4月1日以後に取得する減価償却資産については，償却可能限度額および残存価格を廃止し，耐用年数経過時点に1円（備忘価額）まで償却可能とすると同時に，新規取得資産について定率法を採用する場合は償却率を定額法の償却率の2.5倍とし，特定事業年度以降は残存年数による均等償却に切り換えて[17]，1円まで償却することとした。この結果，税法上の償却限度額計算は，費用の適正な期間配分をおこなうという企業会計の考え方とは異なる性格を帯びることとなった。

　このように，平成11年以降の法人税改正の動向をみると，企業会計との調整を意味する税制改正が実施される一方で，企業会計とは異なる税法独自の制度が導入されるなど，その方向性は一定してはいない[18]。結局のところ，平成10年の法人税改正でもたらされた企業会計と税法の乖離はその後も修正されることなく，こんにちの税制に引き継がれているのである。

4　新たな税法批判の登場

　ところで，転換点としての「法人課税小委員会報告」ならびに平成10年の

法人税改正に対する論者の評価は，けっして一様ではない。たとえば，「法人課税小委員会」の専門委員のひとりでもあった平川忠雄氏は，その意義を，つぎのように指摘している[19]。

> 商法会計が目指しているディスクロージャーという領域と，課税所得概念を確立する税法というのは，調和を図ることは大変必要なことであるけれども，同時に目的性が大きく違っておりますので，そこに今回，多少思い切った距離を置いたということに大きな意味合いがあるのではないかと思います。その意味においては，税法が初めてひとり歩きをこれからするという思想の転換があると思います。今までは商法会計によりかかっていたのが，ひとり歩きをする時代を迎えたことに意義を見出していただければ大変幸いに思います。

平川氏は，ここで，現行税法の確定決算主義の放棄を支持する立場にたって，近年における税法の方向転換の意義を指摘している。同氏の見解によれば，そうした税法の方向転換は，税法の「思想の転換」にほかならず，「法人課税小委員会報告」は税法の「思想の転換点」に位置していることになる。

これに対して，居林次雄教授はつぎのように述べて，平成10年の法人税改正のあり方を批判している[20]。

> ……既に企業会計上で確立している公正な会計慣行に反するような形で，税制改正が行われて，税法自身が定めている公正妥当な会計処理の基準を自ら踏みにじる結果になることに，大きな疑問と驚きの念を禁じ得ない……

また，武田昌輔教授は，「税法が基本的な課税所得算定の基本として，公正処理基準に従って計算するということが明らかにされていることの根拠は，資本を侵食しないという基本原則を述べたものとして重視されるべきである。」[21]との見解をもとに，つぎのような「法人課税小委員会報告」批判

を展開している$^{(22)}$。

　　最近においては，課税所得算定の独自性の主張がなされている。主として，法人課税小委員会報告に現れている主張である。この報告自体が，法人税率を引き下げることを前提として，課税ベースの拡大を図るという動機そのものが不純なものであり，もともとが，このようなバイアスの下での主張であるから，一つの課税技術論としての価値は有しているものの，本来の純粋な課税所得論の立場からは，取るに足らない内容のものであるといえる。

居林教授の批判は，税法と企業会計との重大な乖離をもたらした平成10年の法人税改正のあり方にむけられたものであるのに対して，この武田教授の批判は，「課税ベースを拡大しつつ税率を下げる」との「法人課税小委員会報告」の改革構想の問題点を指摘したものとなっている。
　一方，品川芳宣教授は，「法人課税小委員会」の審議手法に注目し，その問題点をつぎのように指摘している$^{(23)}$。

　　……この審議会[「法人課税小委員会」のこと：髙橋注]については2つの問題点があったのではないかと思います。
　　最初の問題点は，審議に「税収の中立」という網を被せたことです。もう1つは，企業会計との関係です。従来，法人税の課税所得の問題等については，昭和30年代から40年代にかけて検討がなされてきましたが，主として企業会計との調整論議が非常に熱心に議論されて税制改革が多くなされてきたわけです。しかし，今回は，企業会計の関係者が小委員会にほとんど見当たりません。いわば最初から企業会計との調整を無視して新たな課税所得，いわゆる課税ベースの拡大を意図したものと見受けられます。
　　最初の問題点の税収の中立性の問題も，国際情勢の中で税率を引下げざるをえないことは，だれもが命題として理解しているわけで，結局税率の引下げを担保するために課税ベースを拡大したいという意図が，「税収の中立」という枠をはめたものと推測できるわけです。いずれにしても，こういう枠のはめかた自体は，そもそも法人税の税率であるとか，課税所得がどうあるべきかということについて，根本的な検討にいわば最初から水を差したといえ

ます。

　品川教授の見解によれば,「法人課税小委員会」の審議は,「税収の中立」と「企業会計との調整の無視」というふたつの前提を置いた結果として, 不成功に終わっている。ちなみに,「法人課税小委員会報告」は, つぎのような見解を示して,「税収中立」を課税ベース見直しの前提とすることを明示している[24]。

　　　現在の厳しい財政状況の下で, 税収中立を前提として, 課税ベースを点検した結果, その拡大の余地があるならば, 法人税の基本税率を引き下げ, 他の主要先進諸国並みに近付けることが望ましい。

　ここからわかるように, 課税ベース見直しの目的は, 法人税率の引き下げを実質的に担保することにあり, 課税所得概念の見直しにはない。

　また, 税法と企業会計との関係について,「法人課税小委員会報告」は, 本章（第3節第2項）ですでに指摘したように, 税法の方向転換を表明している。しかしながら, 現行法人税において採用されている確定決算主義見直しの視点は,「法人課税小委員会報告」をつうじて, まったくあきらかにされていない。

　いずれにしても,「法人課税小委員会報告」は, 課税所得概念や確定決算基準の見直しといった基本的事項についての本格的な検討を棚上げにして, 課税ベース拡大のための検討を先行させている。「法人課税小委員会報告」のこうした方法論上の問題について, 品川教授はつぎのように述べている[25]。

　　　現行の確定決算基準を全うしようというのであれば, 企業利益との調整もそれなりに必要になってくるわけですし, アメリカのように, 企業利益と課税所得とは別な計算をするというのであれば, 潔く確定決算基準を放棄すればよいだけの話です。その辺の哲学というか, どちらを優先させせるべきか

について，今回の税制改革の論議の中では必ずしも明らかではなかったのではなかろうかと思います。

　品川教授は，ここで，近年における税法の方向転換の根拠を疑問視している。同教授によれば，近年における税法の方向転換は，現行法人税法の確定決算主義の見直しを伴っていないという意味において，「思想なき転換」[26]にほかならない。

　こうした品川教授の指摘は，近年の法人税改革のひとつの限界を明示している点において，きわめて意義ぶかい。

5　おわりに―税務会計の針路のゆらぎ―

　本章では，いわゆる「公正会計処理基準」の誕生をみた昭和42年以降の法人税改正の動向を，筆者なりの時代区分にもとづいて整理し，そのうえで，近年の法人税改正によせられている批判等を紹介した。

　筆者の見解によれば，昭和42年以降の税務会計の発展は，30年以上の長きにわたる「展開期」をへて，平成10年以降の「変革期」をむかえ，こんにちにいたっている。ここで，「展開期」とは，税法の断片的整備を意味する改正がつづいた時期をさしているのに対して，「変革期」とは，税法の方向転換を意味する平成10年の法人税改正以降の時期をさしている。

　もっとも，税務会計のこうした発展に対する論者の評価は一様ではない。とりわけ，「変革期」にあたる近年の法人税改正に対する評価は，税法の方向転換の意義の解釈をめぐって対立している。たとえば，平川氏は，確定決算主義の放棄を支持する観点にたって，近年の法人税改正にみられる方向転換を「思想の転換」と評するのに対して，品川教授は，この方向変換の根拠を疑問視する観点から，それを「思想なき転換」とみる。前者は現行税法の立場を代弁しているのに対して，後者は現行税法の立場の再検討を迫っている。この点で，両者の見解の相違は決定的である。

しかも，居林教授や武田教授による批判にみられるように，近年の法人税改正に対する批判は多様である。ちなみに，居林教授は，税法と企業会計との重大な乖離をもたらした平成10年の法人税改正のあり方を問題視し，それを「公正会計処理基準」からの逸脱とみなすのに対して，武田教授は，「課税ベースを拡大しつつ税率を下げる」という「法人課税小委員会報告」の改革構想を独自の立場から批判している。いずれにしても，こうした批判は枚挙にいとまがない[27]。

　すでに前章において指摘したように，わが国税務会計は，『シャウプ勧告』にもとづく昭和25年の税法改正を端緒として，近代化の道をこれまで歩んできた。しかし，約60年たったいま，その税務会計の針路は大きくゆらいでいる。

[注]

(1) 通達［1969］.
(2) 使途秘匿金課税は，「使途秘匿金の支出がある場合の課税の特例」（租税特別措置法第62条）によって創設されたものであり，法人の使途秘匿金の支出に対して，通常の法人税にくわえ，40％の法人税を課税するという内容のものである。この制度の問題点について，大江［1994］p. 25は，「……罰則的な課税であり，税法に倫理的な要素を持ち込むことには税の理論を逸脱するものであり，これは司法の世界で解決すべきものではないかと思われる。」と述べている。また，武田〔昌〕［2000］p. 241は，「これ［使途秘匿金課税のこと：髙橋注］は，課税所得の算定の問題ではなく，支出税というべきものです。これが妥当な制度かどうかについては，私は疑問を持っています。」と述べている。
(3) 税制調査会［1996］pp. 22-23. なお，「法人課税小委員会報告」において個別的検討の対象とされた事項は，つぎの17項目に及んでいる。1収益の計上基準，2費用の計上基準，3資産の評価，4減価償却，5繰延資産，6引当金等，7法人の経費，8租税特別措置等，9金融派生商品，10欠損金の繰越し・繰戻し，11法人間配当，12企業分割・合併等，13同族会社に対する留保金課税，14公益法人等の課税対象所得の範囲，15保険・共済事業の課税所得計算，16国際課税，17事業税の外形標準課税。

(4) 税制調査会［1996］pp. 23-25.
(5) たとえば,「法人課税小委員会」の委員のひとりであった宮島　洋教授（宮島［1994］pp. 96-97）は,つぎのように述べて,企業会計原則上の保守主義を強く批判している。

「保守主義というのは二重の意味で非対称的だと言っております。その1つは,原則として費用は発生主義,収益は実現主義という大きな非対称性があります。それからもう1つは,資産評価損についてだけはある条件を認めて低価主義を認めている。ところが,評価益については取得原価主義をとるということで,これもやはり非対称的な扱いになっている。

こういう非対称的な企業会計のあり方が先ほど申しましたように期間損益の操作を可能にしている。あるいは,企業の財務状態の公開についてもそれを極めて不透明にしている理由であろうと私は考えております。」

(6) 税制調査会［1996］「『法人課税小委員会報告』要旨」より作成。
(7) 戦後の企業会計と税法との関係について,品川［2001］p. 69は,「……バブル崩壊を境に,いわば蜜月から離婚状態に移りつつあると言えます。それぞれの会計基準も,課税所得計算も,調整よりむしろ独自の道を歩みかけているというのが,実態であろうかと思います。」と述べている。
(8) 退職給与引当金は,平成14年の改正で廃止されるにいたっている。
(9) ここで「一定の条件」とは,金銭等交付の額が,交付をうける株式等すべての資産の総額の5％未満で,かつ,完全親法人における完全子法人株式の受入価額が,旧株主の簿価（株主50人以上であれば,子会社の純資産の帳簿価額）以下であることである。
(10) ここで「金融商品会計基準等」とは,下記の基準をさしている。
「企業会計基準第10号　金融商品に関する会計基準」（企業会計審議会,平成11年1月22日）
「外貨建取引等会計処理基準」（企業会計審議会,平成11年10月22日）
(11) これに伴って,上場有価証券の評価に,従来,選択適用されていた低価法は廃止された。
(12) ここで「一定の条件」とは,事業年度終了の時までの間において,ヘッジ対象資産等につき譲渡等がなく,かつ,そのデリバティブ取引等がヘッジとして有効であると認められることである。
(13) 金融商品にかんする税法と企業会計の取り扱いの主な相違点としては,償却原価法の適用対象の相違と,「その他有価証券」の評価方法の相違があげられる。まず,金融商品会計基準は,償却原価法の適用対象を満期保有目的の有価証券に限定しているのに対して,法人税法は,それを売買目的外有価証券（転換社債を除く）のす

べて（償却期限および償却金額の定めのあるもの）としている。一方，「その他有価証券」の評価方法について，金融商品会計基準は時価評価を指示しているのに対して，法人税法は原価評価を指示している。

(14) 渡辺［2004］p. 71は，「法人税の課税所得計算が，商法および企業会計に基づいて行われることを，広く確定決算主義と呼ぶならば，組織再編成の分野では，事実上，この広義の確定決算主義が廃止されたといっても過言ではないでしょう。なぜなら，仮に商法が時価を資産の取得価額としても，税法は，適格組織再編成である限り，簿価を取得価額とするからです。反対に，商法が簿価を資産の取得価額としても，それが非適格組織再編成であれば，税法上は，時価による取引となります。」と述べている。

(15) ただし，含み損益が資本等の金額の2分1または1,000万円のいずれか少ない金額に満たない資産については，評価損益の計上対象から除外される。

(16) なお，平成19年改正によって，資本金等の額が1億円以下の会社は，留保金課税の対象から除外されることとなった。

(17) ここで「特定事業年度」とは，償却中のある事業年度における残存簿価について，耐用年数経過時点に1円まで均等償却した場合の減価償却費が，定率法によって計算した減価償却費を上回ることとなった場合のその事業年度をさす。

(18) ちなみに，日本税理士連合会［2008］p. 11は，近年の法人税改正の動向について，「……法人税制をみると，企業会計に平仄を合わせる税制改正が行われる一方で，企業会計とは異なる税法独自の制度が導入されるなど，その方向性は必ずしも定かではない。」と述べている。

(19) 「緊急座談会　課税ベースの拡大〜大蔵省法人税改革見直し案を検証」『税理』Vol. 41, No. 1, January 1998, p. 87.

(20) 居林［1998］p. 18.

(21) 武田〔昌〕［1999b］pp. 2-3.

(22) 武田〔昌〕［1999b］p. 3.

(23) 品川［1998］p. 6.

(24) 税制調査会［1996］「『法人課税小委員会報告』要旨」.

(25) 品川［1998］pp. 9-10. なお，品川［1998］p. 9は，課税所得と企業利益との関係について，つぎのように述べている。

「課税所得と企業利益との関係を根本的にどう考えるべきかということでは，従来は課税所得というのは企業利益を前提に成り立っているものであるから，企業利益に歩み寄った調整が必然的な課題であると考えられていたわけです。しかし，私は，前述の著書［『課税所得と企業利益』（税務研究会出版局，1982年）のこと：髙橋注］の中で，法人税には，独自に課税所得はどうあるべきかを議論したうえ

で，企業利益との調整をどう考えるべきかについて考えないとおかしいのではないかということでまとめたことがあります。」

これは，税法と企業会計との関係を考えるうえでも，きわめて有益な示唆を含む発言であろう。

(26) 同様の批判は，富岡教授からもよせられている。同教授の批判については，「シンポジウム　課税所得の基本概念の探求」，税務研究学会編『税務会計研究』No. 8, September 1997, p. 139を参照されたい。

(27) 近年の法人税改正については，本章でとりあげた論者のほかに，神野［1997］；武田〔隆〕［1997］；山本［1997］らの有力な批判があげられる。

第Ⅱ部

『シャウプ勧告』の残した課題

第5章 わが国法人税の発達

―法人税の誕生から『シャウプ勧告』発表前夜まで―

1 はじめに―所得税法の創設と法人税の誕生―

わが国法人税の歴史は古く，そのはじまりは，法人所得を「第1種所得」として所得税の課税対象に組み込むこととした明治32年の所得税改正までさかのぼる[1]。

そもそも，わが国において所得税法の創設をみたのは明治20年のことであった。この所得税法は，各種所得の合算と，軽度ながら累進税率の適用を伴う点で，近代的な総合累進所得税としての特徴を備えてはいたものの，その納税義務者の範囲は，年間300万円以上の所得を有する個人に限定されており，法人は免税とされていた[2]。

この制度のもとで，法人企業の所得は，それが配当にまわされない限り，無期限に非課税とされたが，個人企業の所得は，事業主の所得が課税最低限（300万円）に達しない場合以外は所得税の課税をまぬがれず，事業主は有税でしか所得を留保できなかった。こうした課税方式の採用は，法人企業の保護・育成に少なからぬ役割をはたす一方で，法人企業と個人企業との間の租税負担の不均衡をもたらすと同時に，法人所得という有望な財源の捕捉を困難にしていた[3]。

その後勃発した日清戦争（明治27年6月～明治28年4月）を契機として，わが国法人企業は飛躍的発達をとげ，法人数の激増と法人規模の大幅な拡大

をみた。すでに発生していた個人企業と法人企業間の所得税負担の不均衡という問題は、法人企業のこの発展を背景として表面化していった[4]。おりしも、日清戦争終結後の時期、政府は戦後経営に伴う新たな歳入確保の必要に直面していた[5]。

こうした状況のもとで、政府は所得税の抜本改革に着手し[6]、明治32年には法人所得税を具備した、新たな所得税法の誕生をみた。わが国における法人税の歴史は、ここに幕をあけることになる。

その後のわが国における法人企業の発展と、戦費調達を中心とした財政需要の増大を背景として、財源としての法人税の重要性は増加の一途をたどり、わが国の法人税は発展をとげていった。吉国二郎氏によれば、この戦前の法人税発展の歴史は、法人税の性格ないしは課税の仕組みの変遷という側面から、「法人税源泉課税の時期」（大正8年以前）と「法人税独立課税の時期」（大正9年以降）というふたつの期間に区分することができる[7]。本章では、とりあえず、この区分に依拠しつつ、『シャウプ勧告』誕生以前のわが国法人税発展の軌跡を概観し、その特徴をあきらかにしたい。

2 法人税源泉課税の時代―明治32(1899)年～大正8(1919)年―

明治32年の改正所得税法は、法人税を第1種所得税として創設し、法人の所得を2.5％の比例税率で課税することとした[8]。その一方で、改正法は、旧法のもとで総合課税されていた配当所得を、一転して非課税所得とし[9]、個人所得（第3種所得）の範囲から除外するとともに、法人の受取配当についても益金不算入とした。これらの改正の結果、配当所得は、それを支払う法人の段階で第1種所得税の課税をうけるだけで、それを受け取る株主の段階では所得税の課税を免除されることになった。こうした配当所得の非課税措置の採用は、第1種所得税の創設と対をなす改正であり、法人所得税（第1種所得税）を個人所得税（第3種所得税）の源泉税とみなす立法者の見解のあらわれとみられている。ちなみに、小川郷太郎教授は、当時の立法者の

見解をつぎのように紹介している[10]。

> ……株式会社の配当金はどうしているかといふと，配当金には掛けないのであります。配当金には掛けなくして其会社の純所得に掛けることになつて居ります。日本の立法者はどう説明して居るかといふと，それは株主に配当金が交付された後に，配当金を調べて之に課税することは非常に面倒臭い。それであるなら，会社にある間に，配当せられざる前に一遍に税する［原文のママ：髙橋注］のだと，斯ういひます。

この見解によれば，法人所得税は株主の個人所得税の前どりにほかならず，その役割は配当所得を源泉段階で確実に捕捉することにある。

もっとも，所得税の源泉税を意味する法人税の創設は，法人企業と個人企業との間の所得税負担の不均衡の解消策としては，あまりに簡素なものだった。ちなみに，明治32年の所得税法の第3種所得の税率は，1％（300円以上500円未満）から5.5％（10万円以上）まで12段階の累進税率（単純累進税率）とされており，2.5％という法人税率は，税額表の所得区分のほぼ中間にあたる所得3,000円以上5,000円未満の区分の適用税率に等しかった。たしかに法人は，新たな所得税法のもとで，法人税の負担をはじめて強いられることになったが，その配当は非課税とされただけでなく，個人事業に課せられた累進課税をまぬがれ，比較的低率の比例税率による課税をうけるだけで済まされることになったのである。

このため，日露戦争（明治37年2月～明治38年9月）勃発後の所得税の大幅増徴期には，個人企業の「法人成り」による合法的租税回避が懸念されるにいたり，それを防止する観点から，第1種所得税の税率構造の改正が実施された。

まず，明治38（1905）年に制定された第2次の非常特別税法による所得税改正では，法人所得を甲（株主または社員21人以上の株式会社および株式合資会社の所得）と乙（甲以外の法人の所得）とに区分し，甲については6.25％の比例税率を適用し，乙については所得額を8段階に分けて，4.5％から

12.5％の累進税率を適用することになった。つぎに，大正2年の所得税改正では，明治38年の非常特別税法における法人所得の区分を入れ換えて，甲は合名会社，合資会社，株主または社員20人以下の株式会社および株式合資会社，乙は株式会社および株式合資会社とし，甲については，所得額を10段階に分けて，4％（5千円以下）から13.0％（20万円超）の超過累進税率を適用する一方で，乙については従来通りの比例税率（6.25％）を適用することになった。

　これらの改正は，その実態において個人企業に近い法人企業の所得税率を累進化することによって，個人企業と同族的法人との所得税負担の不均衡を調整し，合法的租税回避を目的とした個人企業の「法人成り」を防止しようとした点において注目されるが，新たに採用された累進税率は第3種所得税（個人所得税）の税率にくらべて全般的に低く設定されていた[11]。しかも，一般の法人に適用される税率は，一貫して比例税率とされ，株主の受取配当も非課税とされた。これらのことは，明治38年ならびに大正2年の改正が法人税の税率構造の見直しにとどまり，源泉課税としての法人税の性格は，この時期をつうじて，基本的に維持されていたことを物語っている。

　もっとも，明治32年改正前後の政府の改革構想に，統一性はみられない。たとえば，明治32年改正の前年にあたる明治31(1898)年，政府は，法人所得に対して累進税率で課税する法人税制度と，上記の明治32年改正とまったく同様の受取配当全額非課税制度とを盛り込んだ法案を議会に提出している。政府は，その改正の趣旨を，法人を独立した課税主体とみる課税思想に立脚して説明したうえで[12]，株主の受取配当を全額非課税とした理由をつぎのように述べている。

　　……日本デハ法人ニ課税ヲシテ配当ヲ受ケタ人ニ課税ヲシナイヤウニシタノハ，是ハ感情上ノ話デ斯ウシマシタノデ，正シク申セバ，両方カラ取ラナケレバナラヌノデアリマスガ，今マデハ法人ニ少シモ課税ノ無イモノヲ，法人ニ課税スルコトニナリマシタカラ，ソレカラ又配当ヲ受ケタ者ニ課税ヲセラ

ル,ト二重ノ税デハナイ,人ガ違フカラ二重デハナイガ,稍々二重ノ如キ感ヲ持ツカラ法律ヲ改正スルノニ,サウ一足飛ビデ行カズニ,ソコニハ人ノ感ジモアルカラ,餘リ人ノ感ジモ悪クセヌヤウニ云フノデ,一個人カラハ取ラヌノデ,法人ニ課税スルト斯ウナッテ居リマスガ,強ヒテ法人ニシテ餘計取ラウト云フ考ヘデハナイノデス(『第12回帝国議会衆議院所得税法改正案審査特別委員会速記録』明治31年6月2日)

　この政府見解によれば,明治31年の改正法案に盛り込まれた受取配当金非課税措置は,法人擬制説的見地から採用された二重課税排除制度を意味するのではなく,法人独立課税説的法人課税の実施に伴う納税者(株主)の負担感の急増を緩和するために設けられた当座的な措置にほかならなかった。この法案は衆議院の解散に伴って廃案となったが,その法案の内容ならびに法案提出の趣旨説明は,当時の政府が,法人独立課税説的制度の採用をも念頭に置いていたことを物語っている[13]。

3　法人税独立課税の時代―大正9(1920)年〜昭和20(1945)年―

　明治32年の所得税改正で採用された法人税制度は,その後,20年余にわたって堅持されたが,第1次世界大戦(大正3年7月〜大正7年11月)終結後の大正9年に実施された所得税改正によって,大幅な修正をうけることになる。

　ところで,大正9年の所得税改正の目的は,軍備の拡張等に必要な財源を確保することにくわえて,社会政策的見地にたった所得税改革を実施し,既存の所得税制度の不公平を是正することにあった。当時の政府は,この点について,つぎのように述べている[14]。

　　……従来の所得税法は其の課税組織に於て幾多の不備を存し,到底課税の公平,負担の権衡其の完きを得たるものと称するを得ざるものあり。故に此の不完全なる課税組織の下に単に税率のみを増加するときは,従来の不公平を

して一層甚しからしむるの虞れあるを以て,若し之が増徴を図らんとせば必ずや其の課税組織を改正の必要あり。加之戦後に於ける社会思想の帰趨に鑑みるときは,租税立法に就ても亦大に社会政策を加味するの必要ありしを以て,政府は此等の事情を考慮して,所得税制度の一大革新を行ふと同時に増税の目的を達せんことを図り,茲に所得税法の全文に亙りて改正を行ふこととと為したり。

かくして,政府は,大正9年1月に議会に提出された所得税の全文改正案にあたって,法人税の抜本改革をつぎのように提案した[15]。

……法人事業の発達に伴ひ,株式の配当等各個人が法人より受くる所得は漸増し,今や国民所得の重大なる部分を占むるに至りしに拘らず,之に対して比較的低率なる源泉課税を為すに止むるときは,個人の収得する他の第三種所得に付き超過累進税率に依る課税を為すも,其の目的の一半を没却し,著しく不公平なる結果を生ずるのみならず,等しく法人より利益の配当を受くるものと雖も,其の実際の担税力には大に差等あるに拘らず,大株主に対しても小株主に対しても,源泉課税に依りて同一率の負担を為さしむることは,到底之に依り大所得者と小所得者間の負担の権衡を得せしむる所以に非ず。延ては単に所得税負担の軽減を図らんが為に個人事業を法人組織に改め,以て所謂合法的脱税を企つものすら続出するに至り,遂に課税の公平を庶幾するに由なきこと事実上明白となれり。故に本改正案に於ては此の不備欠点を是正せんが為め法人より受くる利益及賞与等は,総て之を受くる各個人に付き,前年四月一日より其の年三月末日に至る期間に収入し又は収入すべかりし金額を調査し,之を第三種の所得として,其の所得と総合合算し,其の総額に相応する税率を適用することと為したり。此の改正の結果,法人より受くる利益配当と其の他の所得とを合して巨額の所得を有するものは,累進税率に依りて比較的重き負担を為すべく,之に反して其の所得の少額なる者は比較的軽き負担を課せらるることとなり,所謂社会政策の精神に適ふのみならず,茲に初めて所得税課税の公平と負担の権衡とを得べきものとす。

従来の制度のもとで,同族的法人以外の法人の株主は,その受取配当につ

いて，法人段階で低率の比例税率（改正前の税率：7.5%）による課税をうけるだけだったが，この政府原案によれば，すべての法人の株主（個人）は，その受取配当について，他の個人所得（第3種所得）と合算のうえ，累進税率で課税されることになる[16]。

このような政府原案は，配当所得者の租税負担の急増を伴うものだっただけに，その影響の緩和をもとめる声は強かった。くわえて，衆議院の解散や恐慌の来襲といった情勢の変化も手伝って，政府原案は議会における数次の修正をうけ，大幅な後退を余儀なくされた[17]。かくして，最終的に成立をみた改正法案では，受取配当の総合課税にあたって40%の控除を認めることとし，それと引き換えに，法人段階における源泉課税を5%の税率（従来は7.5%）で存続することとなった。この改正法案は，議会での修正をへて縮小された政府原案と既存の制度とを，税収の確保という観点から折衷させた妥協案にほかならなかったが，法人税の仕組みの変遷という観点からすれば，株主の受取配当と法人所得とを併課する制度の誕生をもたらした点で，特筆にあたいする。

また，大正9年の所得税改正では，既述の同族会社と一般の法人との差別課税を廃止したうえで新たに法人所得を5種に区分して，下記のような異なる税率で課税することとし，超過所得と留保所得については，超過累進税率を適用することとした[18]。このことは，法人全般に対する累進課税の本格的導入を意味する点で注目にあたいする。

　　甲　法人の超過所得（4%から20%までの超過累進税率）
　　乙　法人の留保所得（5%から20%までの超過累進税率）
　　丙　法人の配当所得（5%の比例税率）
　　丁　法人の清算所得（7.5%の比例税率）
　　戊　外国法人の所得（7.5%の比例税率）

なお，法人から受け取る配当ならびに公社債の利子は，法人所得の算定に

あたって，従来，控除することとされていたが，大正9年の改正を契機に，一転して，法人所得として益金に算入されることとなった。

かくして，法人税を，配当所得に対する源泉税とみなす時代は終わりを告げ，新たに，株主の受取配当と法人所得とを併課する制度へと，わが国税制は転換した。ちなみに，大正9年改正で採用された配当所得の40％控除は，その後の改正によって縮小され[19]，昭和19(1944)年には全廃されている。

その後，大正15年には，上記の大正9年の所得税改正の補修を意味する改正が実施され，所得区分ならびに税率がつぎのように改正された。

　甲　法人の普通所得（5％の比例税率）
　　　外国法人の所得（10％の比例税率）
　乙　法人の超過所得（4％から20％までの超過累進税率）
　丙　法人の清算所得（積立金からなる金額：5％の比例税率）
　　　　　　　　　　（その他の金額：10％の比例税率）

この改正では，留保所得と配当所得の区分を廃止し，両者を含む普通所得に対して，5％の比例税率を適用することとされている[20]。もっとも，こうした改正だけでは同族会社の留保問題に十分に対応できないため，一定限度までの留保について，10％から30％の累進税を普通所得税に上乗せする加算措置が特例として設けられた。

大正15年以降は，みるべき改正のおこなわれない時期がつづいたが，昭和12(1937)年の日中戦争開始とともに，法人税率の引き上げが相次いで実施された。まず，昭和12年には，普通所得に対する5％の税率が10％に引き上げられた。また，同年には，すでに指摘したように，配当控除率が40％から20％へと引き下げられている。ついで，昭和13(1938)年改正によって，法人税率は12.25％に引き上げられた。

昭和15年には，戦時体制に即応した税制の確立をめざして，国税・地方税をつうじた大改正が実施された。この改正によって，所得税については，分

類所得税と総合所得税の二本だてという画期的制度が導入されるが，法人税についても，法人税の所得税からの分離が実現され，単独法としての法人税の創設をみた。この法人税の独立は，法人税独立課税論の形式面における確立とみなされる点で，わが国の法人税発達史上，見逃せない出来事でもあった。

その後の戦争の進展とともに増税が繰り返され，法人税率も段階的に引き上げられていった。ちなみに，昭和15年改正で18％とされた法人税率は，昭和17（1942）年には25％，昭和19（1944）年には30％，さらに，昭和20（1945）年には33％へと引き上げられた。

4　おわりに―戦前の改革の総括と『シャウプ勧告』発表前夜の改革―

戦前のわが国法人課税制度発達の基本的特徴を，佐藤　進教授は，「独立の課税主体としての法人の地位」の確立にもとめ，その確立のメルクマールとして，昭和15年改正による法人税の所得税からの分離と，昭和19年改正による配当所得控除の全廃をあげている[21]。同教授によれば，そうした発展をうながした要因は，戦費を中心とした財政需要の増大と，それを背景とした「法人税独立化の主張」[22]の高まりにある。

いずれにせよ，戦前の改革をつうじて，わが国の法人税制度は，法人擬制説的見解にもとづく制度から法人独立課税説的見解にもとづく制度へと転換をはたした。そのわが国法人税は，第2次世界大戦後の占領下という特殊な状況のもとで，再度，新たな転換点をむかえることになる。

まず，昭和22年には，税制民主化を目的として掲げた大規模な税制改正が実施され，所得税ならびに法人税について，申告納税制度が導入された。これによって，従来の賦課課税制度は抜本的に改正された。さらに，翌昭和23（1948）年には，証券の民主化を目的として，配当税額控除制度が創設された。この制度は臨時的措置として実施されたものだったが，わが国初の税額控除方式による配当控除制度の創設を意味していた。これらの制度は，昭和

第Ⅱ部　『シャウプ勧告』の残した課題

25年の税制改正で実施された『シャウプ勧告』の法人税制度のさきがけとなったという意味において，新たな転換にいたる改革の嚆矢とみられる。

『シャウプ勧告』による法人税の抜本的改革は，いま，幕をあけようとしていた。

[注]

（1）わが国法人税ならびに所得税の沿革を詳述した文献としては，汐見〔1934〕；大蔵省〔1937a〕；大蔵省〔1937b〕；雪岡〔1955〕；大蔵省〔1977a〕；大蔵省〔1977b〕；武田〔昌〕〔1979〕；武田〔昌〕〔1983〕；大蔵省〔1988〕などがある。

（2）高橋〔誠〕〔1958〕pp. 71-79は，明治20年の所得税法の主な特色として，法人所得を非課税とする一方で配当所得を総合課税の対象としている点，税率は単純累進税率であり，かつ，税率の累進性は極めて低い点，免税点を高く設定し，納税者を一部の高額所得者に限定している点（課税最低限は300万円），所得算定において前3カ年平均方式ならびに同居親族の戸主合算制を採用している点などをあげて，この所得税の「有産者にたいする等級別『富裕税』」ないしは「等級別有産者税」としての性格を指摘しいる。同教授の掲げる資料によれば，明治20年における所得税の納税人口は約12万人（戸）であり，総戸数に占める割合は1.5％にすぎなかった（明治20年の所得税では同居親族所得の戸主合算主義が採用されていた）。その後，明治29年には，所得税の納税人口は約15万人（戸）まで増加するが，その総戸数に占める割合は1.9％にとどまっていた。しかも，明治29年の段階でも所得税収入の約25％は第3等以上の所得（1万円以上）を有する少数の納税者（所得税の全納税人口の約0.3％）によって負担されており，第1等の所得を有する納税者の内訳をみると，約半数は華族，3分の1は資本家であり，残りは地主等となっていた。なお明治20年の所得税の特色については，汐見〔1934〕pp. 247-260；大蔵省〔1937a〕pp. 977-987；井手〔1959〕pp. 8-12；林〔健〕〔1979〕pp. 324-327；大蔵省〔1988〕pp. 4-11などを参照されたい。

（3）高橋〔誠〕〔1958〕pp. 71-72によれば，明治20年の所得税法上の法人所得の取り扱いは，法人に対する課税優遇措置を意味する点で重要であり，それは，この時期のわが国会社制度全般の発展に貢献する一方で，大資本家の資産保全の手段としての保全会社の出現や，個人企業家の法人成りによる合名・合資会社の激増を促す誘因ともなった。ちなみに，明治20年の所得税において，営業所得は，利子・配当・給与・資産等の所得とともに総合・累進課税の対象とされており，税率構造はつぎの

第5章 わが国法人税の発達

とおりであった。
   第1等 所得金額3万円以上   3.0%
   第2等 所得金額2万円以上   2.5%
   第3等 所得金額1万円以上   2.0%
   第4等 所得金額1,000円以上   1.5%
   第5等 所得金額300円以上   1.0%

なお，初期の所得税制と会社制度の発展との関係については，高橋〔亀〕[1956] p. 195を参照されたい。

(4) 高橋〔誠〕[1958] p. 72. なお，この時期のわが国会社制度の発展については，高橋〔亀〕[1956] pp. 190-202；高橋〔誠〕[1958] pp. 71-72を参照されたい。

(5) 大蔵省 [1937a] pp. 982-983；井手 [1959] pp. 19-20. 明治政府の歳出（一般会計）の動向をみると，日清戦争前には8千万円前後にとどまっていたが，明治29年には1億6千万円を超え，明治30年には2億円台に達している。なお，当時の国家財政にかんする各種統計資料については，東洋経済新報社 [1927] pp. 2-3；大蔵省 [1969] pp. 126-129, 137などを参照されたい。

(6) 明治29(1896)年から同34年にかけては数次にわたる増税が繰り返され，既存の税目の増徴がはかられただけでなく，営業税（明治29年創設），登録税（明治29年創設），砂糖消費税（明治34年創設），麦酒税（明治34年創設）などの新税が創設された。なお，明治29年には，葉煙草専売制度の創設をみている。主要税法の改廃の推移については，国税庁 [1979] pp. 636-667がくわしい。

(7) 吉国・武田〔昌〕[1975] pp. 89-100；佐藤 [1977] pp. 73-92を参照されたい。

(8) さらに，明治32年の改正所得税法は，公社債利子の支払者を納税義務者とする公社債利子税を第2種所得税として創設し，公社債利子を2％の比例税率で源泉分離課税することとした。これらの改正の結果，個人所得税一本の従来の所得税体系は，第1種所得税（法人所得税），第2種所得税（公社債利子税），第3種所得税（個人所得税）からなる三本だての体系へと改組された。一般に，「3分類所得税」と呼ばれるこの所得税制度は，昭和15(1940)年の所得税改正によって総合所得税と分類所得税からなる二本だての体系へと改組されるまで，長期にわたって存続した。

(9) 明治34年以降は，法人から受け取る賞与も全額非課税の対象とされるようになった。

(10) 小川 [1916] p. 72.

(11) たとえば，大正2年改正についてみると，同族会社の所得（甲）の最高税率は13％（20万円超）であり，個人所得税の最高税率22％（10万円超）のほぼ60％にすぎなかった。この改正の特色と問題点については，汐見 [1934] pp. 271-275；高橋〔誠〕[1959] pp. 113-114；佐藤 [1977] pp. 76-77などを参照されたい。

(12) 政府の見解は，つぎのとおりであった。
「……法人ト私人トハ別人デアルカラ，法人ニモ課税シ配当ヲ受ケル其人ニモ課税スルト云フノガ，法律ノ公平ナルモノデゴザリマス」（『第12回帝国議会衆議院所得税法改正案審査特別委員会速記録』明治31年6月2日）。

(13) ちなみに，この明治20年の所得税法成立までの法案審議の過程で，法人実在説に立脚した法人課税構想が浮上した事実は，すでに本書第Ⅰ部第1章注20で言及したとおりである。

(14) 大蔵省［1937a］p. 1081.

(15) 大蔵省［1937a］pp. 1082-1083.

(16) 最高税率は50％（400万円超），最低税率は1％（800円以下）だった。

(17) 政府原案の議会における修正の経緯については，大蔵省［1937a］pp. 1093-1102；汐見［1934］pp. 287-295；高橋〔誠〕［1960］pp. 153-159；武田〔昌〕［1983］pp. 176-201, 203-206などがくわしい。

(18) 超過所得に対する課税の根拠について，政府（大蔵省［1937a］p. 1084）はつぎのように述べている。
「之れ法人は法律上独立の人格者たるのみならず，其の企業所得は畢竟ずるに，資本合同の組織に因る法人特殊の有利なる地位に基き獲得するものなるを以て，其の資本金額に対し普通の利回り以上の所得を有するときは，之に相当の負担を課するを当然と認めしに因るものなり。」
また，留保所得に対する課税の根拠について，政府（大蔵省［1937a］p. 1085）はつぎのように述べている。
「留保所得も亦法人の所得にして，相当の担税力ありと認むべきのみならず，改正案に於ては其の所得を留保せずして配当したる場合に於ては，其の配当に対して法人に於て源泉課税を為すの外，更に之を受くる各個人に於て第三種の所得として総合課税すべきを以て，之との権衡上其の無限なる留保を看過すべきに非ず。」

(19) 所得控除率は，昭和12(1937)年には20％へ，昭和15(1940)年には10％へと引き下げられた。

(20) こうした改正の理由を，政府（大蔵省［1937a］p. 1192）はつぎのように述べている。
「現行法に於ては法人の所得中配当したる部分と留保したる部分とに対する課税を異にし，配当所得に対しては百分の五の比例税率なるに拘らず，留保所得に対しては百分の五より百分の二十に達する累進的税率を適用するが故に，自ら法人の社内留保を少からしむる傾向を生じ，其の結果事業の基礎を薄弱ならしめ，延べて産業の発達を阻害すとの非難あり。」

(21) 佐藤［1977］p. 83.

(22) 佐藤［1977］p. 83.

第6章 『シャウプ勧告』の法人税改正案

1 はじめに

　占領下の法人税改革は，前章で述べたように，昭和22年ならびに23年に開始され，昭和24年の『シャウプ勧告』の発表ならびに翌昭和25（1950）年の「シャウプ税制」の成立によって頂点をむかえる。

　『シャウプ勧告』の法人税制度の最大の特色は，それが，法人擬制説的法人本質観に立脚した首尾一貫した体系を形成している点にある。戦前の法人税改正をつうじて，わが国法人税制は，法人独立課税説的見解にもとづく制度への転換をはたしていたが，「シャウプ税制」の成立を契機として，新たな転換期をむかえることになる。「シャウプ税制」の成立は，この点においてまさに画期的な出来事であった。

　本章では，『シャウプ勧告』の法人税改革案の内容を具体的に検討し，そこに込められたシャウプ使節団のねらいをあきらかにする。

2 改正案の特色

1 法人本質観と法人税の課税根拠

　『シャウプ勧告』の法人税制度改革案の立脚点は，ひろく知られるよう

に、「……法人は、根本的には、所定の事業を遂行するために作られた個人の集合の一形態にすぎない。」[1]との法人本質観にもとめられている。「法人擬制説」と一般に呼ばれる、この法人本質観によれば、法人は株主の集合体にほかならず、法人と株主を別個に課税することは二重課税を意味することとなる[2]。

もっとも、『シャウプ勧告』において、法人税の廃止が勧告されているわけではない。たしかに、法人利益の全部が配当として株主に分配され、その配当が株主によって漏れなく申告される場合には、法人利益を直接の課税対象とする法人税を、あえて課税すべき理由は存在しない。しかしながら、現実には、法人はその全利益を配当するわけではなく、しかも、すべての株主によって、配当所得の完全な申告がなされるわけでもない。

かりに、法人に対する課税がまったくなされず、利益が配当される際にのみ個人株主が課税されるならば、個人企業形態として営まれる事業に比較して、法人企業は有利に処遇されることになる。なぜならば、個人事業主は、企業利益に対して賦課される個人所得税を一度に納付しなければならないのに対して、法人の株主は、企業利益が配当として実際に分配された場合にのみ、個人所得税をおさめれば足りるからである。しかも、利益の配当が、もしも、長期にわたって延期される場合には、個人所得税の課税の延期は、課税の免除とほぼ同等の特典を株主に与えることになる。

これらの問題に対する最も現実的な対策として、『シャウプ勧告』は、法人所得に対する課税を提案するのである[3]。

2　法人税改革の3要素

かくして、『シャウプ勧告』はつぎの3つの措置を提案する[4]。

(1) 法人所得に対して、一律35％の比例税率による法人税を課す。
(2) 個人たる株主については、上記(1)によって課税された法人から受け取る配当の25％相当額を、個人所得税において税額控除する（受取配当

は，税額の計算上，株主の純所得に含まれることを前提とする）。
(3) 法人によって積み立てられた留保利益総額に対して，１％の利子付加税を毎年課す。

　『シャウプ勧告』によれば，(1)ならびに(2)の措置は，それぞれ，「法人利益中の株主持分に対して，一律の大雑把な源泉課税をおこなうことと，株主による個人所得税の申告時に，その源泉課税にかんする概算の控除をおこなうこと」[5]を意味している。この見解によれば，(1)の措置によって課税される法人税の本質は，株主の所得の発生源泉において課される源泉所得税なのであり，それゆえに，株主による所得税額の申告時には，その源泉税相当額は，株主が納付すべき所得税額から控除されねばならない。さもなければ，株主の配当所得は二重課税されることになり，その結果，法人税相当額だけ，株主は所得税を過重負担することになるからである。これらの措置において，法人利益は，法人みずからの所得ではなく，株主の所得とみなされている。この点において，(1)ならびに(2)の措置の組み合わせは，『シャウプ勧告』の法人本質観を端的に反映している。

　(3)の措置は，法人の積立金に対する累積的利子付加税制度を意味している。上記の法人税制度のもとでは，法人内部に留保された法人利益に対する株主持分は，それが配当にまわされるまでの間，個人所得税の課税を延期されることになる。この課税の延期は，法人税率よりも高い限界所得税率の適用をうける株主にとっては，追加して負担すべき所得税額の支払いの猶予をもたらし，留保利益がのちに配当されるまでの期間にわたって，猶予された所得税額に相当する資金を無利子で融資されたのと同様の利益を法人にもたらす[6]。上記 (3)の措置の目的は，所得税課税の延期によってもたらされるこの利益を，留保利益に対する低率の累積的課税によって相殺することにある[7]。

3 キャピタル・ゲイン課税制度の重要性

『シャウプ勧告』は，上記の3つの措置から形成される法人税制度ならびに税制全体の基盤として，キャピタル・ゲインの全額課税制度を提案し，その重要性を繰り返し指摘している[8]。キャピタル・ゲインの全額課税を重視する理由を，『シャウプ勧告』はつぎのように説明する[9]。

> 配当，印税，事業収益，はなはだしくは，給料として受け取られるはずだった所得が変形して，キャピタル・ゲインに姿をかえることは少なくない。もしも，キャピタル・ゲインに対して，他の種類の所得よりも低い税率が適用されるとすれば，納税者の多くは，租税回避のために，そうした変形を企てるであろう。

> ……キャピタル・ゲインは，多くの所得形態のひとつにすぎない。かかるキャピタル・ゲインに対する税率を，他の種類の所得に対して適用される税率以下に引き下げれば，非合法な脱税は減少するかもしれないが，それと引き換えに，抜け目のない納税者による所得税の合法的租税回避は増加する。なぜならば，かれらは，普通所得をキャピタル・ゲインの形に切り替えるからである。

『シャウプ勧告』によれば，個人株主は，法人利益に対するみずからの持分を配当として受け取る以外に，株式の売却という方法によって株式キャピタル・ゲインとして受け取ることができる。株式キャピタル・ゲインは，法人の留保利益のあらわれにほかならず，それは，個人株主に対する所得税の課税において，他の所得とまったく同様に正規の累進課税の対象とされねばならない。さもなければ，株式の売却という方法をつうじて法人利益の分配にあずかる個人株主は，累進税率による個人所得税の負担を軽減されることになり，その結果として，個人株主と個人事業主間の負担の不公平が招来されることになる。

たとえば，株式キャピタル・ゲインを非課税とする優遇措置が採用されると，個人株主は，比例税率による法人税を負担するだけで[10]，法人利益の分け前を受け取ることができる。これに対して，個人事業主の所得には，累進税率による個人所得税が課せられる。上記の法人税制度では，法人税率は，所得税の最高限界税率と最低限界税率のほぼ中間に設定されているから[11]，キャピタル・ゲインの非課税は，多額のキャピタル・ゲインを有する富裕な株主層にとって有利に作用することとなる[12]。

『シャウプ勧告』は，これらの問題を重視して，つぎのように述べている[13]。

　ある人々が，正当な税負担額を平然と，しかも，合法的に回避しているとの認識は，ある人々が非合法に脱税しているとの認識よりも，納税者の倫理にとって，はるかに有害である。

　一本の鎖の強度は，その最も弱いつなぎめ（link）によって決定されるように，累進所得税の累進性は，その最も大きな抜け穴によって，ほとんど決定されてしまうのである。

3　改正案の問題点

1　受取配当控除制度の問題点

もっとも，上記の法人税制度を採用しても，法人事業主たる株主と個人事業主と間の課税の不公平は完全には解消されない。

まず，最も単純なモデルとして，法人の全利益が配当され，上記(1)ならびに(2)の措置だけが適用される場合を想定すると，個人株主と個人事業主との負担の均衡は，『シャウプ勧告』の個人所得税税率表の最高税率55％にほぼ匹敵する税率53％近辺（より正確には53.57％）においてえられる[14]。すなわち，限界所得税率53％の適用をうける所得区分において[15]，株主は

100円あたり35円の法人税を課税されたのち，配当として受け取る65円について，53％の個人所得税の課税をうけると同時に，25％相当の配当控除の適用をうける。その結果，かれの所得は，税率にして約53％（より正確には53.2％）の課税をうけたことになり[16]，個人株主と個人事業主の負担はほぼ均衡する。しかし，両者の負担の均衡は，これ以外の点ではえられない。

たとえば，『シャウプ勧告』における最高限界所得税率適用区分（所得30万円超：税率55％）では，個人株主の負担率は税率53％の適用をうける上記の株主の負担よりも上昇するが55％には達せず，54.5％にとどまる[17]。したがって，この区分では，個人株主は個人事業主よりもわずかながら軽課されることになる。

これに対して，55％の最高限界税率につぐ第2順位の限界税率適用区分（所得20万円超30万円以下：税率50％）では，個人株主の負担は個人事業主の負担を上回り，51.25％となる[18]。これと同様に，50％以下の限界所得税率が適用される所得区分のすべてにおいて，個人株主の負担は個人事業主の負担を上回り，しかも，両者の負担差額は，適用税率が低くなるにつれて拡大する[19]。ちなみに，『シャウプ勧告』における最低限界所得税率適用区分（所得5万円以下：税率20％）では，個人株主の負担は個人事業主の負担を大幅に上回り，31.75％となる[20]。かくして，『シャウプ勧告』の法人税制度は，本来適用されるべき所得税の課税の累進度を低下させる効果をもつのである[21]。

上記(1)ならびに(2)の措置で定められた法人税率や配当控除率を変更してみても，個人株主と個人事業主の負担が均衡する所得区分が移動するだけで，上と同様の結果がえられる。たとえば，配当控除率を35％に変更したとすると，両者の負担は限界所得税率35％の適用所得区分（『シャウプ勧告』の税率表では，10万円超12万円以下の所得区分に相当する）において一致するが，それ以上の税率適用区分では個人事業主の方が個人株主よりも重課され，それ以下の税率適用区分では反対に，個人株主の方が重課される[22]。

結局のところ，上記(1)ならびに(2)の措置の組み合わせは，個人株主と個

人事業主間の大雑把な公平の達成を目的とした簡便法にすぎない。株主の個人所得税の計算において，株主への二重課税を完全に排除するためには，法人税引配当ではなく法人税込配当を所得に算入し，その結果算出される税額から，税引前配当に対する法人税相当額を控除しなければならない[23]。それにはまず，法人税引配当から法人税込配当を逆算し，さらに法人税込配当に対応する法人税額を算出する必要があるが，上記(1)ならびに(2)の措置では，この手続きが省略されていることになる[24]。

2 積立金利子付加税制度の問題点

つぎに，法人利益の一部が留保され，その結果として，上記(3)の措置が追加的に適用される場合を想定すると，いくつかの新たな問題が浮上する。

第1の問題は，上記(3)の措置で提案された1％の比例税率による利子付加税の負担が，低い限界所得税率の適用をうける株主の所得ほど高くなるという点にある。

たとえば，最高限界税率55％の適用をうける配当所得（30万円超）を有する株主の法人税ならびに所得税の負担は，100円あたり35円の法人税と，法人税引所得65円の55％に相当する個人所得税35.75円を加算し，その合計額から法人税引配当の25％に相当する配当控除額16.25円を差し引いた54.50円となる。上記(3)の措置は，株主に対する65円の配当がなされない場合に，この留保利益の1％に相当する利子付加税を課すものであり，その税額0.65円は，この株主が配当をうけた場合に追加的に負担する税額19.50円（54.50円マイナス35円）の約3.3％に相当する。

これに対して，最高限界税率35％の適用をうける配当所得（10万円超12万円以下）を有する株主の法人税ならびに所得税の負担は，100円あたり35円の法人税と，法人税引所得65円の35％に相当する個人所得税22.75円を加算し，その合計額から法人税引配当の25％に相当する配当控除額16.25円を差し引いた41.50円となる。配当がなされない場合，この株主は，上記の場合と同様に，留保利益の1％に相当する0.65円の利子付加税を課されることに

なり，この税額は，かれが配当をうけた場合に追加的に負担する税額6.5円（41.50円マイナス35円）の10％に相当する[25]。

あきらかに，利子付加税の負担は逆進的であり，上記(3)の措置は，累進税率による個人所得税の賦課を回避しようとするインセンティブを相殺するための措置としては不十分である。この問題を解消し，利子付加税本来の目的をより完全に達成するためには，所得区分ごとに適用される限界税率に対応した複数の利子付加税率をもちいる必要がある[26]。

3　キャピタル・ゲイン課税制度の問題点

その他の問題は，『シャウプ勧告』において最も重視されたキャピタル・ゲインの全額課税制度にかんするものである。

まず，キャピタル・ゲインを法人の留保利益のあらわれとみなす立場をとる以上，配当にまわされる利益について配当所得控除制度を設けたのとまったく同様の理由から，キャピタル・ゲインについても，法人税相当額を控除するための措置が必要であるにもかかわらず，『シャウプ勧告』はこの措置を欠いている。結局のところ，『シャウプ勧告』の法人税制度のもとでは，個人株主は，法人の留保所得中のみずからの持分に対して，法人税と個人所得税を二重に課せられたまま，その過重負担分を取り戻せないことになる。

つぎに，キャピタル・ゲインならびにキャピタル・ロスのうちの実現部分のみを課税所得に算入する『シャウプ勧告』の方式では，株主は，株式の売却時点を調整することによって，みずからの所得税負担額の極少化をはかることができる。すなわち，富裕な株主は，キャピタル・ゲイン以外に高額の所得の発生する課税年度には株式の売却を手控え，逆に，欠損を生じるような年度に株式を売却するといった方法を講ずるかもしれない。あるいはまた，ある年度に手にした高額のキャピタル・ゲインを相殺するために，かれは，キャピタル・ロスの生じた株式の売却時期を繰り上げるかもしれない。かくして，伝統的な実現基準を踏襲する『シャウプ勧告』のキャピタル・ゲイン課税制度は[27]，富裕な株主に対して，個人所得税の累進的負担を軽減

するための抜け道を与えることになる。
　これらの点において，『シャウプ勧告』のキャピタル・ゲイン課税制度は，高額所得者による合法的租税回避を防ぐ方法としては，あきらかに不十分である(28)。

4　おわりに―シャウプ博士らのねらい―

　このように，『シャウプ勧告』の法人税改革案は不完全であり，個人事業主と法人事業主との間の負担均衡措置として，いくつかの問題を残している。この制度をたとえ採用しても，両者間の課税の不公平は完全には解消されず，両者の課税上の差別は残される。シャウプ使節団はこの問題について，つぎのように述べている(29)。

　　法人とその他の企業形態間の差別を，ほぼ完全になくすような税制を立案することも可能である。しかし，そのような制度は，きわめて複雑なものとなろう。この複雑性ゆえに，税務行政と納税者のコンプライアンスは，かえって非効率となり，その結果として，理論的な厳密さに固執することによって避けられる不公平よりも，いっそう重大な不公平を生ずるであろう。

　　全利益が配当される場合には，個人所得税を計算する方法を，いくぶんか精緻化することによって，その差［個人株主と個人事業主間の租税負担の差額：髙橋注］を完全に除去することができる。実際，このような方法は，英国において，ながらくもちいられてきた。しかし，英国の方式（the British method）でも，全利益が配当される場合以外は，若干の差が残り，専門家でない人々にとっては，少し煩雑な計算をすることが株主にもとめられている。それゆえに，全体としては，少なくとも当分の間は，より簡単な方法を採用することが最善と考えられる。所得税が円滑に運営される時がくれば，英国の方式，あるいは，法人企業と個人企業間の負担を公平にする，なおいっそう洗練された方式（still more refined methods）に移行することを考慮することが適当であろう。

これらの勧告において，シャウプ使節団は，『シャウプ勧告』で採用された制度よりも完全な制度の存在を示し，そうした制度への移行を将来的な課題として指摘したうえで，かれらが提案した制度の意義を説明している。それによれば，『シャウプ勧告』で提案された法人税制度は，個人株主と個人事業主間の完全な公平を達成しうる「理想の制度」を意味するわけではなく，当時のわが国の税務行政水準に照らして満足すべき，より簡素な「次善の制度」を意味しているのである(30)。

　かくして，こと法人税の改革にかんする限り，シャウプ使節団にとっての当面の目標は「理想の改革」の実現ではなく，将来的にはより完全な制度へと移行しうるような「次善の制度」の導入ならびに定着に置かれていたものとみられるのである(31)。

[注]

（1）Shoup Mission［1949］Vol. I, p. 105.
（2）Shoup Mission［1949］Vol. I, p. 105. 『シャウプ勧告』（Shoup Mission［1949］Vol. I, p. 105）は，当時の日本ならびに諸外国の法人税制度にかんして，つぎのような批判を述べている。
　「……日本のみならず他の多くの国々においても，法人に対しては，経済的な根拠や理論らしいものもなしに，単に，政治的にみて受け入れられ，税務行政上も容易であるうえに，多くの税収をあげられるという理由から，重い課税がおこなわれている。」
（3）法人所得への課税を提案するにあたって，『シャウプ勧告』（Shoup Mission［1949］Vol. I, pp. 106-107）は，つぎのような説明をくわえている。
　「法人とその他の企業形態との間の差別を，ほぼ完全になくすような税制を立案することも可能である。しかし，そのような制度は，きわめて複雑なものとなるであろう。……［中略：髙橋注］……しかし，法人企業と他の企業形態とをほぼ公平に取り扱うと同時に，個人所得税の重大な回避を防止する簡素な要素の組み合わせを選択することは可能である。」
　この記述は，『シャウプ勧告』の法人税制度改革案以外の選択肢の存在を示唆する点で，注目されよう。

（4）Shoup Mission［1949］Vol. I, p. 107.
（5）Shoup Mission［1949］Vol. I, p. 107. なお，『シャウプ勧告』（Shoup Mission［1949］Vol. I, p. 113）は，「35％の法人税と25％の配当控除制度全体の原理は，法人税を，法人利益中の株主持分に対する大雑把な源泉徴収の一形態として取り扱うことにある。」と述べている。
（6）反対に，法人税率よりも低い限界税率の適用をうける株主は，租税を過重に負担していることになるが，この問題について，『シャウプ勧告』はとくに言及していない。
（7）Shoup Mission［1949］Vol. I, p. 109.『シャウプ勧告』（Shoup Mission［1949］Vol. I, p.109）は，法人の積立金に対する累積的利子付加税制度の目的が，法人による利益の留保に対して制裁を課すことや，それを奨励することにはない点を強調している。なお，『シャウプ勧告』（Shoup Mission［1949］Vol. I, p. 111）は，同族会社による租税回避を目的とした利益留保に対する歯止めとして，同族会社の留保利益に対して適用される利子付加税の税率を，より高率の6％に設定すべきことを提案している。
（8）たとえば，Shoup Mission［1949］Vol. I, pp. ii, 91, 106, 113-114；Shoup Mission［1949］Vol. III, pp. B10–B13を参照されたい。
（9）Shoup Mission［1949］Vol. III, pp. B10, B16. なお，『シャウプ勧告』（Shoup Mission［1949］Vol. III, p. B11）は，法人所得の計算にあたって適用されるべき会計方法に一定の幅を認めた理由に言及して，つぎのように述べている。

「実際，インフレーションによるものを除いて，譲渡所得の全額を課税所得に算入することは，われわれの税制改革計画の礎石のひとつであり，この原理に反すれば，この計画の統一性は，著しく損なわれることになる。このことは，いかに強調しても，しすぎるということはない。とくに，個人の譲渡所得の全額が課税されるのでなければ，法人税にかんする提案は，大幅に変更せざるをえなくなる。法人ならびに個人事業に対する減価償却控除は，再検討を要することになる。資産の修繕費ならびに改善費も，よりいっそう厳密に検討する必要がある。さらに，ある著者が，『高額所得を笊でくみつくそうとする馬鹿げた仕事』と称した事態にならないように，税率の全構造を再検討しなければならない。最後に，譲渡所得の全額課税を実施しないならば，損失の控除について，多くの制限を設けなければならない。」

法人の留保利益の捕捉を基本任務とするキャピタル・ゲイン全額課税制度は，法人の利益操作をつうじた租税回避行為に対する歯止めとしての役割をも与えられていたことになる。
（10）個人所得税における株式キャピタル・ゲインの全額課税を前提とすると，法人利益に対する持分をキャピタル・ゲインとして受け取る株主は，法人税相当額だけ過

剰に租税を負担することになるが，『シャウプ勧告』は，この問題についてはとくに言及していない。
(11) 『シャウプ勧告』で提案された個人所得税の限界税率は，最高55％（所得30万円超）から最低20％（所得5万円以下）まで，8段階に区分されている。くわしくは，Shoup Mission［1949］Vol. I, p. 57を参照されたい。
(12) 反対に，法人税率よりも低い限界税率区分に属する株主は，過剰に租税を負担しているにもかかわらず，その払い戻しをうけられないことになる。
(13) Shoup Mission［1949］Vol. Ⅲ, pp. B16–B17.
(14) 林〔栄〕［1958］p. 228によれば，この均衡点はつぎの等式によってもとめられる。
　　　$m = r + (1-r)m - (1-r)d$
　　　$m = 1 - d(1-r)/r$
　　　m：限界所得税率　r：法人税率　d：配当控除率
　なお，林〔栄〕［1958］pp. 229–232は，『シャウプ勧告』の個人所得税ならびに法人所得税制度をモデルにもちいて，所得階層ごとの個人株主ならびに個人事業主の租税負担額や実効税率等を具体的に示したうえで，『シャウプ勧告』の法人所得税制度の特色と問題点を詳細に分析している。
(15) 『シャウプ勧告』の個人所得税の税率表には，53％という税率は存在しない。その個人所得税の最高税率は55％（所得30万円超）であり，その下位の税率は50％（所得20万円超30万円以下）となっている。くわしくは，Shoup Mission［1949］Vol. I, p. 57を参照されたい。
(16) この場合，個人株主の負担率は，つぎの計算式でもとめられる。
　　　$0.35 + (1-0.35) \cdot 0.53 - (1-0.35) \cdot 0.25 = 0.532$
(17) この場合，個人株主の負担率は，つぎの計算式でもとめられる。
　　　$0.35 + (1-0.35) \cdot 0.55 - (1-0.35) \cdot 0.25 = 0.545$
(18) この場合，個人株主の負担率は，つぎの計算式でもとめられる。
　　　$0.35 + (1-0.35) \cdot 0.50 - (1-0.35) \cdot 0.25 = 0.5125$
(19) くわしくは，林〔栄〕［1958］pp. 229–234を参照されたい。
(20) この場合，個人株主の負担率は，つぎの計算式でもとめられる。
　　　$0.35 + (1-0.35) \cdot 0.20 - (1-0.35) \cdot 0.25 = 0.3175$
(21) 注(20)の計算式からあきらかなように，限界所得税率20％の適用区分では，個人株主の配当所得に課せられる個人所得税額よりも配当控除額のほうが大となる。この場合，配当所得以外の所得をもたず，その結果，配当控除の一部しか税額控除できなかった個人株主については，残りの配当控除額に相当する税金を還付すべきことになるが，『シャウプ勧告』では，この還付制度は採用されていない。結局のところ，かれは，法人段階で課税された法人税相当額を全額負担していることになり，

その負担率は35％となる。上記の計算式では，この問題は考慮されていない。
(22) ちなみに，配当控除率を35％に変更した場合，限界所得税率20％，同35％，同55％の適用をうける個人株主ならびに個人事業主の所得100円あたりの負担額は，つぎのようになる。

税率	個人株主				個人事業主
	法人税	個人所得税	配当控除額	負担額	負担額
20	35	13.00 (65×0.20)	22.75 (65×0.35)	25.25	20.00
35	35	22.75 (65×0.35)	22.75 (65×0.35)	35.00	35.00
55	35	35.75 (65×0.55)	22.75 (65×0.35)	48.00	55.00

(23) この方式は，一般に，「グロス・アップ方式」または「インピュテーション方式」と呼ばれている。この方式を採用した場合，個人所得税の各所得区分における個人株主の負担は，つぎのようにあらわされる。

$$S \cdot r + S \cdot m - S \cdot r = S \cdot m$$

S：法人税込配当　m：限界所得税率　r：法人税率

なお，「グロス・アップ方式」は，イギリスにおいて古くから採用されていたが，この方式の解説については，たとえば，吉国・武田〔昌〕〔1975〕pp. 26-27を参照されたい。

(24) この計算にもちいられるべき数式は，つぎのようにしてもとめられる。

$$D = S(1-r)$$
$$S = D / (1-r)$$

S：法人税込配当　D：法人税引配当　r：法人税率

(25) 留保利益に対する延納税額は，留保利益，所得税率，ならびに，配当控除率によって，つぎのように表現される。

$$T = R(m-d)$$

T：延納税額　R：留保利益　m：各階層税率　d：配当控除率

したがって，留保利益に対する延納税額を無利子で運用することからえられる利益を，留保利益に対する利子税によって相殺するためには，留保利益に対する市場利子と留保利益に対する利子税額とを，つぎのように等しく置けばよい。

$$t \cdot R = R(m-d)i$$
$$t = (m-d)i$$

$$i = t / (m - d)$$
　　　t：利子税率（0.01）
　　　i：市場利子率（延納税額に対する利子負担率）
　　くわしくは，林〔栄〕［1958］p. 237を参照されたい。
(26) くわしくは，林〔栄〕［1958］p. 238を参照されたい。
(27) 『シャウプ勧告』（Shoup Mission［1949］Vol. Ⅲ, p. B12）は，「発生した所得に対する厳格な課税理論によれば，納税者が所有する資産時価の年度内の増加額は，毎年，これを査定し，課税しなければならない。しかし，これは困難であるので，実際においては，かかるゲインは，納税者が資産を売却し，ゲインを現金または他の流動資産として実現した場合にのみ，課税すべきものとされている。」と述べて，理論的には，発生基準にもとづく資産の評価益の計上ならびに課税を支持すべきであるとの認識を示す一方で，そうした評価益計上の現実的な困難性ゆえに，それが実施されてこなかった事実を指摘している。
(28) 『シャウプ勧告』のキャピタル・ゲイン課税制度に指摘されるこれらの問題を解決し，個人株主と個人事業主間の課税の完全な公平を実現するためには，キャピタル・ゲインならびにキャピタル・ロスを発生時点で捕捉し，それを他の所得と同様に，累進課税の対象とする新たな制度の採用を必要としよう。
(29) Shoup Mission［1949］Vol. Ⅰ, pp. 106, 108. なお，引用文中の「英国の方式」（the British method）とは，イギリスにおいて，当時すでに採用されていた「グロス・アップ方式」を意味しているものとみられる。たとえば，金子［1996］p. 42は，『シャウプ勧告』において，「……やがては配当控除方式からグロス・アップ方式に移行すべきことが示唆」されていたものと理解する。

　　なお，いわゆる法人税と所得税の統合方式の類型と諸外国の制度の歴史については，吉国・武田〔昌〕［1975］pp. 3–63, 89–147；金子［1996］pp. 429–451がくわしい。
(30) 租税の簡素性と公平性について，『シャウプ勧告』（Shoup Mission［1949］Vol. Ⅰ, p. 18）は，つぎのように述べている。
　　「かかる具体的な勧告を作成するにあたって，われわれは簡素と公平との間の基本的対立関係を念頭に置いてきた。われわれは，しばしば，よりいっそうの公平の追求を犠牲にして簡素性を優先することはあったが，両者の間の合理的均衡をはかることにつとめた。……［中略：髙橋注］……生まれてはじめて直接税をおさめる多くの個人のためには，二者択一に迷った場合，簡素を選ぶべきだというのが，われわれの見解である。」
(31) シャウプ博士（Shoup［1950］p. 410）は，米国帰国直後の1949年9月に開催されたNational Tax Associationの年次総会において，"Tax Reform in Japan"と題する会長講演をおこなっているが，そのなかで，『シャウプ勧告』で提案した法人税改革案に

ついて，つぎのように述べている。

「日本で勧告した制度は，もちろん，アメリカ合衆国においても実行可能である。それは完全に満足のゆくものではないが，留保利潤税のような強制配当方式（forcing-out type）の制度や，パートナーシップ課税よりは，少なくとも，現在の日本にとっては問題の少ないものであろう。年次評価と平準化の方法によるキャピタル・ゲインやキャピタル・ロスの計算を可能にするために，実現主義の解釈を拡張することによって，この制度を最終的に洗練（refined）すべきかどうかは，この時点では答える必要のない問題であろう。いずれにせよ，勧告された制度は，そうした制度をもたないことを特色とする合衆国連邦税制よりも，おそらくは優れたものであろう。」

上記の発言は，『シャウプ勧告』の法人税改正勧告に込められたシャウプ博士らの意図を示す貴重な資料である。

第7章 『シャウプ勧告』以降の法人税制度の変遷

1 はじめに

　『シャウプ勧告』の法人税改正勧告は、昭和25年の税制改正によって、ほぼ全面的に実施にうつされた[1]。しかし、その法人税制度は、たび重なる税制改正をつうじて様々な修正をうけ、定着するいとまもなく急速な変貌をとげてゆくことになる[2]。近年における税制の整理・合理化政策のもとで、『シャウプ勧告』への回帰とも理解される法人税改正が断片的に実施されてきたが、『シャウプ勧告』の法人税制度との重大な乖離は残されたままであり、『シャウプ勧告』によって示唆された「より完全な制度」への移行という課題もまた達成されてはいない。そこで、本章では、『シャウプ勧告』以降のわが国税制の変遷を検討し、これらの問題点を指摘する。

2 昭和20年代の税制改正

　『シャウプ勧告』の法人税制度の修正は、昭和25(1950)年の「シャウプ税制」の成立直後から早くもはじまった。
　まず、昭和26年の税制改正では、『シャウプ勧告』の法人税制度の柱をなす措置のひとつである法人の積立金に対する累積的利子付加税制度が、同族会社にかんする部分を除いて廃止された[3]。これは、『シャウプ勧告』の法

人留保利益課税制度の大幅な後退を意味する[4]。

　また，この改正では，昭和27年1月1日以降終了する事業年度分から，普通法人に対して適用される税率が，勧告された税率（35％）よりも2割引き上げられて42％とされたが[5]，この法人税率の引き上げにもかかわらず，配当控除率に修正はくわえられなかった。『シャウプ勧告』で採用された受取配当控除制度の目的は，株主の配当所得について，法人の段階で課された法人税相当額を，株主の納付する所得税額から税額控除することによって，個人株主と個人事業主の所得税ならびに法人税の負担の均衡をはかることにあった。そのため，『シャウプ勧告』が提案した25％の配当控除率は，前章（第6章第3節第1項）において指摘したように，35％の法人税率を前提として，個人所得税の最高限界税率55％付近で両者の負担の均衡がえられるように設定されていた。したがって，法人税率や所得税率の変更時には，控除税額の算定にもちいられる配当控除率についても相応の変更をくわえる必要が生じる。しかし，『シャウプ勧告』において重視された配当控除率と法人税率の相互関連性は，昭和26年の改正では，まったく無視されている。

　昭和26年の改正では，さらに，『シャウプ勧告』によっていったんは廃止された配当所得に対する源泉徴収制度（20％）が復活されている[6]。

　昭和27年の税制改正では，譲渡所得，一時所得，山林所得については，それらの所得間で損益通算をおこなったのちの合計金額から10万円を特別控除した後の金額を，他の所得と総合することとされた[7]。前章（第6章第2節第3項）において指摘したように，『シャウプ勧告』で提案されたキャピタル・ゲイン全額課税制度は，法人の留保利益の捕捉と課税という役割を与えられ，利子付加税制度とともに『シャウプ勧告』の留保利益課税制度の一翼を担っていたが，前年における利子付加税制度の大幅縮小につづいて，この改正では，キャピタル・ゲイン全額課税制度の後退がはじまったことになる。

　昭和28(1953)年の税制改正では，有価証券の譲渡所得に対する所得税の課税が廃止され，新たに有価証券取引税が創設された[8]。『シャウプ勧告』の法人税制度の最も重要な基盤とされた制度は，この改正によって，早々と

解体されたことになる[9]。

また、有価証券の譲渡所得に対する所得税の課税の廃止に伴って、前年から特別控除を認めていた山林所得や一時所得、有価証券以外の譲渡所得についても全額課税制度の適用はさらに緩和され、山林所得については、15万円を控除したのちに五分五乗方式によって他の所得と合算することとし、不動産等の譲渡所得および一時所得については、その合計額から15万円を控除したのちの半額を、他の所得と合算して課税することとされた[10]。

昭和29年の税制改正では、昭和26年改正によって、すでに大幅な後退を余儀なくされていた法人の積立金に対する利子付加税制度が、ついに全廃されるにいたった[11]。従来の利子付加税制度にかわって、同族会社の積立金に対する特別課税制度が新たに創設されたが、この制度は、同族会社が一定限度をこえて新たな利益留保をおこなった場合にのみ、その積立金に対して、積み立てた年度において1回限りの特別の課税をおこなう点で、『シャウプ勧告』の利子付加税制度とはあきらかに異質の制度であった。ここに、『シャウプ勧告』の利子付加税制度は実質的に消滅したことになる。

3 昭和30年代の税制改正

昭和30年代には、法人税の税率構造ならびに配当控除制度の大幅改正が、数次にわたって実施された。

まず、昭和30(1955)年の税制改正では、昭和27年以来42％まで引き上げられていた普通法人の法人税率の引き下げが、普通法人税率の2段階税率化を伴う形で実施され、普通法人の50万円以下の所得については35％の軽減税率を適用し、50万円超の部分については40％の基本税率を適用することとされた[12]。『シャウプ勧告』では、法人税を個人所得税の源泉税とみる立場から、単一税率による法人税の採用が勧告された。源泉税としての法人税を、法人段階であらかじめ課税し、のちにそれを控除するという仕組みのもとでは、法人税率をあえて複数化する必要はなかったし、また、配当控除制度の

簡素化という側面からも，望ましいものではなかったのである。

しかも，昭和30年の税制改正では，法人税率が引き下げられたにもかかわらず，従来の配当控除率（25％）は，昭和30年と翌31年分の特例として，30％へと引き上げられた。既述の昭和26年改正とまったく同様に，この改正では，配当控除率と法人税率の相互関連性が無視されており，その結果として，『シャウプ勧告』が重視した個人株主と個人事業主間の租税負担の均衡は，従来以上に損なわれることになった[13]。これらの点において，昭和30年改正は，『シャウプ勧告』の配当控除制度のいっそうの形骸化を意味するものとみられよう。

昭和32（1957）年の税制改正では，一転して，配当控除率の調整が実施された。すなわち，それ以前の改正において，個人所得税，法人税，配当控除率を無関係に改正してきた結果として，高額所得階層に属する配当所得者に対して，過剰調整による利益を与えるにいたってしまったため，同年の個人所得税の税率表の大幅見直しを実施するにあたり[14]，過剰調整分を是正するために，配当控除率の見直しが実施されたのである[15]。この改正の結果，1千万円超の所得については配当所得の10％，1千万円以下の所得については配当所得の20％を控除することとされた。

もっとも，改正後の控除率では，従来とは反対に，個人株主の過重負担が招来される。すなわち，所得税の最高税率70％の適用をうける所得区分（5千万円超）において，普通法人の個人株主は，100円あたり40円の法人税を課税されたのち，配当として受け取る60円については70％の個人所得税の課税（42円）をうけると同時に，10％相当の配当控除（6円）の適用をうける。そのため，かれの個人所得税ならびに法人税の負担額は76円（40円＋42円－6円）となり，個人事業主が同様の所得区分において負担する個人所得税額70円に比べて6円だけ上回ることになる。また，20％の配当控除率の適用をうける1千万円以下600万円超の所得区分（個人所得税の限界税率：50％）については，個人株主の負担は上記の例よりも12円だけ減少して58円となり[16]，個人事業主の負担50円を8円だけ上回ることになる。

第7章 『シャウプ勧告』以降の法人税制度の変遷

　こうした配当控除率設定上の問題点は残されるものの，昭和32年の改正は，配当控除制度本来の役割の回復をめざす点において，『シャウプ勧告』の配当控除制度の形骸化にむかっていた当時の税制改正の流れのなかで，特筆すべきものといえよう。

　その後，昭和36年の税制改正では，配当所得に対する課税の調整方式として，従来の配当控除制度にくわえて，支払配当控除制度が部分的に併用されることになり，法人の所得のうち支払配当にあてられた部分に対して適用される法人税率が従来の38％から28％へ（年間200万円以下の所得に対して適用されていた33％の軽減税率は24％へ）引き下げられた[17]。すなわち，従来は，株主の段階で調整の対象とされてきた法人税額のうちの約4分の1（法人税引き下げ相当分）は，配当を支払う法人の段階で調整されることとなり，これに伴って，個人株主に適用される配当控除率が従来の20％から15％へ（1千万円までの所得について適用されてきた10％の控除率は7.5％へ）引き下げられた。また，法人株主についても，従来の受取配当の全額益金不算入制度が修正され，支払配当に達するまでの部分は従来通り益金不算入とし，それをこえる部分は，益金不算入割合を75％に引き下げることとされた[18]。

　この改正の結果，配当所得に対する負担の調整は，まず，配当を支払う法人段階で部分的調整がくわえられ，配当を受け取る個人段階で再度調整がおこなわれることとなり，負担調整の手続きは従来以上に複雑なものとなった。かりに，支払配当控除方式を採用するのであれば，従来の受取配当控除制度を維持する必要性は，本来，認められなかったが，この改正ではそうした抜本改革は先送りされ，企業の増資促進を目的とした暫定措置として，支払配当軽課措置がひとまず実施されたのである[19]。

171

4 昭和40年代の税制改正

　昭和36年改正によって先送りされた法人税の抜本改革のあり方の検討は，その後，政府税制調査会の審議にゆだねられることになる。

　昭和37年8月，内閣総理大臣から「今後におけるわが国の社会，経済の発展に即応する基本的な租税制度のあり方」についての諮問をうけた税制調査会は，約3年間に及ぶ審議をへて，昭和39(1964)年12月に『「今後におけるわが国社会，経済の進展に即応する基本的な租税制度のあり方」についての答申』(税制調査会[1964a])を発表した。

　企業課税のあり方について，この答申は，『シャウプ勧告』で提案された，いわゆる法人擬制説的制度と法人独立課税説的制度との比較検討の結論として，法人擬制説的見地から構成された従来の制度の抜本的修正の必要性を認めるまでにいたらなかったことを表明している[20]。そのうえで，答申は，昭和36年に採用された支払配当軽課制度の問題点に言及し，その増資促進効果の欠如や配当控除制度との併用によってもたらされる制度の複雑化をあげて，この制度の不適切性を指摘する一方で，将来の配当課税のあり方については，グロス・アップ方式と支払配当損金算入方式とを比較・検討した結果，最終的にはグロス・アップ方式への移行を適当としている[21]。

　もっとも，この答申は，その直後に公表された『昭和40年度の税制改正に関する答申』(税制調査会[1964b])において大幅な修正をうけ，法人税の負担調整のための最適の方法とされたグロス・アップ方式への移行は見送られることとなった[22]。結局のところ，昭和40年の税制改正で実施されたのは，企業の体質改善と国際競争力の強化を目的とした，留保分に対する法人税率の引き下げのみであった[23]。

　ついで，昭和40年8月，税制調査会は，内閣総理大臣から「経済の安定的成長に即応する税制のあり方とその具体化の方策」についての諮問をうけて審議を開始し，昭和41年12月には，『長期税制のあり方についての中間答申』

(税制調査会［1966c］)をとりまとめたのち，約3年間にわたる審議の最終的結論として，『長期税制のあり方についての答申』(税制調査会［1968］)を，昭和43(1968)年7月に発表した。

この『長期税制のあり方についての答申』(『長期答申』)は，『シャウプ勧告』以降のわが国の法人税制度の変遷にみられる混乱や動揺を指摘したうえで，そうした混乱や動揺の原因が，「……一般株主と企業とは，法律的にはともかく経済的には全く別個の存在となっており，このような経済の現実に対して現行税制の基本的な考え方がなじみにくい」[24]点にあるとの基本認識を示し，「……むしろ法人税を企業独自の負担と考えるような社会的意識や近年の税制の歩みを端的に認め，社会・経済の実態に即応したわかりやすい税制の仕組みを確立するという見地から，今後の法人税の基本的な姿を長期的視野に立って描くことが肝要である」[25]と主張した。こうした主張にもとづいて，『長期答申』は，つぎのような特色を有する利潤税構想を仮案として提示している[26]。

　　(イ)　課税標準は，法人の純利潤とする。
　　(ロ)　税率は一本の比例税率とし，留保分，配当分を区分しない。
　　(ハ)　中小法人については，軽減税率を設けることを検討する。
　　(ニ)　個人株主については配当控除をおこなわず，法人株主の受取配当は益金に算入する。
　　(ホ)　現実に株主即経営者であり，株主と企業とが密着している法人については，株主分割方式の選択を認めることを検討する。

しかし，この仮案をもとにした税制調査会の審議は，成案をえるにはいたらなかった。そのため，『長期答申』は，今後の検討の方向を示すにとどまり[27]，法人税改革の具体案の提示を見送った。結局のところ，昭和39年の答申とは基本的立場を異にするこの答申の改革構想もまた日の目をみることはなく，懸案とされていた法人税制度の抜本改革は，またもや先送りされる

ことになった。

　このように，法人税の抜本改革にむけた税制調査会の試みは実現することはなかったが，昭和40年代には，既存の制度の修正を意味する重要な改正が数次にわたって実施されている。

　まず，昭和40年の改正では，昭和29年以降，一貫して軽減される傾向にあった配当所得に対する源泉徴収税率が10％まで引き上げられる一方で[28]，配当所得に対する源泉分離選択課税制度や少額の配当所得に対する確定申告不要制度が，租税特別措置法改正によって創設された[29]。本章（第2節）において述べたように，配当所得に対する源泉徴収制度は，『シャウプ勧告』にもとづく昭和25年の改正でいったん廃止されたのち，翌昭和26年の改正において，配当所得者に対する課税の適正化を目的として復活されたが，この改正によって，配当所得の軽課という新たな目的を帯びるにいたったことになる[30]。

　つづいて，昭和41年の税制改正では，法人の年300万円以下の所得について適用されていた軽減税率の適用対象が，資本金1億円以下の法人に限定されることとなった[31]。この結果，普通法人に対して適用される法人税の税額表には，軽減税率ならびに配当軽課措置の双方の適用対象となる資本金1億円以下の企業の区分にくわえて，軽減税率の適用されない資本金1億円超の法人の区分が新設されることになり，その構成は複雑きわまりないものとなった[32]。

　さらに，昭和45年の改正では，法人税率が18年ぶりに引き上げられる一方で[33]，配当軽課措置の是正を目的とした配当控除率の引き下げや，配当所得の源泉分離選択課税制度の適用税率の修正などが実施された。

　この改正の結果，法人税率については，法人の内部留保に対して適用される税率（35％）を36.75％の付加税率とすることとされた。なお，この付加税率は，当初，昭和45年5月1日から昭和47(1972)年までの2年間の時限措置として，租税特別措置法で定められたものだったが，昭和47年の税制改正では適用期限が2年間延長された[34]。

配当控除率については，昭和46年分と昭和47年分に限り，租税特別措置法上の特例として，課税総所得金額等1千万円以下の部分の従来の控除率15％は12.5％，同1千万円超の部分の控除率7.5％は6.25％とすることとし，昭和48年分以降については，課税総所得金額等1千万円以下の部分を10％，同1千万円超の部分を5％とする改正後の本則の控除率を適用することとされた。

配当所得に対する源泉徴収税率の特例（軽減税率15％）の適用期限は，5年間延長される一方で，配当所得に対する源泉分離選択課税制度の税率は，昭和46年と昭和47年の2年間据え置いたのちに，昭和48（1973）年以降は25％に引き上げることとされた。

昭和49年には，法人税の基本税率が36.75％から40％に引き上げられ，これに伴って，配当軽減税率も26％から30％に引き上げられた。ただし，配当軽減税率については，急激な負担増を緩和するために[35]，昭和49年度については28％に据え置くこととされた。なお，資本金1億円以下の中小法人の所得のうち，一定額以下の部分に対して適用される軽減税率については据え置かれた。

5　昭和50年代以降の税制改正

こうして，数次にわたって先送りされてきた法人税の抜本改革は，昭和50年代以降も実施されることなく，既存の制度の部分修正が重ねられた。そうした動向のなかで，税制調査会企業課税小委員会から昭和55年9月に公表された『企業課税小委員会報告』（税制調査会［1980a］）は，当時のわが国法人税制度の擁護論を展開した報告書として注目される。

この報告書において，企業課税小委員会は，その目的を「法人税制について指摘されている問題に関し制度の基本にさかのぼって検討を行い，法人税の基本的仕組みについての考え方を明らかにすること」[36]であるとしたうえで，法人の性格論から結論を導き出そうとする従来の考え方をあらためるこ

ととし、法人税負担調整の仕組みの変更によってもたらされる経済的影響と、法人税の転嫁の可能性に注目した検討の必要性を指摘している。

結論として、企業課税小委員会は、「法人税がすべて株主の負担になっていると考えることもすべて株主以外の者に転嫁されていると考えることも適当でなく、法人税の部分的転嫁の可能性を前提とすることが適当であろう」[37]と述べて、配当に対する二重課税の完全調整の必要性を認めず、現行の部分調整方式に対する支持を表明している。また、法人独立課税説的見地から、法人税と所得税との負担の調整をまったくおこなわない方式については、株式発行による資金調達の資金コストの上昇と、それに伴う自己資本充実の抑制効果、支払配当に対する重課がもたらす配当抑制効果や資本市場への悪影響、そして、国際的な資本交流という側面において資本流出を招く危険性などをあげて、その採用を不適当とした。

さらに、企業課税小委員会は、法人税と所得税との負担調整のための各種の方式について、それぞれの長所と短所を詳細に比較・検討している。最終的に、同委員会は、当時の西ドイツですでに採用されていた、いわゆるインピュテーション方式（『企業課税小委員会報告』では「法人税加算方式」とも呼ばれている）をとりあげて、「……法人税制の国際的動向等からみて、部分的調整を行うこの方式が比較的難点が少ない制度である」[38]と評価する一方で、「……企業の資金調達、個人の金融資産選択、更には税制に対する社会一般の受取り方などの面で、無用の混乱をもたらす可能性があり、制度改正のメリットよりもデメリットの方が大きくなるのではないか」[39]と述べて問題点を指摘し、「……当面は諸外国の動向について更に注視しつつ現行の法人税制の基本的枠組みを維持することが適当である」[40]と結論づけている。

企業課税小委員会によるこの検討結果は、財制再建を最大の課題とした昭和55年11月の『財政体質を改善するために税制上とるべき方策についての答申』（税制調査会［1980b］）にも反映された。法人税の負担調整の仕組みの今後のあり方について、この答申は、「……国際的動向についてさらに注視

しつつ，当面は，現行の法人税の負担調整に関する仕組みの骨格は維持することが適当である」[41]と主張した。これをうけて，『昭和56年度の税制改正に関する答申』（税制調査会［1980c］）は，法人税の基本税率および配当軽減税率それぞれの2％の引き上げを答申し[42]，それが実施された[43]。なお，法人税率の引き上げは，租税特別措置法上の時限措置として昭和59（1984）年と昭和61年の2回実施されたほか，とくに公益法人等，協同組合等の特別税率の引き上げについては，昭和60（1985）年にも恒久的な改正として1回実施された[44]。

その後，昭和61年10月には，新型間接税の創設を提唱した『税制の抜本的見直しについての答申』（税制調査会［1986］）が発表され，そのなかで，法人税率の引き下げ，中小法人に対する軽減税率とそれ以外の普通法人に対する税率との格差の縮小，配当軽課措置の廃止，法人の受取配当益金不算入制度の縮減などが打ちだされた。

答申は法人税負担水準の引き下げについての趣旨をつぎのように述べている[45]。

> 我が国経済，社会の国際化の進展を踏まえると，我が国の法人課税の負担水準が主要諸外国と比較してかけ離れたものとなるのは適当でなく，法人課税の税率水準について，財政事情等を考慮しつつ，中期的にみて実効税率が5割を下回る水準まで引き下げることが適当である。

また，軽減税率と基本税率との格差の縮小について，答申はつぎのように述べている[46]。

> 中小法人に対する軽減税率並びに公益法人等の収益事業及び協同組合等に対する軽減税率は，いずれも政策的観点から設けられているものであり，基本税率との格差を縮小する方向で見直しを行う。

配当軽課措置の廃止について，答申は，法人段階での二重課税の調整の効

果に対する疑問や，企業資本の充実という当初の政策目的にそくした効果の不明確性などを指摘したうえで，「……負担調整の方式としては，この際，配当軽課を廃止し，個人段階での調整にゆだねる方向で見直しを進めるのが適当であると考える。」[47]と述べている。ただし，負担調整方式の変更について，答申は，さきの『企業課税小委員会報告』と同様に消極的であり，選択肢として受取配当税額控除方式とインピュテーション方式をあげながらも，税務執行上の簡便性と，制度としての歴史的安定性を理由に，従前の配当税額控除方式の維持を適当としている。

さらに，法人の受取配当益金不算入制度の縮減について，答申は，「……企業の資産選択の実態等を踏まえると，法人が投資対象として保有する株式に係る配当についてまで益金不算入という取扱いをしなくてもよいのではないか」[48]との認識を示し，企業支配的な株式にかんする受取配当については，従前の益金不算入制度を維持する反面，その他のものについては，従前の取り扱いの見直しを実施することを適当としている。

この『税制の抜本的見直しについての答申』を盛り込んだ法案は，昭和63年12月に可決・成立し，答申の内容は，平成元(1989)年4月1日以降，2年間で段階的に実施されることとなった。具体的には，法人税の基本税率は42％から37.5％へ，中小法人の軽減税率は30％から28％へ，それぞれ引き下げられるとともに，配当軽課措置は廃止されることになった。また，受取配当益金不算入制度については，当該法人による株式等の保有割合が25％以上の株式等（特定株式等）に係る配当等を除き，その益金不算入割合を80％とすることとされた。ただし，平成元年4月1日から平成2年3月31日までの期間については，法人税の基本税率は40％，配当分は35％とされるとともに，受取配当益金不算入割合は90％とする経過措置が講じられた。

さらに，平成10(1998)年の改正では，法人税率の引き下げや，課税ベースの拡大をはじめとする改正が実施された[49]。

この時期には，懸案となっていた従前の制度の整理・合理化が実施され，「シャウプ税制」の確立以降，その法人税制度の「解体」へとむかっていた

第7章　『シャウプ勧告』以降の法人税制度の変遷

戦後税制の歩みは，ひとつの転換点をむかえた。しかしながら，それらの改革は，いずれも「現行法人税制度の基本的枠組みの堅持」を基本方針とした税制の部分修正にほかならず，首尾一貫した法人税制度の「再建」という目的は，事実上，棚あげにされてきた。その結果として，『シャウプ勧告』の法人税制度と現実の法人税制度との間に生じた乖離の多くは，こんにちにいたるまで修正されることなく放置されている。それらのうちの重要なものを列挙すれば，つぎのようになる。

- 配当課税にかんするもの
    受取配当に対する申告分離選択課税制度の採用[50]
    ２段階配当控除率の採用[51]

- 留保利益課税にかんするもの
    株式キャピタル・ゲインに対する分離課税制度の採用[52]
    普通法人の積立金に対する累積的利子付加税制度の欠落[53]

- その他
    ２段階法人税率の採用[54]

6　おわりに

このように，『シャウプ勧告』の法人税制度は，多くの改正をへて大幅に修正され，こんにちにいたっている。現行制度のもとでは，配当に対する課税については，なかば名目的な二重課税排除制度が存続されているにすぎず，留保利益課税にいたっては，その基盤とされたキャピタル・ゲイン全額課税制度すら大幅に後退している。しかも，首尾一貫した法人制度の再建は，現在においても，棚上げにされたままになっている。

前章で指摘したように，『シャウプ勧告』の法人税制度は，将来的にはよ

第Ⅱ部　『シャウプ勧告』の残した課題

り完全な制度へと移行しうるような「次善の制度」として提案されたものであった。しかし，より完全な制度への移行はもちろんのこと，実行可能な改革案として採用された法人税制度の定着という課題すら，いまだに達成されてはいない。

『シャウプ勧告』の発表以来，すでに半世紀以上の歳月が流れたいまもなお，法人税改革に残された課題は少なくない。

[注]

(1)『シャウプ勧告』の法人税改正勧告では，法人の積立金に対する累積的利子付加税の税率は，一般の法人については1％，同族会社については6％とされていたが，これらの税率は利子税としては低すぎるとの理由から，この改正では，一般の法人については2％，同族会社については7％（積立金のうち年50万円以下の金額については2％）とされた。くわしくは，吉国 [1996] pp. 67-69を参照されたい。

(2)『シャウプ勧告』の歴史的変遷については，大蔵省主税局 [1956]；松隈・日本租税研究協会 [1959]；北野 [1977] pp. 5-39；武田〔昌〕[1983]；佐藤・宮島 [1990]，また，とくに，『シャウプ勧告』の法人税制度の歴史的変遷については，武田〔昌〕[1979] pp. 76-429；金子 [1996] pp. 409-428；吉国 [1996] などがくわしい。なお，昭和40年代のわが国法人税制を，その歴史的背景と主要各国の税制改革の動向を織り交ぜながら詳細に論じた貴重な研究として，吉国・武田〔昌〕[1975] があげられる。

(3) 同族会社の積立金に対する利子税率について，前年の改正では，年50万円以下については，非同族の法人と同様の2％，年50万円超の金額については7％とされていたが，この改正において，非同族の法人の積立金に対する課税が停止されたことに伴って，同族会社の積立金についても年50万円以下の金額は非課税とされ，年50万円超の金額については適用税率を5％に軽減することとされた。なお，こうした改正がおこなわれた背景には，昭和25年6月の朝鮮戦争勃発に伴って急務となっていた経済の自立化と，それに不可な企業の資本蓄積にとって，利子付加税は有害であり，その課税の一時停止はやむをえないとの判断があったものみられる。くわしくは，大蔵省 [1956] pp. 60, 62；佐藤・宮島 [1990] p. 33；金子 [1996] p. 412；吉国 [1996] pp. 130-131を参照されたい。

(4) 法人の積立金に対する税率は，法人税法第17条第1項第2号の規定によって定め

られていたが，この改正では，法人税法本法のこの規定は廃止されず，かわって，租税特別措置法上に，同族会社を除く一般の法人の積立金を非課税とするむねの新たな条文（租税特別措置法第5条の6）が設けられた。この点で，非同族会社の積立金に対する同年の課税停止措置は，「緊急避難的な臨時規定」であったものと解される。たしかに，その後昭和29（1954）年には，特別措置法上のこの規定は廃止されるにいたるが，同年には，法人の積立金に対する課税を定めた上記の法人税法第17条の規定も削除されたため，結局のところ，非同族会社の積立金に対する課税は，1年間実施されただけで廃止されたことになる。くわしくは，吉国［1996］p. 131を参照されたい。

（5）法人税率引き上げの理由は，朝鮮戦争勃発後の特需景気による企業収益の顕著な増大，国際水準と比較した場合のわが国法人税率の低位性，さらに，所得税の大幅減税構想の台頭などであったが，特需の先行きへの不安や，資本蓄積が遅れていた多くの企業の実態を考慮して，価格変動準備金制度や退職給与引当金制度といった新たな制度の創設をつうじて，法人税の実質的負担増の緩和がはかられた。くわしくは，松隈・日本租税研究協会［1959］pp. 106-107；吉国［1996］p. 130を参照されたい。

なお，公益法人ならびに特別法人の税率は，35％のまま据え置かれた。このため，『シャウプ勧告』を契機として，いったんは統一された普通法人ならびに特別法人等の税率は，再度，区分されることになった。

（6）配当所得に対する源泉徴収制度廃止勧告の理由を，『シャウプ勧告』（Shoup Mission［1949］Vol. I, p. 113）はつぎのように述べている。

「現在，法人は，株主に支払った配当から20％の税を，法人税以外に，源泉徴収する義務を課されている。そのかわりに，株主は，みずからの所得税額から，配当に対する15％の税額控除以外に，この源泉徴収税額を控除することができる。しかし，35％の法人税と25％の控除の理論体系は，法人税を，法人利益に対する株主持分への大雑把な源泉徴収の一形態として取り扱うものである。それゆえ，第2の，しかも，形態の異なった源泉徴収の存在は理論的でもないし，必要でもない。」

源泉徴収制度復活の理由は，当時，野放し状態にあった配当所得者に対する課税を適正化することにあったが，のちに，配当所得に対する確定申告不要制度や源泉分離課税選択制度が導入・拡充されるに及んで，源泉徴収制度は，その本来の性格を転じて，配当所得軽課措置としての性格を帯びるにいたる。くわしくは，松隈・日本租税研究協会［1959］p. 98；武田〔昌〕［1983］p. 470；佐藤・宮島［1990］p. 32を参照されたい。

（7）この改正の目的は，『シャウプ勧告』にもとづいて実施された変動所得の課税方法

の簡素化をはかるとともに，少額の譲渡所得等を課税対象からはずすことによって，その負担を軽減することにあった。くわしくは，大蔵省主税局［1956］p. 93；松隈・日本租税研究協会［1959］p. 119を参照されたい。

(8) 有価証券の譲渡所得に対する所得税の課税廃止の理由は，この種の所得の正確な捕捉の困難性と，証券市場の育成にあたって，この種の所得の非課税が必要であるためであった。くわしくは，松隈・日本租税研究協会［1959］p. 119；佐藤・宮島［1990］p. 41；金子［1996］p. 413；吉国［1996］pp. 130-131を参照されたい。

(9) さらに，この改正では，法人の清算所得に対する法人税が復活された。すなわち，法人の清算所得については，従来，『シャウプ勧告』にもとづいて，法人税を個人所得税の源泉税と位置づけ，法人の解散または合併の場合の清算分配金のうち，株式または出資の取得価額を超える金額で，解散または合併時の積立金に対応する金額は，みなし配当とし，それ以外の部分は，株式または出資の譲渡による収入金額とみなして，株主個人の段階で課税してきたが，この改正によって，有価証券の譲渡所得に対する所得税の課税が廃止されることとなり，みなし譲渡所得としての課税はできなくなった（Shoup Mission［1949］Vol. I, pp. 112-113参照）。

有価証券の譲渡所得に対する所得税の課税廃止は，「シャウプ税制」に様々の影響を及ぼしたことになる。

(10) 『シャウプ勧告』で提案され，すでに実施にうつされていた包括所得税制度の大幅な後退を意味する点においても，この改正は重視されるべきであろう。

(11) この改正の目的は，資本蓄積政策のいっそうの強化にあった。くわしくは，吉国［1996］p. 202を参照されたい。

(12) 法人税率の引き下げの目的は，企業の資本蓄積を強化することにあったが，2段階税率が採用されるにいたった理由のひとつは，各種の引当金ならびに準備金や特別償却といった租税特別措置の活用による恩恵が，中小法人よりも大法人にかたよっており，中小企業の負担を軽減する必要があるとの見解が有力視されていたためであった。くわしくは，佐藤・宮島［1990］p. 56；吉国［1996］pp. 228-229を参照されたい。

なお，公益法人ならびに特別法人の法人税率は，35％から30％に引き下げられた。

(13) たとえば，当時の所得税の最高税率65％の適用をうける所得区分（500万円超）において，普通法人の個人株主は，100円あたり40円の法人税を課税されたのち，配当として受け取る60円について，65％の個人所得税の課税（39円）をうけるのと同時に，30％相当の配当控除（18円）の適用をうける。個人事業主は，同様の所得区分において，100円あたり65円の個人所得税を負担するのに対して，かれは，個人所得税ならびに法人税として，61円（40円＋39円－18円）を負担することになる。法人所得の完全配当を前提とすると，個人株主と個人事業主の負担は，所得税の限界税

第7章 『シャウプ勧告』以降の法人税制度の変遷

率55％（当時の税額表では，上位から第3番目の所得区分にあたる200万円超300万円以下の区分）のところで均衡し，これ以上の所得区分では，個人株主のほうが相対的に優遇され，これ以下の所得区分では，逆に，個人事業主のほうが優遇されることになる。

(14) 所得税の税率表の改正は，『シャウプ勧告』以降，ほぼ，毎年のように実施されていたが，とくに昭和32年の改正は最大規模のものとなった。ちなみに，この改正では，従来，15％だった最低税率の10％への引き下げと，65％だった最高税率の70％への引き上げが実施される反面において，税率の累進度を緩和するために，各税率が適用される所得限度の範囲が大きく拡大された。たとえば，改正前の最高税率65％の適用される所得区分は，従来の500万円超から3千万円超5千万円以下まで拡大されたのをはじめ，最低税率10％の適用される所得の最低限度額も，従来の3万円から5万円へと引き上げられた。

なお，昭和32年の税制改正の基礎とされた臨時税制調査会『臨時税制調査会答申』（昭和31年12月25日）の内容と，その答申が発表されるまでの審議の経緯については，松隈・日本租税研究協会［1959］pp. 157-167；佐藤・宮島［1990］pp. 75-78を参照されたい。

(15) かりに，昭和32年改正後の所得税率を前提として，改正前の配当控除率（30％）のまま，昭和32年改正後の所得税の税率表を適用したとすると，所得税の最高税率70％の適用をうける所得区分（5千万円超）において，普通法人の個人株主は，100円あたり40円の法人税を課税されたのち，配当として受け取る60円について70％の個人所得税の課税（42円）をうけると同時に，30％相当の配当控除（18円）の適用をうける。かれの個人所得税ならびに法人税の負担額は64円（40円＋42円－18円）となるため，個人事業主が，同様の所得区分において負担する個人所得税額70円を6円だけ下回ることになる。

(16) この場合，個人株主は，100円あたり40円の法人税を課税されたのち，配当として受け取る60円について50％の個人所得税の課税（30円）をうけると同時に，20％相当の配当控除（12円）の適用をうける。したがって，かれの負担は58円（40円＋30円－12円）となる。

(17) 普通法人に対する法人税率は，昭和33年の税制改正によって，年間所得200万円超の部分については38％，それ以下の部分については33％とされていた。

(18) この改正の目的は，借入金依存度の増大が指摘されていた当時のわが国企業の資本の充実という点にもとめられていたが，支払配当を軽課する一方で，受取配当を重課する上記の一連の改正の効果については，当初から疑問がもたれていたという。くわしくは，佐藤・宮島［1990］p.103を参照されたい。

(19) 昭和36年の税制改正の基礎とされた『当面実施すべき税制改正に関する答申（税

制調査会第一次答申)』(税制調査会［1960］pp. 8-9) は，抜本的改革を先送りした理由をつぎのように述べている。

「……これまでの検討の結果，配当に対する二重課税の調整を配当支払法人の段階で行なう方法が，この問題［企業の資本充実に資するための配当課税の改正問題：髙橋注］を解決するために有力な一つの方法であることを認めたが，この問題は，法人課税の根本の考え方に関連する問題であるばかりでなく，検討を進めるにつれて，企業の配当コストの引下げの方向にばかり重点を置きすぎると，その反面現行制度のもとで利益を受けている株主の利益が削減され，それがひいては，株主の投資意欲や株式市場に影響を与え，逆に企業の増資の阻害要因としてはねかえるおそれがあるという微妙な問題に直面した。」

なお，この答申の内容の詳細については，佐藤・宮島［1990］pp. 98-100；金子［1996］pp. 414-416；吉国［1996］pp. 302-303を参照されたい。

(20) 税制調査会［1964a］p. 15.
(21) グロス・アップ方式を，『「今後におけるわが国社会，経済の進展に即応する基本的な租税制度のあり方」についての答申』(税制調査会［1964a］p. 17) は，「法人段階源泉課税方式」と呼んでいる。なお，支払配当損金算入方式の採用を支持しない理由として，答申は，配当の受取段階での捕捉の困難性，配当控除制度ならびに受取配当益金不算入制度の廃止がもたらす株主への悪影響，内部留保充実政策との矛盾をあげている。
(22) 『昭和40年度の税制改正に関する答申及びその審議の内容と経過の説明』(税制調査会［1964b］p. 1) は，グロス・アップ方式への移行を見送った理由をつぎのように述べている。

「……法人段階源泉課税方式への移行については，企業の法人税負担と株主の所得税負担とを一体化して考えるより，むしろ企業負担に及ぼす影響という観点からのみ問題を取り上げる傾向が一般的であるので，現在の経済環境においては来年度から実施の方向に進むことには種々困難な問題があると認めた。」

(23) この改正の結果，普通法人の留保利益に対する法人税率は，年300万円以下の所得金額については31％（改正前33％），年300万円を超える所得金額については37％（改正前38％），公益法人および共同組合等については26％（改正前28％）となった。
(24) 税制調査会［1968］pp. 18-19.
(25) 税制調査会［1968］p. 19.
(26) 税制調査会［1968］pp. 19-20.
(27) 昭和43年の『長期答申』(税制調査会［1968］p. 20) は，安定した法人税制の確立のための基本的条件として，「……法人税制が社会・経済の実情に即したものとなり，経営者，投資家，一般納税者のそれぞれが理解しやすいものとなること」の必

要性を指摘したうえで，検討されるべき課題として，法人企業のもつ社会的・経済的な機能の評価とそれに即した法人税制度のあり方，留保と流出ならびに利子と配当に対する課税のあり方，さらに，負担の公平という観点に立った配当課税のあり方などをあげている。

(28) 配当所得に対する源泉徴収税率は，昭和38年には，租税特別措置法によって，5％まで引き下げられていた。

(29) 源泉分離課税の税率は15％とされ，総株式数の5％以上の株式を保有する大株主の配当や，1銘柄につき年50万円以上の配当は適用外とされた。また，確定申告不要制度の限度額は，1銘柄5万円とされた。

(30) くわしくは，佐藤・宮島［1990］p.146を参照されたい。

(31) この改正の目的は，資本金1億円以上の大法人については，軽減税率の適用を認めないことによって，中小法人の負担軽減という軽減税率採用の趣旨の徹底をはかることにあった。くわしくは，吉国［1996］p.414を参照されたい。

(32) ちなみに，昭和41年改正前の税額表と改正後の税額表はつぎのようになる。

	改正前		改正後			
			資本金1億円以下の法人		資本金1億円超の法人	
	留保分	配当分	留保分	配当分	留保分	配当分
(イ) 普通法人						
年300万円以下の所得金額	31%	22%	28%	22%	35%	26%
年300万円超の所得金額	37%	26%	35%	26%		
(ロ) 協同組合等	26%	19%	23%	19%		
公益法人等	26%		23%			

(出典：吉国［1996］p.414)

(33) 昭和45年における法人税率引き上げの目的は，社会福祉の充実や社会資本の整備などにあてる財源の充実のために，当時，持続的な好況を呈していた法人に対し，応分の負担をもとめることにあった。くわしくは，税制調査会［1970］；佐藤・宮島［1990］p.198, pp.203-204；吉国［1996］p.504を参照されたい。

(34) のちに述べるように，昭和49年改正では，この措置の期限が到来する昭和49年5月1日以降，基本税率を35％から40％に引き上げることとされた。

(35) 基本税率の増加率は約8.8％〔(40％−36.75％)÷36.75〕であるのに対して，配当軽減税率の増加率は約15.4％〔(30％−26％)÷26％〕であった。

(36) 税制調査会［1980a］「序」．

(37) 税制調査会［1980a］p. 30. なお，ここでとりあげた『企業課税小委員会報告』の要旨は，佐藤・宮島［1990］p. 355；吉国［1996］pp. 593-594においても解説されている。
(38) 税制調査会［1980a］pp. 53-54.
(39) 税制調査会［1980a］p. 55.
(40) 税制調査会［1980a］p. 55.
(41) 税制調査会［1980b］p. 24.
(42) 税制調査会［1980c］p. 5.
(43) この改正にいたる一連の経緯の詳細については，佐藤・宮島［1990］pp. 357-358；吉国［1996］pp. 592-594を参照されたい。
(44) 昭和59年の改正では，法人税の基本税率（留保分42％，配当分32％）は1.3％，中小法人の軽減税率（留保分30％，配当分24％）・協同組合等の特別税率（留保分25％，配当分21％）・公益法人等の特別税率（25％）は1％，昭和61年3月31日まで2年間にわたって，それぞれ上乗せされることになった。昭和61年の改正は，この時限措置を，昭和62年3月31日まで，さらに1年間延長するものであり，昭和60年に改正された協同組合等および公益法人等の特別税率については，改正後の税率に1％が上乗せされることとなった。なお，法人税率を上乗せする特例は，昭和62年の改正においては期限延長措置がとられなかったことから，昭和62年4月1日以降の法人税率は，本則の基本税率42％に戻ることとなった。
(45) 税制調査会［1986］「『答申』の要約」pp. 14-15.
(46) 税制調査会［1986］「『答申』の要約」p. 15.
(47) 税制調査会［1986］p. 59. なお，法人税の負担調整の是非について，同答申（税制調査会［1986］p. 58）はつぎのように述べて，負担調整の必要性を認めている。
「……企業の所有と経営とが分離した現実の経済，社会の実態からすれば，法人税は企業独自の負担と考えるのが適当であり，負担調整は不必要ではないかとの指摘もあるが，理論的には，法人所得は最終的には株主に帰属し，株主の所得の一部を構成することを考えれば，法人税と所得税との間で何らかの負担調整措置を講じる必要があると考える。」
(48) 税制調査会［1986］p. 59.
(49) この改正によって，普通法人の税率は3％引き下げられて34.5％とされた。なお，中小法人の軽減税率（800万円以下）・共同組合等の軽減税率・公益法人等の軽減税率は，いずれも25％に統一された。
(50) 上場株式等の配当については，15％（地方税を合わせて20％）の税率による申告分離課税制度を選択できる（租税特別措置法第8条の4）。
(51) 受取配当を含む課税総所得金額が1千万円以下の場合には，その配当金額の10％

> 第7章 『シャウプ勧告』以降の法人税制度の変遷

相当額を控除し，受取配当を含む課税総所得金額が1千万円を超える場合には，その超える部分の配当所得金額の5％相当額と，それ以外の部分の配当所得金額の10％相当額の合計額を控除できる（所得税法第92条）。ただし，証券投資信託の収益の分配については，別途規定されている（所得税法第92条第1項第1号ロ・第2号ロ・第3号ロ）。

(52) 上場株式等の譲渡益については申告分離課税とされ，15％（地方税を合わせて20％）の軽減税率が適用されている（租税特別措置法第37条の10）。かくして，現行の株式キャピタル・ゲイン課税制度は，『シャウプ勧告』のキャピタル・ゲイン全額課税制度よりも大幅に後退した内容のものとなっている。

(53) 『シャウプ勧告』で提案された普通法人の積立金に対する累積的利子付加税制度は，現行法人税法上，存在しない。現行法人税法において実施されている同族会社の留保金に対する特別課税は，同法において定められた留保控除額を超過する同族会社の留保金部分に対して，10％から20％の特別税率で課税する点において（法人税法第67条），『シャウプ勧告』で提案された普通法人の積立金に対する累積的利子付加税制度とは，その性質を異にするものと考えられる。なお，現行の同族会社の留保金課税制度の趣旨の詳細については，武田〔昌〕［1998］pp. 390-396を参照されたい。

(54) 普通法人および人格のない社団等については30％とされるが，資本金額ないし出資金額が1億円以下の普通法人，資本ないし出資を有しない普通法人および人格のない社団等の所得の金額のうち800万円以下の部分については22％とされている（法人税法第66条）。

第8章 『シャウプ勧告』と『アメリカ版シャウプ勧告』

1 はじめに

　『シャウプ勧告』の法人税制度は，前章で述べたように多くの改正をつうじて修正され，こんにちにいたっている。『シャウプ勧告』は法人税制度の定着を当面の課題としたが，そうした課題はいまだに達成されていない。この点で，歴史の歯車はシャウプ博士らの意図した方向から逸脱して回転してきたことになる。

　そもそも，『シャウプ勧告』の法人税改革の目標は，第6章（第4節）で指摘したように，「理想の制度」の実現ではなく，より簡素な「次善の制度」の定着に置かれていた。日本国内での実地調査や視察旅行をつうじて[1]，当時の税務行政の実態にふれたシャウプ博士らにとって，税制の公平性よりもその簡素性を優先したのは，むしろ当然の選択であったに違いない[2]。

　そのため，『シャウプ勧告』の法人改革にかんする提案は，「理想の制度」ないしは「より完全な制度」について詳述せず，その存在を示唆するにとどめている。

　本章では，「理想の制度」の手がかりをシャウプ博士の過去の研究成果のなかにもとめ，『シャウプ勧告』で提案された「次善の制度」と「理想の制度」との比較・検討を試みることとする。

第Ⅱ部 『シャウプ勧告』の残した課題

2 『アメリカ版シャウプ勧告』の特色

1 法人税の廃止勧告

　『シャウプ勧告』発表の12年前にあたる1937年，シャウプ博士らは，母国アメリカ合衆国において，*Facing the Tax Problem: A Survey of Taxation in the United States and a Program for the Future*と題された報告書（Shoup et al. [1937a]）を発表し[3]，そのなかで，『シャウプ勧告』の法人税改正案の「理想版」とも呼ぶべき内容の法人税改革構想を提案した。

　1935年から1937年にかけて，シャウプ博士は「二十世紀財団」（Twentieth Century Fund Inc.）の調査担当ディレクターとして，当時のアメリカ合衆国税制の調査研究を指揮している。報告書*Facing the Tax Problem*は，その調査研究の成果をとりまとめたものであった。

　この報告書は，全体で600ページ余に及ぶ膨大なものであり，「合衆国税制の調査ならびに将来にむけてのプログラム」（A Survey of Taxation in the United States and a Program for the Future）という，そのサブ・タイトルが象徴するように，そこには，1935年歳入法ならびに1936年歳入法による税制改正直後のアメリカ合衆国税制全般にかんする詳細な調査研究結果と[4]，それにもとづく独自の税制改革提案が示されていた。かれらの研究は，州税や関税をも含む当時のアメリカ税制全般に及び，その改善にむけての提案は多岐にわたっているが，それらのなかで，かれらが最も重視した提案のひとつは法人税の改革だった[5]。その構想は，法人所得を株主の所得とみなす点において，『シャウプ勧告』とまったく同様の立場をとりながらも，未実現の株式キャピタル・ゲインを課税する「棚卸法」（inventory plan）を採用し[6]，それと引き換えに法人税の廃止を提案する点において，きわめてドラスティックな内容のものだった[7]。

2 「棚卸法」の採用

報告書 *Facing the Tax Problem* において，法人税の廃止と引き換えに提案された「棚卸法」(inventory plan)[8]と呼ばれる新たな制度は，個人株主の所有する株式の株価を毎年測定し，その結果算出される価格差益を，株主の他の所得と同様に課税所得に算入し，総合課税の対象とするものである[9]。

「棚卸法」では，株価は，留保利益をはじめとする法人の経済力の増加をもたらす諸要素のあらわれとみなされている[10]。この見解によれば，未実現の株式キャピタル・ゲインを捕捉し，個人所得税の課税ベースに算入することによって，法人の留保利益中の株主持分は個人所得税の課税ベースに，完全にとり込まれることになり，留保利益の捕捉を目的とした法人税の課税根拠は失われる。

すでに第6章において指摘したように，個人所得税の源泉税としての法人税の存続と留保所得に対する利子付加税の創設などを柱とする『シャウプ勧告』の法人税制度の基盤は，実現キャピタル・ゲインの全額課税制度にもとめられていたが，報告書 *Facing the Tax Problem* では，それよりもすすんだ発生ベースでのキャピタル・ゲイン課税制度を意味する「棚卸法」を採用することによって，留保所得に対する株主持分をも含む株主所得への総合課税の実現がはかられているのである。個人株主と個人事業主間のより完全な公平の実現を目的とする点において，報告書 *Facing the Tax Problem* の法人税改革構想は，シャウプ博士らの「理想版」の改革構想とみられよう。

もっとも，「棚卸法」の実際の適用について，報告書 *Facing the Tax Problem* は，未実現キャピタル・ゲインへの課税の違憲判決やその実施上の困難性を予見して[11]，多様な対策を提案している。

まず，報告書 *Facing the Tax Problem* は，未実現キャピタル・ゲインへの課税の合憲性を確保するための憲法改正の早期実施を勧告したうえで，合憲性にかんする問題に決着がつくまでは「棚卸法」の適用を強制せず，その選択適用を納税義務者に認めることを提案する[12]。つづいて，報告書は，現行

憲法のもとで実行可能な代替案の検討にうつる。報告書はひとつのモデルとして，キャピタル・ゲインならびにキャピタル・ロスを実現時点で捕捉したのちに，それらを当該株式の保有期間に配分して，課税所得に算入または控除する方法をとりあげ，いくつかの応用例を示したうえで[13]，それぞれの長所と欠点を比較・検討する。ただし，これらの代替案は最終勧告案ではなく，あくまでも検討にあたいする有力案とされており，勧告案の最終的な決定は将来の検討にゆだねられている[14]。

3 『アメリカ版シャウプ勧告』の背景(1)—1935年ならびに1936年のローズヴェルトの大統領教書—

「棚卸法」の採用と法人税の廃止を骨子とする報告書 *Facing the Tax Problem* の革新的な改革構想には，1930年代中葉，いわゆる「第2次ニューディール期」のアメリカ合衆国連邦所得税制に対するシャウプ博士らの強い批判が込められていた[15]。

この時期における合衆国連邦所得税制の改革は，「アメリカにおける法人実在説の成立」[16]と呼ばれる1936年歳入法の成立によって，ひとつの頂点をむかえるが，その前夜の1936年3月3日およびその前年にあたる1935年の6月19日，ローズヴェルト（Franklin D. Roosevelt）大統領は，議会にあてた教書において，法人税の抜本的改革を立て続けに提案した。

まず，1935年の教書において，ローズヴェルト大統領は少数者への経済力集中の是正手段として，負担能力ならびに受益の程度に応じた課税の必要性を指摘したうえで，法人税については，法人実在説的見地に立脚した法人税率の累進化（最低税率10.75％，最高税率16.75％）を提案するとともに，持株会社の規制手段として，法人受取配当の全額課税を提案した[17]。これらの提案は議会の十分な支持をえられなかったため[18]，1935年歳入法における所得税改正は，大統領の提案からは大きく後退した内容のものとなったが，法人所得税の軽度累進化（最低税率12.5％，最高税率15％）と超過利潤税における2段階税率の採用（6％と12％），ならびに，法人受取配当の10％

第8章 『シャウプ勧告』と『アメリカ版シャウプ勧告』

益金算入という法人税および個人所得税の改正が，1935年歳入法に盛り込まれた。この所得税改正は，のちに1936年歳入法が1935年にまでさかのぼって施行されたため，実施にはいたらなかったが，法制度上は，比例税率による法人税と受取配当の全額益金不算入を特徴とする従来の法人擬制説的な法人税制度が[19]，いったんはくつがえされ，名目的とはいえ，法人実在説的特色を有する新たな制度が1935年歳入法において誕生したことになる。

翌1936年，退役軍人年金支払法の議会通過，ならびに，農産物加工税に対する違憲判決という予期せぬ事態に遭遇して[20]，追加的税収確保の必要にせまられたローズヴェルト大統領は，3月3日の補正予算教書（A Supplemental Budget Message to the Congress）において，新たな法人税改革案を増税策として打ちだした。この改革案は，既存の法人税（法人所得税，法人資本税，超過利潤税）を全廃したうえで，法人の留保利益に対して課税する留保利潤税を新たに創設するとともに，受取配当については，法人・個人を問わず，全額課税するという抜本的内容のものだった[21]。この改革案は，受取配当を全額課税とする一方，法人の支払配当については損金算入を認める点において，前年の教書に示された法人実在説的見地から一転して，法人擬制説的見地に立脚するものであった[22]。この構想によれば，留保利潤税の採用と受取配当への課税によって必要な税収が確保されるだけでなく，大規模な持株会社を利用した租税回避の道を封ずることになり，不公平の是正と既存の法人税制度の大幅な簡素化が達成されるはずであった[23]。

4 『アメリカ版シャウプ勧告』の背景(2)―1936年連邦歳入法―

ところが，ローズヴェルト大統領のこの法人税改革提案もまた，1935年の教書提案と同様に，議会の十分な支持をえられなかった。下院は，大統領提案をほぼ踏襲した法案を作成・可決したのに対して，上院は，留保利潤税による税収見積もりの不確定性をおもな理由にあげて，下院通過法案に強く反対し，留保利潤税の大幅な縮小と既存の法人税の存続，ならびに，法人税率

の引き上げ等を盛り込んだ修正案を可決した⁽²⁴⁾。結局のところ,両院協議会における妥協をへて成立した1936年歳入法では,既存の法人税（法人所得税,法人資本税,超過利潤税）と,法人の留保利益に対して軽度の税率で課税する留保利潤税が併存されることになり,いかにも不可解な法人税制度の誕生をみることとなった。

新制度のもとでは,留保利潤税の創設に伴って,個人の受取配当に対する従来の非課税制度は全面的に廃止されたが,存続とされた法人税（法人所得税,超過利潤税）では,従来の法人受取配当の非課税制度は完全撤廃されず,その15％だけを益金算入することとされた。しかも,法人所得税と超過利潤税の税率は,1935年歳入法の法人税改正を引き継ぐ形で軽度ながら累進化された⁽²⁵⁾。かくして,1936年歳入法による法人税改正は,ローズヴェルト大統領の当初の意図に反して,複雑きわまりないものとなった。

シャウプ博士らは,1936年歳入法によって実施されたこの法人税改革を強く批判した。

まず第1に,シャウプ博士らは,持株会社に代表される大規模法人の規制手段としての法人税率累進化構想の意義を問題にした。かれらによれば,そもそも,大規模法人を規制する必要性は確認されないし,たとえ,その必要があったとしても,規制手段として,法人税率の累進化という租税政策をもちいることは適当ではない⁽²⁶⁾。

第2に,シャウプ博士らは,1936年歳入法による法人税改革後も残される不公平の重大性を指摘する。かれらによれば,1936年歳入法による法人税改革の最大の目的は,法人の株主と,パートナーシップや個人企業の所有者との間の負担公平の実現をめざした点にあるが⁽²⁷⁾,留保利潤税を新設したうえで,法人税を存続させるにいたった1936年歳入法では,つぎの理由により⁽²⁸⁾,この目的は達成されない。

(1) 留保利潤税は,法人税の一部にすぎず,他の法人税として,法人所得税,法人資本税,超過利潤税が存在する。したがって,法人利

益の分配・未分配を問わず，株主には，パートナーシップや個人事業といった他の企業形態の事業主よりも重い負担が課されることになる。
(2) 欠損が生じた場合，個人事業主やパートナーには，他の所得からの控除が認められるが，現行法上，株主には欠損に対する持分を他の所得から控除することは認められていない。
(3) 個人のキャピタル・ゲインに対する課税では，現行法上，資産の保有期間の長さに応じて，負担を平準化するための調整措置が採用されている。しかし，配当については，たとえ，それが法人の所有資産のキャピタル・ゲインから支払われるとしても，株主の所得として全額課税される。
(4) 留保利潤税の税率を100％とすれば，企業は完全配当を強いられることになり，したがって，留保利潤税は公平の達成を可能にすることになろう。しかし，法人が利益の一部を留保し，この罰則税（penalty tax）を負担する道を選択する場合には，公平は達成されない。なぜならば，この場合の法人の負担額は，利益を全額配当する法人の大株主の負担額よりは少なく，少額の所得を有する株主の負担額よりは大きい。

「棚卸法」の採用と法人税の廃止を骨子とする報告書 *Facing the Tax Problem* の革新的な改革構想は，これらの批判にもとづくシャウプ博士らの新たなる税制改革提案なのである。博士らは，みずからの信念に最も忠実な改革構想を示すことによって，当時のアメリカ税制の混乱を指摘するとともに，そのむかうべき理想を示そうとしたのである[29]。

第Ⅱ部　『シャウプ勧告』の残した課題

3　ふたつの報告書の比較検討

1　共通点：法人税改革の目的

　報告書 *Facing the Tax Problem* に示されたシャウプ博士らの法人税改革の理念ないし目的は基本的に修正されることなく，のちの『シャウプ勧告』に引き継がれている。たとえば，持株会社に代表される大規模法人の規制手段として税制を利用することへの批判は，『シャウプ勧告』では，本書第6章（第2節第1項）において述べた法人擬制説的法人本質観の表明を含んだ，つぎのような勧告となってあらわれている[30]。

　　法人は，追加的財源をもとめる立法者にとって，ある種の宿命的な魔力を，つねに有するものである。法人は非人的実体（impersonal entities）であり，たいていの場合，他の種類の納税者ほど強い政治的な主張を唱える能力を有しない。株主は，比較的少数であり，かれらですら，租税の影響を直接に感じることはない。かくして，日本のみならず他の諸国においても，法人に対しては，ほとんど経済的な根拠または理論らしいものもなく，たんに政治的にみても支配的であり，税務行政上も容易であるうえに，多くの税収をあげられるという理由から，重い課税がおこなわれている。……［中略：髙橋注］……しかし，法人は，根本的には，所定の事業を遂行するために作られた個人の集合の一形態にすぎない。もし，法人が不当に大きくならず，また，法律によって定められた規則に適切な注意をはらいつつ運営されるとするならば，元来，個人を奨励して法人形態を利用させる理由もなければ，また，法人形態の利用を妨げる理由もない。したがって，普通は，個人企業形態による事業よりも非常に重い税を，法人形態による事業に課すことは適切でないし，その逆も適切ではない。このような差別待遇は，実際，生産に最も能率的な形態または組織を離れて，税負担のより軽い形態または組織の方向へむかう動きを引き起こすことによって，経済活動の能率を害する傾向がある。

　上記の勧告において，シャウプ博士らは，法人に対する税制上の差別的取

り扱いの不合理性とその弊害の重大性を述べて，異なる企業形態間の課税の公平性を確保することの重要性を説いている。法人税改革にかんするシャウプ博士らの理念と目的は，この点において一貫している。

2　相違点：キャピタル・ゲイン課税制度の相違

ふたつの勧告書において，個人企業と法人企業間の租税負担の公平の達成を目的とした税制の不可欠の要素とされたのは，『シャウプ勧告』のなかで繰り返し指摘されていたように，留保利益課税の代替的手段としてのキャピタル・ゲイン課税制度であった。シャウプ博士らの見解によれば，株式キャピタル・ゲインは法人の留保利益のあらわれにほかならなかった。したがって，各株主の株式キャピタル・ゲインは，本来，その発生時点で捕捉・課税されねばならない。

もしも，株式キャピタル・ゲインが所得税法上非課税とされれば，法人の留保利益中の株主持分に対する所得税の課税は永久に放棄されることになり，株主は株式を売却することによって，常時，その持分を無税で手に入れることができる。しかも，実現キャピタル・ゲインの全額がたとえ課税されるとしても，株主は株式を売却しない限り所得税を課税されず，事業所得について個人所得税を一時に納付しなければならない個人事業主と株主との間の差別的待遇は残されるのである。

この差別的待遇を解消するために，報告書 *Facing the Tax Problem* では，株式キャピタル・ゲインを発生時点で捕捉・課税する「棚卸法」が採用された。報告書によれば，「棚卸法」の適用によって，法人の留保利益は完全に捕捉され，株主の所得として課税されることとなる[31]。そもそも，「棚卸法」の適用による法人の留保利益の完全捕捉と，株主の支払配当の完全捕捉を前提とする限り，法人所得に対する直接的課税の必要性はいっさい認められない。留保利潤税をはじめとする法人税のいっさいの全廃を勧告した報告書 *Facing the Tax Problem* の法人税廃止論は，かくして，留保利益捕捉手段としての「棚卸法」を基盤として形成されていたものとみられる。

一方,『シャウプ勧告』では,「棚卸法」よりも後退した実現キャピタル・ゲイン全額課税制度が採用された(32)。この制度のもとで課税されるキャピタル・ゲインは実現キャピタル・ゲインに限定され,未実現キャピタル・ゲインは課税所得から除外される。キャピタル・ゲインを留保所得のあらわれとみるシャウプ博士らの見解によれば,法人の留保利益に対する課税は,株主がたとえ株式を売却するとしても,その売却によるキャピタル・ゲインの実現時点まで延期されるのであり,株主が株式を保有し続ける限り,法人の留保利益中のかれの持分は永久に捕捉されないことになる。

『シャウプ勧告』では,これらの欠点を緩和するための措置が講じられている。まず,『シャウプ勧告』で採用された留保所得に対する累積的利子付加税制度は,本書第6章(第2節第2項)において指摘したように,利益の留保に伴う所得税の延納から生じる株主の利益を相殺することを目的とするものであった。さらに,個人所得税の源泉税としての法人税は,株主の配当所得に対する源泉課税という目的以外に,実現基準という現実的制約のもとで捕捉に不確実性が残される法人の留保利益に対する源泉課税という目的をも与えられていたものとみられる。

このように,報告書 Facing the Tax Problem と『シャウプ勧告』の法人税制度は,いずれも,法人の留保利益捕捉手段としてのキャピタル・ゲイン課税制度を基盤として形成されているのである。すなわち,ふたつの勧告書における具体的な勧告内容の相違は,基盤とされたキャピタル・ゲイン課税制度の相違に由来しているのである(33)。

4 ふたつの報告書の相互関連性(1)―宮島教授の指摘―

1 報告書 Facing the Tax Problem の「惨憺たる結果」

『シャウプ勧告』と,1930年代のアメリカ連邦税制の歴史とのかかわりを説く宮島 洋教授は(34),『シャウプ勧告』の法人税改革案誕生の歴史的背景

として，『アメリカ版シャウプ勧告』たる報告書*Facing the Tax Problem*が
「惨憺たる結果」[35]に終わった事実を重視している。

そもそも，報告書*Facing the Tax Problem*は，すでに本章（第2節第1項）において指摘したように，アメリカ合衆国における理想の税制改革の実現をめざしたシャウプ博士らの膨大な調査研究の成果だった。しかし，「棚卸法」の採用と法人税の廃止を骨子とする報告書の改革提案は，その後のアメリカの税制改正をつうじて，まったく受け入れられなかった。ちなみに，1938年ならびに1939年の恐慌期における連邦歳入法改正では，産業界の強いニューディール批判を背景に，留保利潤税の廃止をはじめとする法人税改革が実施され[36]，1936年歳入法で成立した法人税制度は短期間のうちに大幅な修正をうけたが，報告書*Facing the Tax Problem*の改革提案は，まったく日の目をみることはなかった。

宮島教授によれば，『シャウプ勧告』の法人税改正案は，1930年代におけるアメリカ税制のこうした歴史とシャウプ博士らの経験に裏付けられたものなのである。

2　「棚卸法」の問題点

報告書*Facing the Tax Problem*を「惨憺たる結果」に導いた原因のひとつとして，宮島教授は，「棚卸法」の税務行政上の困難性をあげている[37]。

「棚卸法」の特色は，すでに本章（第2節第2項）で指摘したように，株式キャピタル・ゲインを，留保所得をはじめとする法人の経済力増加の諸要素のあらわれとみて，個人株主の所有する株価を毎期測定し，その差益を課税所得に算入する点にあった。宮島教授は，そうした「棚卸法」の税務行政上の困難性についてつぎのように指摘する[38]。

> 富裕税のように納税人員がごく少数である場合には棚卸法の適用は可能であるが，これをキャピタル・ゲイン課税に全面的に適用しようとすれば税務行政上の困難は避け難いものになるということである。

199

宮島教授は，ここで，「棚卸法」の全面適用に伴って生じる税務行政上の困難性の重大性を指摘している。実際，「棚卸法」の全面適用を前提とした場合，その適用対象は，わが国の全個人株主が当該期間に保有する全株式に及ぶことになる。しかも，納税者たる各株主は，所有する株式のすべてについて，期首ならびに期末の適正な時価を測定し，各株式の差益を正確に計算することをもとめられることになる。たしかに，「棚卸法」の適正な執行を確保することは，当時の税務行政の水準を前提とする限り，けっして容易ではなかったに違いない。

　ちなみに，宮島教授の見解によれば，『シャウプ勧告』において「棚卸法」が採用されなかった背景には，そうした「棚卸法」の税務行政上の困難性が存在する[39]。

3　法人税廃止勧告の結末

　報告書 *Facing the Tax Problem* を「惨憺たる結果」に導いた，もうひとつの原因は，宮島教授の見解によれば，「……法人税の全廃のような従来の税制を基本的にくつがえす勧告が1936年歳入法でも示されたように現実性を著しく欠いていたから」[40]である。

　すでに本章（第2節第3項）で指摘したように，法人の支払配当に対する二重課税調整方式として支払配当控除方式をとる1936年のローズヴェルト教書の税制改革提案では，留保利潤税の導入と引き換えに，既存の法人税の廃止が提案されていたが，この提案は，当時のアメリカではまったく受け入れられなかった。宮島教授の見解によれば，この事実は，法人税廃止というあまりにもドラスティックな提案の非現実性を裏付ける点で重要である[41]。すなわち，同教授の見解によれば，報告書 *Facing the Tax Problem* による法人税廃止提案は，そもそも，非現実的なものであったのである。

　くわえて，宮島教授は，シャウプ使節団の基本方針として，「……歴史的裏付けをもつその国特有の税制は基本的に維持すべきであること，そして，そうした税制を根本から覆してまったく別な税制を打ちたてることは望まし

いことではないし，またできることでもないこと」[42]が尊重されていた事実を紹介し，そうした基本方針は，法人税の全廃を勧告した報告書*Facing the Tax Problem*の「惨憺たる結果」からシャウプ博士らが学びとった新たな教訓にほかならず，「税制の歴史的性格」[43]に対する博士らの認識の深化を反映するものと理解する[44]。そうした理解によれば，『シャウプ勧告』において，法人税の部分統合を意味する受取配当控除方式を選択したシャウプ博士らの判断は，報告書*Facing the Tax Problem*の「惨憺たる結果」に由来していたことになる。

かくして，宮島教授の見解によれば，『シャウプ勧告』の法人税改革構想は，シャウプ博士らが，「アメリカにおける苦い経験」[45]からえられた教訓にそくして，みずからの理想に改良を施した「改良版」の改革構想にほかならなかったことになる。

5 ふたつの報告書の相互関連性(2)―シャウプ博士の証言―

宮島教授のこれらの指摘を，シャウプ博士と筆者との会談の記録（Takahashi [1984]）にもとづいて検証してみよう。なお，以下では，論述の便宜上，『シャウプ勧告』の基本目的や基本構想をはじめとする基礎的問題から順を追って，博士の証言内容を紹介することにする。

1 シャウプ使節団の目的

『シャウプ勧告』の目的は，その序文（Foreword）に要約されているが，シャウプ博士は当時をふりかえりながら，シャウプ使節団の目的をつぎのように説明している[46]。

> 基本目的は，実行可能かつ公平であり，しかも，優れた税制にかんする近代的思想と調和した税制を導入することだった。もちろん，われわれは納税の問題に直面した。1949年当時，税制はひどく混乱していた事実を忘れては

ならない。……［中略：髙橋注］……ひどく粗雑な方法がもちいられていたのであって，それは，時として強制的なものであった。だれもが不幸であった。その状況の混乱の程度を，人々は理解していないように，わたしには思われた。そこで，われわれが追求したのは，単純かつ実行可能で，しかも，公平にかんする一般的基準によって運営できるなんらかのものを手に入れることであって，文字によって確認できる基準を伴わない，場あたり的で不公平な制度をとりかえることだった。当時の納税者は，自分の納税額すら知りえなかった。納税者の納税額は，税務当局の手で決定されていたのである。すべてのことがひどく混乱していた。そこで，われわれは秩序を回復しようとしたのである。そうするうちに，われわれは正しい方向を示し，もしも日本国民が望むならば，理想的な租税へと発展しうるものを提示することができるかもしれないと考えるようになった。これこそが，われわれが，実際にやろうとしたことだった。この序文［『シャウプ勧告』の序文のこと：髙橋注］において，われわれが記したように，われわれ使節団の主要な目的は，日本における恒久的な税制を立案することだった。そして，当座の財政問題をこえた問題の検討に重点が置かれていた。しかし，われわれは，当該年度および次年度の対応も詳述した。われわれが記したように，この長期計画には，ふたつの選択肢があった。ひとつは，所得やそれ以外の外形的標準にもとづくある種の幼稚な税制である。これは，だれもが理解可能なほど極度に単純なものである。他方，これよりは複雑だが，研究し，かつ，関心をもつことによって，日本人が理解可能な制度を提案することもできた。視察や，他のメンバーとの話し合いをつうじて，日本国民の有する高度の教養と知性をもってすれば，より複雑な税制を容易に運営しうるとの結論に，われわれは苦もなく到達した。それゆえに，われわれは，幼稚な税制についてはなんら論ずることなく，いくぶん複雑ではあっても不必要に複雑ではなく，基本的に健全な制度を提案したのである。

　シャウプ博士は，ここで，所得税中心主義にもとづく改革構想を選択した根拠を，『シャウプ勧告』で記述したよりも詳細に述べている。それによれば，博士らの決断を導いた決定的な要因は，かれらが理想とする所得税の将来性にかんする展望をえたことにある。日本全土に及ぶ調査旅行や実地調査

は，けっして形式的なものではなく，所得税の税務行政の成否の見通しを，現実にそくして的確に判断するうえで不可欠の作業とみなされていた事実を，上記の証言は端的に物語っている。

2　マッカーサー元帥からのガイド・ラインとシャウプ使節団の独立性

　シャウプ博士は，『シャウプ勧告』の立案・作成にあたって連合軍総司令部（GHQ）から課された制約について，つぎのような興味ぶかい証言をおこなっている[47]。

>　……われわれには，いかなる制約も課されなかった。……［中略：髙橋注］……日本に到着した翌日，マッカーサー元帥から会見の申し出をうけたおりに，元帥は，われわれの活動にはなんら制約を課さないことを強調した。……［中略：髙橋注］……われわれには必要なものすべてが与えられた。日本国内の交通手段が，われわれには必要だったが，GHQは列車と自動車を用意してくれた。しかし，GHQのメンバーからなんら指示をうけたことは，だれも，ただの一度もなかった。われわれは完全に自由だったのであり，軍のだれからも干渉されることなく，報告書の作成にあたった。……［中略：髙橋注］……われわれは，任務を完了すると，報告書を元帥に提出したが，GHQはなんの変更ももとめず，われわれが作成した報告書を受け取った。もちろん，GHQは，他の多くの仕事に忙しく，税制のように技術的な問題への介入を望んではいなかった。任務の遂行を一任されたことは，われわれにとって幸運であった。みなさんにとって興味ぶかい事実を付言しておこう。訪日した翌日に元帥と会談した際に与えられた唯一の命令は，「どうか，日本をモルモットにしないで欲しい。」というものだった。科学実験でもちいるモルモットのように，機に乗じて奇妙な実験をしないよう，元帥はもとめたのだった。当時，そんなことをしようとは考えていなかったので，わたしは元帥の命令を受け入れた。それが唯一のガイドラインだった。

　従来，『シャウプ勧告』は，しばしば，シャウプ博士らの独自の租税理論

の「実験」[48]とみなされてきた。しかしながら，上記の証言は，『シャウプ勧告』が，文字どおりの「実験」ではなかったことを示している。すなわち，シャウプ博士によれば，シャウプ使節団に与えられた唯一の命令は，「日本を実験台にしないで欲しい。」という内容のものであり，この命令をまもることを条件に，かれらは「必要なものすべてが与えられた」のであった。しかも，博士の証言によれば，博士の側には，わが国を「実験台」にしようという意図はまったくなかった。そこで，博士は上記の命令を受け入れ，わが国における恒久的税制の立案という，みずからの使命の達成に，だれからの干渉もうけることなく努力したのである。

3　課税の公平性と中立性の重視

　法人税改革にかんする報告書 *Facing the Tax Problem* の理念ないし目的は，すでに本章（第3節第1項）で指摘したように，ほぼそのまま『シャウプ勧告』に引き継がれている。課税の公平の実現を重視し，その実現のために政策性を排除しようとする方針をシャウプ博士が一貫して堅持していた事実は，つぎの証言からも確認される[49]。

　　　おおむね，税制は，歳入の公平かつ効率的な調達を目的として立案されるべきである。かりに，輸出の増大をはかろうとするなら，円を切り下げればよい。それこそが輸出増大の方法である。なにゆえに，税制を歪める必要があろうか？あらゆる種類の経済目的の達成のために税制を利用しようとする一般的傾向がみられるが，結局のところ，交換レートのように，よりよい手段が存在する。この傾向は税制に歪みをもたらし，税制を不公平で非効率的なものにしてしまう。

　　　税制を，あらゆる種類の経済政策の手段にしようという試みについて，われわれは慎重でなければならない。なぜならば，もしも，そうしようとするならば，税制の執行は困難となり，準拠性は失われ，税制を非常に複雑化してしまうからである。

4 法人税の統合

報告書 *Facing the Tax Problem* と『シャウプ勧告』の法人税改革構想に共通する法人擬制説的法人本質観を，シャウプ博士はつぎのように説明する[50]。

> ［法人を擬制（fiction）とみる見解について：髙橋注］フィクション（fiction）という用語は乱暴だが，しかし，租税を支払うのは法人それ自体でないことは，たしかである。租税を支払うのは，つねに人間である。それゆえに，われわれは法人ではなく，人間を捕捉しなければならないと考えた。ここで，人間とは，法人の生産物の消費者か，または，法人の株主である。かれらこそが，租税の実質的負担者なのである。

ここに示された見解によれば，法人には独自の担税力は認められず，法人税は究極において個人に帰着する。したがって，個人所得税から独立した法人税の存在は認められず，法人税はそれが存在するとしても，個人所得税の源泉税としての意義しか認められない。この証言は，法人税と個人所得税の統合を主張するシャウプ博士らの論拠を端的に示している。

さらに，『シャウプ勧告』において法人税の統合を採用した根拠を，シャウプ博士はつぎのように説明する[51]。

> われわれは，法人を，利益の流れる導管（conduit）とみなした。われわれは，利益の行き先をみつけようとした。法人の利益は遅かれ早かれ株主に行き着くものである。そこで，われわれは，株主を累進税率制度で捕捉しようとしたのである。

統合方式としては，報告書 *Facing the Tax Problem* で採用された方式の方が理想的であるにもかかわらず，『シャウプ勧告』では受取配当控除方式を採用した理由について，シャウプ博士はつぎのように説明する[52]。

もちろん，法人税の廃止を，われわれは勧告しなかった。なぜならば，それは，あまりにドラスティックな方法だったからである。そのかわりに，われわれは，多少幼稚な統合方式をもちいようとした。それは，完全な統合制度ではなく，受取配当控除方式だった。完全統合は，当時の日本にとってあまりに複雑すぎたのだ。

　報告書*Facing the Tax Problem*の勧告は，より複雑なものだった。たとえば，報告書*Facing the Tax Problem*の勧告のひとつは，キャピタル・ゲインの発生時点における課税，ならびに，キャピタル・ロスの発生時点における控除だった。この方法は，株式の売却を待たずに，株式の評価を各年，あるいは2年ないしは3年ごとに実施するものだった。価額の変化を測定し，それを課税したり，あるいは損失を控除したりするのである。日本にとって，それはあまりに複雑すぎると，われわれは考えた。報告書*Facing the Tax Problem*の勧告の多くは，日本において勧告されたものよりも複雑な水準にあるといえるのである。

　これらの証言によれば，当時のわが国において，法人税廃止勧告は，あまりにドラスティックであるばかりでなく，「棚卸法」の実施もまた，その複雑性ゆえに非現実的であるとの認識が，シャウプ博士の側に存在したことになる。つまり，宮島教授によって指摘されたように，『シャウプ勧告』の統合方式の決定にあたって，シャウプ博士らは，「法人税廃止案」と「棚卸法」の実行可能性を問題としていたのである。

6　おわりに─会計発展の重要性─

　しかしながら，『アメリカ版シャウプ勧告』たる報告書*Facing the Tax Problem*の法人税改革案の実行可能性を否定し，『シャウプ勧告』の法人税改革案を報告書*Facing the Tax Problem*の「惨憺たる結果」の反省をふまえて作成された「改良版」の改革構想とみなす見解に対しては，シャウプ博士はつぎのような反論を述べる[53]。

第8章　『シャウプ勧告』と『アメリカ版シャウプ勧告』

　報告書*Facing the Tax Problem*に示されたわれわれの提案は，アメリカ合衆国では実行可能だったが，敗戦直後の日本では実行不可能だった。理由は帳簿記録の困難性などにあった。たとえば，戦時中に購入された財貨の原価を調査することは，1949年当時の日本では非常に困難だった。記録が失われていたし，会計は合衆国ほど高度には発達していなかった。それゆえに，われわれは，報告書*Facing the Tax Problem*は1930年代のアメリカ合衆国では実行可能だが，1950年代の日本では実行不可能であると考えたのである。……［中略：髙橋注］……会計や社会の環境，企業の環境など，すべてが異なっていた。そこで，われわれは，税制をそうした環境に適合させようとしたのである。……［中略：髙橋注］……それら［報告書*Facing the Tax Problem*と『シャウプ勧告』のこと：髙橋注］は，その実質において異なっているのである。それらは，環境の異なる，とくに会計の発展段階の異なる別々の国のために立案されたのである。……［中略：髙橋注］……報告書*Facing the Tax Problem*の勧告が，一般に受け入れられなかったのは事実である。直後に戦争が勃発したことを忘れてはならない。増大した巨額の歳入を調達するための膨大な仕事が待っていた。それは，報告書*Facing the Tax Problem*をわれわれが立案した時点とは，まったく異なった環境だった。1949年の使節団で，報告書*Facing the Tax Problem*について，われわれが多くを語り合った記憶はない。報告書*Facing the Tax Problem*は租税にかんする多くの書物や報告書のうちのひとつにすぎない。ブラフ（R. Blough）とニューカマー（M. Newcomer）のふたりが報告書*Facing the Tax Problem*の共著者だが，かれらは，日本への使節団の団員ではなかった。双方に関与したのは，ただひとり，わたしだけだった。報告書*Facing the Tax Problem*は10数年も前のことだった。だから，報告書*Facing the Tax Problem*について，1949年の夏にわれわれが大いに議論したとは思えない。状況がまったく相違していたのだ。1949年の報告書［『シャウプ勧告』のこと：髙橋注］に報告書*Facing the Tax Problem*の結末が反映されているとはわたしは思わない。2冊の書物はまったく別のものだ。……［中略：髙橋注］……日本においてわれわれが直面したのは，特定の時代における特定の国の特有の問題だったのであり，われわれは，租税の一般原則をもちいてそれを具体化し，日本においてなされるべきことを明示しなければならなかったのである。

第Ⅱ部　『シャウプ勧告』の残した課題

　これらの証言のなかで，シャウプ博士は，「棚卸法」の採用と法人税の廃止を骨子とした報告書*Facing the Tax Problem*の勧告の実行可能性を主張し，『シャウプ勧告』を，この報告書の「惨憺たる結果」の反映とみる見解を否定している。博士の見解によれば，報告書*Facing the Tax Problem*と『シャウプ勧告』の統合方式の相違は，日米両国の税制を取り囲む当時の様々な環境の相違，なかでも，所得計算に不可欠な会計の発展段階の相違に由来するものと理解されるべきなのである。

[注]

（1）これらの活動については，高石［1971］pp. 104-140；大蔵省［1979］pp. 429-446；福田［1985］pp. 451-454；福田・井上［1988］pp. 206-248などを参照されたい。
（2）すでに本書第Ⅱ部第6章注30で言及したとおり，租税の簡素性と公平性について，『シャウプ勧告』（Shoup Mission［1949］Vol. I, p. 18）はつぎのように述べている。その内容の重要性に鑑み，あえて以下に再録することとする。
　「かかる具体的な勧告を作成するにあたって，われわれは簡素と公平との間の基本的対立関係を念頭に置いてきた。われわれは，しばしば，よりいっそうの公平の追求を犠牲にして簡素性を優先することはあったが，両者の間の合理的均衡をはかることにつとめた。……［中略：髙橋注］……生まれてはじめて直接税をおさめる多くの個人のためには，二者択一に迷った場合，簡素を選ぶべきだというのが，われわれの見解である。」
（3）『シャウプ勧告』の法人税ならびに個人所得税改革構想誕生の背景と，アメリカ合衆国連邦税制の史的発展とのかかわりの究明を目的とした貴重な研究は，宮島［1972a］；宮島［1972b］にとりまとめられている。
（4）報告書*Facing the Tax Problem*のとりまとめの過程で作成された研究記録は，Shoup et al.［1937b］に収録されているが，この文献もまた，全体で300ページ余に及ぶ膨大な内容のものとなっている。
　なお，研究記録集とも呼ばれるべきこの文献には，7件の調査研究が収録されている。そのなかには，シャウプ博士とともに来日し，『シャウプ勧告』の執筆にたずさわったヴィックリー（W. Vickrey）教授の研究 "A Comparison of Aggregate Burden of Federal Income Tax and State Income Tax in Eleven Selected States"（Shoup et al.［1937c］）ならびに "Estimating Income and Estate Tax Yields"（Burr et al.［1937］）

も掲載されている。
（5）調査研究の結論ならびに具体的な税制改革提案は，3人のディレクター（編著者とされるシャウプ（C. S. Shoup），ブラフ（R. Blough），ニューカマー（M. Newcomer）によるもの（第3編第25章，第26章）と，財団の特別委員会によるもの（第4編第27章）に区分して掲載されている。それらの内容に基本的な相違はみられないが，前者は租税制度全般にわたるものであるのに対して，後者はとくに重要性が高いと判断された事項についての個別的かつ具体的改革案であり，企業課税にかんする多くの勧告が含まれている。
（6）Shoup et al.［1937a］pp. 398, 477-478. シャウプ博士をはじめとする3人のディレクターの見解をとりまとめた第3編第25章「結論」（Shoup et al.［1937a］pp. 397-398）では，最善の改革案として，分配・未分配の区別なく法人利益全体に対する株主持分に個人所得税（付加税を含む）を課税する方法と，「棚卸法」のふたつが提案されている。
（7）宮島［1972b］p. 178は，当時のアメリカ税制の抜本改革を提案したこの報告書の勧告内容に注目し，この報告書を『シャウプ勧告』になぞらえて，「アメリカ版『シャウプ勧告』」と呼んでいる。その表現は，きわめて的確なものと判断されることから，本書においても，『アメリカ版シャウプ勧告』という呼称をもちいることとする。なお，法人税の廃止勧告については，たとえば，Shoup et al.［1937a］p. 483を参照されたい。
（8）Shoup et al.［1937a］p. 478.「棚卸法」の具体的適用方法について，報告書 *Facing the Tax Problem* は，①上場株式の場合，②非上場株式の場合，③売却済株式の場合に区分して，採用されるべき手続きを詳述し，とくに，キャピタル・ロス控除の重要性を強調している。くわしくは，Shoup et al.［1937a］pp. 477-478を参照されたい。
（9）Shoup et al.［1937a］p. 478.
（10）報告書 *Facing the Tax Problem* で採用された「棚卸法」の特色については，井藤［1951］pp. 17-18で，くわしく紹介されている。なお，宮島［1972b］pp. 182, 185によれば，『シャウプ勧告』で採用された富裕税は「棚卸法」のひとつの応用形態であり，発生時点におけるキャピタル・ゲインの捕捉という役割が富裕税に対して期待されていた。
（11）報告書 *Facing the Tax Problem*（Shoup et al.［1937a］p. 479）は，株式の売買や交換による「分離」（separation）以前の株価の変動を「所得」とはみなさないとした最高裁判所判決の存在を指摘しているが，これはかの有名な1920年のEisner v. Macomber判決をさしているものと推測される。なお，Eisner v. Macomber事件については，佐橋［1972］pp. 17-21を参照されたい。
（12）Shoup et al.［1937a］pp. 479-480. この選択方式によれば，納税義務者は，実現キ

ャピタル・ゲインの全額課税ならびに実現キャピタル・ロスの全額控除制度と,「棚卸法」とのうちのいずれか有利な方法を選択できることになる。
(13) Shoup et al.［1937a］pp. 480-483. 代替案は，まず，キャピタル・ゲインが配分される期間ごとに税金を追徴または還付する方法と，各期の追徴額または還付額をキャピタル・ゲインの実現時点でまとめて清算する方法とに二分され，さらに，これらの方式を組み合わせてもちいる第3の方式が追加されている。なお，キャピタル・ロスについては，いずれの方法においても，キャピタル・ゲインによって完全に相殺されるまで繰り延べられるべきこととされ，物価水準の変動による名目的利得は課税所得から除外すべきこととされている。
(14) Shoup et al.［1937a］p. 480.
(15) ここでとりあげるニューディール期におけるアメリカ合衆国の連邦所得税の歴史の詳細については，野津［1939］pp. 191-562；宮島［1972a］；宮島［1972b］；畠山［1975］；畠山［1976］がくわしい。

　なお，アメリカ合衆国連邦所得税の課税理論を分析した貴重な研究として，水野［1988］があげられる。
(16) 宮島［1972b］p. 180.
(17) Rosenman［1938］Vol. 4, pp. 270-277；野津［1939］pp. 429-435；畠山［1975］pp. 55-56. この教書に示されたローズヴェルト大統領の税制改革案は，「富の再配分計画」としてひろく知られている。この改革案は，ここでとりあげた法人税改革以外にも，相続税の新設，贈与税の強化，付加所得税率の累進性の強化，さらには，持株会社課税といった問題にも及んでいた。
(18) のちに述べるように，下院は，大統領の提案にほぼ即した法案を作成・可決したが，上院は，大幅な修正案を作成・可決した。上院ならびに下院における法案審議の過程の詳細については，野津［1939］pp. 435-456；宮島［1972a］pp. 225-232；畠山［1975］pp. 52-53を参照されたい。
(19) ちなみに，法人税率は，1909年における法人消費税（corporation excise tax）の採用以来，一貫して比例税率（1935年当時は，13.75％）とされた。受取配当については，連邦所得税が実施された1913年以降1936年までの間，法人の受取配当が一時的に課税された以外，法人・個人を問わず，非課税とされていた（ただし，個人付加所得税を除く）。なお，法人受取配当に対する非課税制度の廃止と復活の背景については，畠山［1973］pp. 30-37を参照されたい。
(20) これらの事情の詳細については，野津［1939］pp. 492-503を参照されたい。
(21) Rosenman［1938］Vol. 5, pp. 102-107；野津［1939］pp. 504-509；畠山［1976］pp. 3-6.
(22) 宮島［1972a］pp. 226, 231は，1936年教書の法人税改革案について，「前年の法人

実在説的立場から一八〇度転換した，完全な法人擬制説的立場からの勧告であった。」との認識を示したうえで，1935年と翌1936年の大統領教書にみられるローズヴェルト大統領の法人税改革案変節の理由について，「おそらく選挙の切迫とともに，法人所得よりも個人所得の再分配を図る方がより直接的な社会政策になると考えたからであろう。」と述べている。

これに対して，畠山［1976］p. 5は，1936年教書の「株主は，法人利益の分配，未分配を問わず，法人利益の利益享受者である。それゆえに，基本的公平という問題にかんするかぎり，目標は，利益享受者に分配されたか，あるいは，留保されたかにかかわりなく，法人利益に対する負担の公平を追求することにもとめられるべきである。」(Rosenman［1938］Vol. 5, p. 105)とのローズヴェルト大統領の主張に示された法人擬制説的な認識と，留保利潤税構想において累進税率が採用されている事実をとりあげて，「……ローズヴェルトの念頭には両者［法人擬制説と法人実在説のこと：高橋注］の厳密な区分は毛頭なく，両者が便宜的に用いられているということになろう。」と述べ，宮島教授とは異なる見解を表明している。

しかし，法人の留保所得のみに課税し，支払配当を益金不算入とした留保利潤構想の特色に注目し，それを法人擬制説にもとづく支払配当控除方式の適用とみる宮島教授の見解（宮島［1972b］p. 180）には，なお十分な説得力が認められるべきであろう。

(23) Rosenman［1938］Vol. 5, p. 106.
(24) この間の質疑は，野津［1939］p. 527によれば，「極めて御座なり」なものであったという。報告書*Facing the Tax Problem*（Shoup et al.［1937a］pp. 398-400）において，シャウプ博士らは，その審議の性急さを批判し，留保利潤税の経済的影響や立法の意義を早急に検討すべきことを主張している。
(25) 法人所得税の税率は，8％（2,000ドル以下），11％（2,000ドル超，15,000ドル以下），13％（15,000ドル超，40,000ドル以下），15％（40,000ドル超）であり，超過利潤税の税率は，1935年歳入法の2段階税率を引き継いで，6％（申告資本金額の10％超，15％以下の純所得）と12％（申告資本金額の15％超の純所得）とされた。
(26) Shoup et al.［1937a］p. 397. 当時の租税政策に対するシャウプ博士らの批判の内容については，宮島［1972b］pp. 185-186を参照されたい。

なお，報告書*Facing the Tax Problem*（Shoup et al.［1937a］p. 394）は，社会的な規制手段として税制をもちいることに反対して，つぎのように述べている。

「税制は，社会的な規制の手段とはなりえるものの，けっして洗練された規制手段ではない。したがって，税制以外のよりよい手段を講じることができる場合には，税制を社会的な規制の手段としてもちいるべきではない。」

なお，『シャウプ勧告』（Shoup Mission［1949］Vol. I, p. 121）もまた，持株会社に

ついてつぎのように述べて，その規制手段として税制をもちいることに反対している。

「子会社や持株会社，または，法人による他の法人の株式所有に対して差別的取り扱いをすることの根拠は，一般にみあたらない。実際，そうした仕組みは，企業経営にとって最も合理的で効率的な組織形態である。……［中略：髙橋注］……したがって，それらの仕組みに対する懲罰的課税は好ましくない。

もちろん，持株会社を野放しにしとくに支配力を集中させることは，好ましくない権力の集中ならびに複雑な相互関係を，ときとして生ぜしめる場合もある。しかし，そのような法人相互間の関係に対して，一律に処罰的課税をおこなうことは，弊害を抑制するための賢明ないし効率的な方法とはいえない。もしも，弊害を抑制しようとするならば，より直接的かつ的確な方法によるべきである。」

(27) Shoup et al.［1937a］p. 397.
(28) Shoup et al.［1937a］pp. 467–468.
(29) 1983年8月31日におこなわれたシャウプ博士と筆者との会談において，「報告書 *Facing the Tax Problem*は，当時のアメリカ合衆国税制の首尾一貫性の欠如を批判していたとされるのは，事実であろうか？」との筆者の問いに対して，シャウプ博士 (Takahashi［1984］pp. 220–221；本書pp. 253–254に再録) はつぎのように答えている。

「もちろん，いかなる国の税制も歴史的に徐々に形成されていくものである。税制の首尾一貫性の欠如は不可避である。われわれは，その矛盾を指摘することによって，将来の税制の向かうべき道を示そうとしたのである。」

(30) Shoup Mission［1949］Vol. I, p. 105.
(31) Shoup et al.［1937a］p. 398.
(32) 上記注10においてすでに指摘したように，宮島［1972b］p. 182は，『シャウプ勧告』で提案された富裕税を，発生時点におけるキャピタル・ゲインの捕捉を目的とした「棚卸法」の応用形態とみている。
(33) 同様の指摘は宮島［1972b］p. 182にもみられる。
(34) 宮島［1972b］を参照されたい。
(35) 宮島［1972b］p. 183.
(36) 1930年代後半のアメリカ連邦所得税の歴史については，宮島［1972a］pp. 291–310；畠山［1976］を参照されたい。
(37) 宮島［1972b］pp. 181–182を参照されたい。
(38) 宮島［1972b］p. 182.
(39) くわしくは，宮島［1972b］p. 182を参照されたい。
(40) 宮島［1972b］p. 181.

(41) 宮島［1972b］p. 181.
(42) 宮島［1972b］p. 183.
(43) 宮島［1972b］p. 183.
(44) 一般には，ドラスティックな税制改正案としての『シャウプ勧告』のイメージだけが強調されがちであるが，『シャウプ勧告』立案にあたって，一国の税制の歴史的連続性ないし「税制の歴史的性格」が重視されていた事実は重要である。そうした事実は宮島［1972b］p. 183；高石［1971］pp. 130-131において指摘されている。
(45) 宮島［1972b］p. 182.
(46) Takahashi［1984］pp. 213-214；本書pp. 247-248に再録。
(47) Takahashi［1984］pp. 216-217；本書pp. 249-250に再録。
(48) たとえば，金子［1998］p. 68は，『シャウプ勧告』を「壮大な実験」と評しているが，そうした表現に込められた同教授の真意は，『シャウプ勧告』を批判することにあるのではなく，むしろ，シャウプ使節団の目的が「……首尾一貫した理論的体系に従って一国の租税制度をデザイン」することにあった事実，ないしは，『シャウプ勧告』の内容が「……当時のアメリカの最新の租税理論を体系化したものであり，学問的に見てもすぐれた労作であった。」という事実を指摘する点にある。

なお，木村〔弘〕［1983］p. 84は，「シャウプ勧告は占領下における改革税制の実験デザインであったということができよう。」と述べている。
(49) Takahashi［1984］p. 225；本書p. 258に再録。
(50) Takahashi［1984］p. 221；本書p. 254に再録。
(51) Takahashi［1984］p. 224；本書pp. 256に再録。
(52) Takahashi［1984］pp. 220, 224；本書pp. 253, 257に再録。
(53) Takahashi［1984］pp. 221-223；本書pp. 254-256に再録。

第9章 シャウプ博士のキャピタル・ゲイン課税理論
―実現ベースの拡大と法人税の撤廃―

1 はじめに

　1960年代のカナダでは，画期的な税制改革案があいついで発表されている。まず，1966年には，世界的にも有名なタックス・リポートのひとつである『カーター報告』(Royal Commission on Taxation [1966]) が発表された。法人税の完全統合という，その大胆な改革構想の発表を契機として，税制改革論争が高まりをみせるなかで，当時の蔵相ベンソン (E. J. Benson) をはじめとするカナダ政府の税務当局者は，独自の税制改革案の研究と立案に着手し，1969年には，その成果をとりまとめた報告書を発表した。*White Paper* (Benson [1969]) と呼ばれるこの報告書は，包括所得税の採用と法人税の統合を基本方針とする点において『カーター報告』の基本方針を踏襲するものであったが，他面において，それは『カーター報告』にはない，いくつかの注目すべき特色を有していた。

　この*White Paper*の発表を契機として，カナダにおける税制改革論議は再燃し，新たな盛り上がりをみせるにいたった。当時の税制改革論争に対して，わが国戦後税制の生みの親であるシャウプ博士もまた重大な関心をよせ，1970年には "The White Paper: Accrual Accounting for Capital Gains and Losses" (Shoup [1970]) と題する論文を*Canadian Tax Journal*に寄稿している。わずか7ページ足らずのこの論文は，*White Paper*において提案され

た"five-year plan"と呼ばれる未実現キャピタル・ゲイン課税制度の意義を説いたものであるが，そのなかには，研究生活の後半をむかえたシャウプ博士の法人税改革構想を知るための貴重な手がかりが含まれている。

本章では，このシャウプ論文の検討をつうじて，シャウプ博士の法人税改革案の特質とその継続性とをあきらかにする。

2 『カーター報告』の法人税改革案

『カーター報告』の法人税改革案は多岐にわたっているが，その骨子はつぎのとおりである[1]。

(1) 法人所得に対して，個人所得税の最高税率（50％：比例税率）による法人税を課す。
(2) 留保利益をも含む法人の利益全体（税引後）を各株主へ割り当てる。
(3) 上記(2)の措置によって株主に割り当てられた法人利益を，法人税額分グロス・アップして，株主の所得に算入する。
(4) 上記(2)の措置によって株主に割り当てられた法人利益に対して法人段階で課された法人税額を，株主の税額から控除する。
(5) 株式キャピタル・ゲイン（もしくはロス）を，実現時点で全額課税（もしくは全額控除）する。
(6) 「パートナーシップ課税」[2]の選択適用を認める。

一般に，「カーター方式」と呼ばれてひろく知られる上記の改革案の最大の特色は，それらが，法人税の存続を前提とした「新たな完全統合」を意味しているという点にある。「カーター方式」では，法人税率を個人所得税の最高税率に等しく設定したうえで，留保利益をも含む法人利益全体を各株主に割り当てて算出される株主の個人所得税額のうち，法人段階で源泉課税さ

れた法人税相当額を税額控除するという統合方式が採用されている。

その結果,「カーター方式」のもとでは,株主の個人所得税額の計算上,最高税率の適用をうける株主以外の全株主について,法人税段階における所得税の過納が発生し,その過納分は株主に還付されることになる。法人税の廃止を前提とする「パートナーシップ方式」のもとでは,株主は実際には受け取ってもいない法人の留保利益部分に対する個人所得税をも含む所得税負担のいっさいを,個人所得税の納付時に一時に支払わねばならないことになるのに対して,「カーター方式」のもとでは,そうした問題はまったく生じない。新たな完全統合方式としての「カーター方式」の長所は,この点にあった[3]。

他方,「カーター方式」の立脚する基本的前提については,『カーター報告』の発表当初から,その妥当性を疑問視する声が相次いだ[4]。たとえば,ロバートソン(R. Robertson)は,公開会社(widely-held corporations)を中心とした大法人について,その独自の担税力を認める伝統的な法人実在説の存在や,株主への法人税の完全転嫁を疑問視する見解の台頭などをあげて,『カーター報告』の完全統合論を批判している[5]。マスグレイヴ(R. A. Musgrave)もまた,法人税の転嫁の実態の不明確性を指摘し,『カーター報告』の完全統合論を批判している[6]。

3 *White Paper*の法人税改革案と"five-year plan"

『カーター報告』から3年後に発表された*White Paper*の企業課税制度改革案のなかには,上記の批判に対するベンソンら立案者の配慮や独自の見解が盛り込まれている。

*White Paper*の法人税改革案の第1の特色は,二本だて改革案の採用にある。すなわち,*White Paper*では,株主が法人税の事実上の負担者であることを想定した閉鎖的会社(closely-held corporations)むけの改革案と,法人税転嫁の可能性を想定した大規模法人むけの改革案のふたつが勧告されてい

る⁽⁷⁾。このことは,『カーター報告』では注目されることのなかった法人税の株主以外への転嫁の可能性を,ベンソンらが重視していることを物語っている。

第2の特色は,「カーター方式」よりも後退した部分統合方式の採用にある。ちなみに,*White Paper*で提案された閉鎖的会社むけの改革案の骨子は,つぎのとおりであった。

(1) 法人所得に対して,50％の比例税率による法人税を課す。
(2) 個人所得税段階でグロス・アップ方式による法人税の部分統合を実施し,受取配当から逆算してえられる法人税込み配当を,株主の所得に算入して算出される所得税額から,法人税相当額を控除する。
(3) 株式キャピタル・ゲイン(もしくはロス)を実現時点で全額課税(もしくは全額控除)する。
(4) 「パートナーシップ課税」の選択適用を認める⁽⁸⁾。

上記の改革案において,法人税は個人所得税の前取りとして位置づけられており⁽⁹⁾,グロス・アップ方式による法人税の部分統合がはかられている。法人税の統合という『カーター報告』の基本方針は踏襲されてはいるものの,統合の方式は,完全統合方式たる「カーター方式」から,より一般的な部分統合方式へと後退していることになる。

第3の特色は,キャピタル・ゲイン課税制度の改善にある。すなわち,*White Paper*の公開会社むけの改革案の骨子は,つぎのとおりであった。

(1) 閉鎖的会社と同様に,50％の比例税率による法人税を課す。
(2) 法人税の半額だけを,株主の個人所得税の前払い分とみなしたうえで,上記の閉鎖的会社むけの措置 (2) を適用する。
(3) 株式キャピタル・ゲインを実現時点で課税するが,その半額だけを株主の課税所得に算入する(キャピタル・ロスについても,その全額

ではなく，半額を控除する）。
  (4) (3)の措置にくわえて，公開会社の株価を5年ごとに測定し，その未実現キャピタル・ゲインの半額を株主の所得に算入（未実現キャピタル・ロスについては，その半額を控除）する。

　(1)の措置は，法人税を個人所得税の前取りとみる見解が，公開会社むけの改革案においても踏襲されていることを示している。

　(2)の措置は，公開会社の支払う法人税について，ベンソンらが，その半額の株主への転嫁と，残りの半額の株主以外への転嫁を仮定していることを示している。

　(3)の措置は，さきの(2)の措置と対をなし，それを補完する制度として位置づけられている[10]。すなわち，*White Paper*によれば，法人利益を配当として受け取る株主の負担と，それを配当として受け取るかわりにキャピタル・ゲインという形態で法人利益の分け前にあずかる株主の負担は，上記(1)ならびに(2)の措置を前提とした場合，実現キャピタル・ゲインの半額を課税所得に算入することによってほぼ均衡することとなる[11]。また，実現キャピタル・ゲインの半額を課税するこの措置は，*White Paper*によれば，アメリカ人投資家やイギリス人投資家をはじめとする外国人投資家と，カナダ人投資家とのキャピタル・ゲインをめぐる租税負担の均衡をはかるうえでも必要である[12]。

　(4)の措置は，株式キャピタル・ゲインの発生ベースでの捕捉と課税を目的とした新たなキャピタル・ゲイン課税制度を意味している。それは，公開会社の株式の5年ごとの時価評価と，株主の所得への算入という特色を有していたことから，「ベンソンの "five-year plan"」[13]と呼ばれ，注目をあつめることとなった。

　"five-year plan" の採用について，*White Paper*は，それが実現キャピタル・ゲインだけを課税所得とみる一般的基準の例外のひとつであり，上記(3)の実現キャピタル・ゲイン半額課税制度の意義を多少なりとも低下させる効

果をもつことにふれている。そのうえで，*White Paper*は，この措置の長所として，市場性の乏しい閉鎖的会社の株式を保有する納税者と，売却の容易な公開会社の株式を保有し，キャピタル・ゲインならびにキャピタル・ロスの最適の売却・計上時点を選択しうる納税者との間の負担の公平を確保するうえでの役割や，実現基準にもとづくキャピタル・ゲイン課税に不可避とされる，いわゆる「寝かし込み効果」(lock-in effect) の緩和策としての効果などをあげている(14)。

　"five-year plan" の採用を勧告したベンソンらの目的は，かくして，未実現キャピタル・ゲイン課税制度の導入によって，既存のキャピタル・ゲイン課税制度の改善をはかることにあった。もちろん，未実現キャピタル・ゲイン課税制度を実際に採用した国は存在せず，かの『カーター報告』の企業課税制度改革案においても，それは採用されなかった。この点で，"five-year plan" は，ベンソンらのまさに画期的な試みであった。

　1970年に発表されたシャウプ論文において，シャウプ博士は，この画期的な試みとしての "five-year plan" の意義をいち早く指摘したのだった。

4　未実現キャピタル・ゲイン課税制度の意義

　シャウプ博士によれば，"five-year plan" をはじめとする未実現キャピタル・ゲイン課税制度は，「所得課税制度の簡素化をもたらすための究極の手段」(15)にほかならない。

　シャウプ博士は，未実現キャピタル・ゲイン課税制度の採用と税制簡素化との関係を，未実現キャピタル・ゲイン課税制度への移行に伴う制度の簡素化の可能性と，未実現キャピタル・ゲイン課税制度の導入を引き換えとした法人税制の簡素化ないしは廃止の可能性というふたつの側面から説明する。

　まず，既存のキャピタル・ゲイン課税制度の簡素化の可能性について，シャウプ博士は，当時のアメリカ合衆国歳入法を例にとって具体的な説明をくわえている。それによれば，当時のアメリカ合衆国歳入法には，実現ベース

でのキャピタル・ゲイン課税に伴う弊害を緩和する目的で設けられた多数の複雑な税法規定が存在していたが，それらの規定は，未実現キャピタル・ゲイン課税の採用によって不要となる。

　廃止の対象となる規定として，シャウプ博士は，法人の合併や組織変更時におこなわれる株主間の株式交換や交付金等の取り扱いを定めた規定，株式や証券の売却前後の一定期間，同一の株式または証券の買い戻しから生じたキャピタル・ロスの控除を認めない，いわゆる"wash sale"規制のための規定，さらには，既述の「寝かし込み効果」を排除するための規定などをあげている[16]。

　他方，未実現キャピタル・ゲイン課税制度の導入を引き換えとした法人税制の簡素化ないしはその廃止の可能性について，シャウプ博士は，つぎのような興味ぶかい見解を示している[17]。

　　　結局のところ，われわれの見解によれば，未実現キャピタル・ゲインならびに未実現キャピタル・ロス計算制度は，法人所得税の廃止，もしくは，最低でも法人所得税率の引き下げによる税制簡素化へのいっそうの好機を提供するのである。むろん，株式の未実現利益は，法人の留保利益を正確に反映するものではないが，それは，留保利益と，株価の決定に影響を及ぼす他の多くの諸力を反映する。法人の留保利益に対する個人段階での課税が無期限に延期されることは，この制度によって，なくなるに違いない。

　この見解によれば，未実現キャピタル・ゲイン課税制度は，法人の留保利益中の株主持ち分を発生ベースで課税するための手段にほかならないのであり，この制度の採用によって，法人の留保利益への源泉課税を意味する法人税の課税根拠は失われることとなる。

　さらに，シャウプ博士は，この「法人税廃止論」ないし「税制簡素化論」の由来を示すために，1937年に発表された報告書*Facing the Tax Problem*[18]の勧告の一部を引用している。報告書*Facing the Tax Problem*は，すでに前章（第8章第2節第1項）で指摘したように，1930年代中葉のアメリカ合衆国

税制にかんするシャウプ博士らの詳細な調査研究結果と，同博士らの独自の税制改革案を記した膨大なタックス・リポートであったが，そこでは，つぎのような画期的な勧告がなされていた[19]。

> 本委員会は，留保利潤税（undistributed profits tax）のかわりとして，各株主の持株の評価を実施し，年間のプラスまたはマイナスの差額を個人所得税の申告書上で所得に算入することを，この方法の税務行政上の問題点の克服を条件として，勧告する。
> 　株主が所有する株式の価額は，つぎのふたとおりの方法で算出することができる。
> (1) 当該株式が上場されている場合には，年度末の市場価格をもちいる。
> (2) 非上場株式の場合は，各法人に，当該年度中の一株当り純資産の変化率を株主に対して報告させ，株主には，その所有する株式の前年度の価額を，その変化率に応じて，増額または減額させる。

この勧告では，法人の留保利益に対して課されていた留保利潤税の廃止と，それにかわるべき新たな制度の採用が提案されている。そこに示された制度は，株主の所有する株式の年次評価と，それによって算出された評価益の株主の所得への算入を特色とする新たなキャピタル・ゲイン課税制度であった。報告書 *Facing the Tax Problem* において「棚卸法」（inventory plan）[20]と呼ばれたこの制度こそ，シャウプ博士の支持する未実現キャピタル・ゲイン課税制度にほかならなかった。

5　"five-year plan" の意義

もっとも，*White Paper* で提案された "five-year plan" は，「棚卸法」よりも不完全なキャピタル・ゲイン課税制度であった。

たとえば，"five-year plan" の適用対象は公開会社の株式のみに限定されており，キャピタル・ゲインまたはキャピタル・ロスを計算するための評価の

第9章　シャウプ博士のキャピタル・ゲイン課税理論

実施についても，"five-year plan"という名の示すとおり，5年ごとの評価が予定されていた。これに対して，報告書 *Facing the Tax Problem* で採用された「棚卸法」の適用対象は法人の発行する株式全般とされ，それらの評価についても年次評価が予定されていた。また，算出されたキャピタル・ゲインまたはキャピタル・ロスの課税所得への算入ないしは控除の段階でも，"five-year plan"は，キャピタル・ゲインまたはキャピタル・ロスの全額課税または全額控除方式を採用せず，それらの半額課税または半額控除にとどめた。これらの点において，"five-year plan"は，あきらかに不徹底な側面を残していた。

　しかも，キャピタル・ゲインへの課税がカナダで開始されたのは1972年になってからのことであり，当時のカナダ税制では，キャピタル・ゲインは非課税とされていた。このため，実現キャピタル・ゲインの課税に伴う弊害の排除を目的として他の国々で採用されていた多数の厄介な措置は，カナダ税制には存在しなかった。したがって，"five-year plan"を，たとえカナダで実施したとしても，それによってもたらされる制度の簡素化は，キャピタル・ゲイン課税の歴史を有する国々ほどに顕著なものとはなりえないものとみられた[21]。

　「棚卸法」よりも不完全であり，かつ，税制簡素化策としての効果にも限界の認められる"five-year plan"に注目した理由を，シャウプ博士はつぎのように述べている[22]。

　　　未実現キャピタル・ゲインならびに未実現キャピタル・ロス計算制度を，限られた一定の範囲で実施するという勇断を，いったん，ある国（ここでは，カナダ）がくだし，その試みの成功が実証されてしまえば，試みの適用範囲の拡張ならびに他の多くの諸国へのその伝播が期待されよう。

　この見解によれば，カナダにおける"five-year plan"の実施は，未実現キャピタル・ゲイン課税制度の意義を世界に広めるための絶好の機会にほかな

らなかった。シャウプ博士によれば，アメリカが"five-year plan"の実施にふみきれば，当時のアメリカ合衆国歳入法の大幅な簡素化が達成可能であったため，カナダにおける"five-year plan"の実施は，とりわけその隣国であるアメリカにとって，見逃せない大改革となるはずであった[23]。ちなみに，博士は，アメリカにおいて未実現キャピタル・ゲイン課税制度を導入した場合に削除可能と判断される合衆国歳入法の規定を具体的に記載したリストを示している[24]。

シャウプ博士は，かくして，カナダにおける"five-year plan"の実施を，より完全な未実現キャピタル・ゲイン課税制度の実施へと世界の国々を導く重要な契機とみなし，それを待ち望んでいたのである[25]。

6 おわりに

本章では，税制簡素化の手段としての未実現キャピタル・ゲイン課税制度の導入の意義を指摘した1970年のシャウプ博士の論文を検討した。

このシャウプ論文で展開されている税制簡素化論の重要な根拠のひとつは，すでに指摘したように，「棚卸法」の採用と引き換えにした法人税の廃止を主張するシャウプ博士の法人税廃止論にもとめられる。博士の法人税廃止論によれば，「棚卸法」は法人の留保利益中の株主持ち分の捕捉手段にほかならず，それを採用することによって，法人税の課税根拠は失われることとなる。このことは，博士の法人税廃止論の前提に，法人の利益を株主の利益の集合体であるとみる認識が存在することを示している。

つまり，報告書 *Facing the Tax Problem* で主張された「法人税廃止論」は，所得税の課税ベースの理論規範を，いわゆる「ヘイグ・サイモンズ基準」に代表される包括的所得概念にもとめ，その理論規範にそくした課税ベースの拡張をめざす「包括所得税論」と呼ばれる試みのひとつにほかならない。本章で検討したシャウプ論文は，博士のそうした試みと，その背景にある博士の改革理論の継続性を端的に示す点で，きわめて重要である。

第9章 シャウプ博士のキャピタル・ゲイン課税理論

　なお，法人の留保利益中の株主持ち分を捕捉する手段としてのキャピタル・ゲイン課税の重要性は，わが国の戦後税制の出発点となった『シャウプ勧告』でも指摘されている。ただし，『シャウプ勧告』で採用されたキャピタル・ゲイン課税制度は，キャピタル・ゲインを発生ベースで課税する「棚卸法」ではなく，キャピタル・ゲインを実現時点で課税する実現キャピタル・ゲイン課税制度まで後退している。『シャウプ勧告』では，法人の留保利益中の株主持ち分への源泉課税を目的とした法人税と，配当所得に対する二重課税の調整を目的とした受取配当控除制度，さらに，法人の留保利益に対する利子課税制度が新たに採用されているが，法人税改革のこれらの3要素は，いずれも，キャピタル・ゲイン課税制度が発生ベースから実現ベースへと後退したことに伴って生じる欠点を是正するための補完的制度にほかならなかった。

　もっとも，『シャウプ勧告』で採用されたキャピタル・ゲイン課税制度と，それをもとに構成された課税制度は，いったんは法制化されたものの，その後あっけなく修正されてしまう。一方，報告書 *Facing the Tax Problem* の「法人税廃止論」にいたっては，1970年代のアメリカにおいてもまったく日の目をみることはなかった。シャウプ論文は，税制のそうした現状に対する博士の批判ともいえるだろう。

[注]

(1) Royal Commission on Taxation [1966] pp. 83–84.
(2) Royal Commission on Taxation [1966] p. 91. ここで「パートナーシップ方式」とは，留保利益をも含む法人利益全体を各株主の持ち分に応じて株主に按分・帰属させて，株主の他の所得と同様に個人所得税を賦課し，通常は法人段階で課税されている法人税を廃止する方法をさしている。
(3) 法人税の統合方式の諸類型ならびにそれらの問題点については，井藤［1951］；宮島［1986］pp. 20–24などがくわしい。
(4)「カーター方式」の特色ならびに問題点を論じた研究論文は，『カーター報告』発

表の翌1967年の*Canadian Tax Journal*において頻繁に掲載されている。以下でとりあげたロバートソン（R. Robertson）の論文ならびにマスグレイヴ（R. A. Musgrave）の論文は，いずれも，ほぼ同時期の*Canadian Tax Journal*に掲載されたものである。

(5) Robertson [1967] p. 246.
(6) Musgrave [1967] p. 355.
(7) Benson [1969] pp. 11-12, 40-41, 48-53. なお，*White Paper*の法人税改革案の特色については，Edwards [1970] pp. 83-95がとくにくわしい。
(8)「パートナーシップ課税」選択の条件として，ベンソンは，この課税方式選択に対する全株主の承認や，株主の受け取る利益額の公開をはじめとした詳細な条件をあげている。この問題の詳細については，Benson [1969] pp. 48-49を参照されたい。
(9) Benson [1969] p. 11.
(10) Benson [1969] pp. 41, 51-52.
(11) 公開会社むけの改革案では，株式キャピタル・ゲインの半額課税制度が採用されたのに対して，閉鎖的会社むけの改革案では，株式キャピタル・ゲインの全額課税制度が採用されている。その理由の1つとして，*White Paper*（Benson [1969] p. 40）は，多くの閉鎖的会社の競争相手とみられる法人化されない個人企業との負担の均衡などをあげている。なお，控除可能な実現キャピタル・ロスの範囲を半額に制限した理由として，*White Paper*（Benson [1969] p. 52）は，租税回避を目的とした株式売却の防止をあげている。
(12) Benson [1969] p. 41.
(13) Shoup [1970] p. 96.
(14) Benson [1969] p. 41.
(15) Shoup [1970] p. 96.
(16) Shoup [1970] pp. 97-99.
(17) Shoup [1970] p. 100.
(18) すでに本書第8章注7で指摘したように，宮島 [1972b] p. 178は，この報告書を「アメリカ版『シャウプ勧告』」と評している。
(19) Shoup et al. [1937a] p. 477; Shoup [1970] pp. 99-100. なお，すでに本書第8章第2節第2項で言及したように，シャウプ博士らは，ここで提案されている制度の実施上の困難性に配慮し，その代替案として，実現キャピタル・ゲインを株式の保有期間に配分したうえで課税する方法を提案している。詳細については，Shoup et al. [1937a] pp. 480-482を参照されたい。
(20) Shoup et al. [1937a] p. 478.
(21) Shoup [1970] p. 96.
(22) Shoup [1970] p. 97.

(23) Shoup［1970］pp. 96-97. 当時のアメリカ合衆国におけるキャピタル・ゲイン課税制度の特徴については，Goode［1964］がくわしい。なお，当時，アメリカ合衆国とイギリスでは，法人独立課税説的制度が実施されており，ほぼ50％の税率による法人税が課される一方で，配当に対する法人税負担の調整は実施されていなかった。

(24) Shoup［1970］pp. 96-97. なお，Shoup［1970］pp. 101-102には，未実現キャピタル・ゲイン課税制度の実施によってもたらされる税制簡素化の程度に関する博士らの調査結果が，それを要約したリストとともに掲載されている。

(25) "five-year plan" は，結局のところ，*White Paper*にもとづいた1971年の税制改正では導入が見送られ，その後も実施されることなくこんにちにいたっている。なお，*White Paper*に盛り込まれた改革案の実施状況については，Benson［1971］がくわしい。

あ と が き

　先達による優れた『シャウプ勧告』研究は枚挙にいとまがない。しかしながら，筆者の見解によれば，それらの研究において，『シャウプ勧告』は，しばしば不当に厳しい批判にさらされてきた。
　たとえば，一部の論者は，包括所得税を税制の基盤とする『シャウプ勧告』の改革構想をとりあげて，アメリカ合衆国で発達した租税理論の日本への「直輸入」であると述べ，『シャウプ勧告』をアメリカにおいても実施にいたらない「理想の改革」と酷評した。しかし，そうした批評は，『シャウプ勧告』に含まれる重要な問題点の一端を，たとえ言いあてているにせよ，会計の改革をも含んだ租税制度全体の改革のあるべき姿を論じた『シャウプ勧告』の評価としては，あまりにも一面的なものに思われるのである。『シャウプ勧告』を，実行可能性の伴わない「理想の改革」であると断じる根強い批判に対して，筆者は疑念を禁じえないのであり，本書における検討をつうじて，わが国税務会計発展とのかかわりにおいて，『シャウプ勧告』がはたした役割を指摘し，筆者なりのささやかな反論を試みたつもりである。
　全体で4巻からなる『シャウプ勧告』を通読した読者のだれもが気づくように，シャウプ使節団はわが国税制全体の問題点を実証的に分析し，改革が必要とされる理由や改革の具体的方法をこと細かに詳述している。とりわけ，税制の基盤とされるべき所得税制度改革については，かれらは，その執行面の改革方法を論じた付録（第4巻）まで設け，わが国所得税の当時の執行状況にかんする詳細な現状分析の結果を示しながら，近代的所得税制度の円滑な執行の実現に必要とされた様々な制度改革を勧告した。それらの勧告の内容の多様性と詳細さは，かれらの知識と経験の豊かさの反映であると同時に，『シャウプ勧告』の大きな目的が，近代的所得税制度のわが国への普及と定着にあった事実，ならびに，シャウプ使節団が，その達成にむけて真摯な努力を傾けた事実を如実に物語っている。しかも，それらの勧告のほと

んどはわが国において実施され，その多くは，その後のわが国所得税制度の発展をうながす重要な原動力となったのである。

　従来から指摘されてきたように，総合課税主義の徹底や法人税の統合を主張する『シャウプ勧告』の改革案は，たしかに「理論的」であり，そのなかには，既存のわが国税制をくつがえすようなドラスティックな改革案も含まれていた。しかし，他面において『シャウプ勧告』は，上述したように，近代的所得税制度のわが国における発展をうながすに足る十分な「現実性」をも兼ね備えていたのである。この点において，『シャウプ勧告』は，税制改革の理想を勝手気ままに書きつづっただけの書き物とは，明確に区別されねばならない。

　しかも，『シャウプ勧告』の柱のひとつである法人税改革の目的は，理想の制度の実現ではなく，あえて「次善の制度」の実現に置かれた。法人税の完全統合を理想とするシャウプ博士にとって，『シャウプ勧告』で採用された法人税の部分統合方式は，けっして理想の制度ではない。しかしそれは，実行可能な制度であると同時に，理想の制度に発展しうる可能性を秘めた「次善の制度」にほかならない。『シャウプ勧告』の法人税改革構想は，理想の改革としてではなく，むしろ，理想の改革へむかう出発点ないしは道しるべとして，われわれ日本人に提示されたものと理解されるべきであろう。

　残念ながら，わが国税制史上の『シャウプ勧告』の意義や，法人税改革案のねらい，そして，シャウプ使節団から後世のわれわれに託された課題は，必ずしも十分に理解されないまま，こんにちにいたっている。『シャウプ勧告』の発表以来すでに半世紀余をへた現在，かれらの偉大な業績に新たな眼差しをむけると同時に，未来にむかって発せられたシャウプ博士の声に，再度耳を傾けてみる必要があるように思われてならない。

参考文献

〈著書・論文等〉

明里〔1951〕：明里長太郎「企業経理と税務経理の相違点について」『會計』Vol. 60, No. 1, July 1951, pp. 17-24.

新井〔清〕〔1965〕：新井清光「資本会計論」中央経済社，1965年。

新井〔清〕〔1998〕：新井清光「企業会計制度小論—会計学の視点から（8・完）—」『企業会計』Vol. 50, No. 11, November 1998, pp. 17-37.

新井〔益〕〔1959〕：新井益太郎「わが国法人課税の歴史的変遷（上）」成蹊大学政治経済学会『政治経済論叢』Vol. 8, No. 3, January 1959, pp. 1-18.

新井〔益〕〔1980〕：新井益太郎「会計理論と税法規定との交渉序説—その歴史的変遷について—」『企業会計』Vol. 32, No. 2, February 1980, pp. 11-18.

新井〔益〕〔1994〕：新井益太郎「企業会計の資本取引と法人税法の資本取引—その沿革を中心として—」『日税研論集』Vol. 29, December 1994, pp. 15-53.

飯野〔1951〕：飯野利夫「日本会計研究学会第十回大会の記」『産業経理』Vol. 11, No. 7, July 1951, pp. 62-63.

泉〔1952〕：泉　美之松「意見書の『総論』について」『企業会計』Vol. 4, No. 8, July 1952, pp. 86-92.

泉〔1966〕：泉　美之松「『企業利益と課税所得との差異及び調整』に関する税務会計特別委員会報告について」『税務弘報』Vol. 14, No. 10, September 1966, pp. 4-9.

井手〔1959〕：井手文雄『要説　近代日本税制史』創造社，1959年。

井藤〔1951〕：井藤半彌「法人所得の二重課税」『一橋論叢』Vol. 26, No. 6, December 1951, pp. 1-31.

稲葉〔1966〕：稲葉洲臣「『税制簡素化についての中間報告』の内容について」『税務弘報』Vol. 14, No. 12, November 1966, pp. 12-22.

井上〔1982〕：井上一郎「租税史発掘　終戦からシャウプ勧告まで　租税通達の公表—申告納税制度に関連して—」『税務弘報』Vol. 30, No. 3, March 1982, pp. 116-117.

居林〔1998〕：居林次雄「法人課税ベース拡大の問題点—税法の『企業会計原則』への優位性からの検討—」『税経通信』Vol. 53, No. 4, April 1998, pp. 17-25.

上田〔1917〕：上田貞次郎「会社の課税に関し疑問となりたる二つの点」『會計』Vol. 1, No. 2, May 1917, pp. 16-31.

宇田川・西野〔1977〕：宇田川璋仁・西野嘉一郎『現代企業課税論　その機能と課題』東洋経済新報社，1977年。

大江［1994］：大江晋也「使途秘匿金をめぐる問題」『税研』No. 55, May 1994, pp. 18-25.

大蔵省［1937a］：大蔵省編『明治大正財政史　第6巻』財政経済学会，1937年．

大蔵省［1937b］：大蔵省編『明治大正財政史　第7巻』財政経済学会，1937年．

大蔵省［1956］：大蔵省主税局編『昭和25年度以降の税制改正の概要』，1956年．

大蔵省［1977a］：大蔵省財政史室編『昭和財政史　終戦から講和まで 7 租税 (1)』東洋経済新報社，1977年．

大蔵省［1977b］：大蔵省財政史室編『昭和財政史　終戦から講和まで 8 租税 (2) 税務行政』東洋経済新報社，1977年．

大蔵省［1978］：大蔵省大臣官房調査企画課編『戦時税制回顧録』昭和財政史談会記録第3号，1978年．

大蔵省［1988］：大蔵省主税局編『所得税百年史』大蔵省主税局，1988年．

太田［1951］：太田哲三「会計原則と税務」『企業会計』Vol. 3, No. 9, September 1951, pp. 2-4.

小川［1916］：小川郷太朗「社会政策より見たる税制問題」，社会政策学会編『社会政策より見たる税制問題』同文舘，1916年，pp. 41-76.

片岡［1935］：片岡政一『税務会計原理』文精社，1935年．

片野［1968］：片野一郎『日本財務諸表制度の展開』同文舘，1968年．

金子［1966］：金子　宏「租税法における所得概念の構成（一）」『法学協会雑誌』Vol. 83, No. 7・8, October 1966, pp. 1241-1283.

金子［1983］：金子　宏「シャウプ勧告と所得税」，日本租税研究協会編『シャウプ勧告とわが国の税制』日本租税研究協会，1983年，第1章，pp. 1-79（金子　宏『所得課税の法と政策』有斐閣，1996年，pp. 16-87に再録）．

金子［1995］：金子　宏『所得概念の研究　所得課税の基礎理論　上巻』有斐閣，1995年．

金子［1996］：金子　宏『所得課税の法と政策』有斐閣，1996年．

金子［1998］：金子　宏『租税法　第六版補正版』弘文堂，1998年．

川端［1985］：川端保至「税務会計の制度的基礎」，高田正淳・武田隆二他編『テキストブック会計学 (6) 税務会計（改訂版）』有斐閣，1985年，第2章，pp. 11-19.

上林［1901］：上林敬次郎『所得税法講義』（復刻版）松江税務調査会，1901年．

北野［1977］：北野弘久『現代税法の構造』勁草書房，1977年．

木村〔弘〕［1983］：木村弘之亮「シャウプ法人税構想における資金調達誘引措置—シャウプ型法人税株主帰属方式とプレミアム益金不算入を中心として—」，日本租税研究協会編『シャウプ勧告とわが国の税制』日本租税研究協会，1983年，第2章，pp. 81-163.

木村〔和〕［1960］：木村和三郎「日本における会計学の生成発展」，山下勝治・古林喜楽編『会計学の発展と課題』中央経済社，1960年，pp. 137-150.

久野［1970］：久野光朗「資産再評価論」，片野一郎責任編集『近代会計学大系Ⅳ　資産会計論』中央経済社，1970年，第10章，pp. 363-384.

黒澤［1947］：黒澤　清『会計学』千倉書房，1947年。

黒澤［1951］：黒澤　清「近代税法と会計原則」『産業経理』Vol. 11, No. 1, January 1951, pp. 9-15.

黒澤［1953］：黒澤　清「原価差額再論」『会計』Vol. 63, No. 6, June 1953, pp. 1-13.

黒澤［1979a］：黒澤　清「資料：日本の会計制度〈11〉」『企業会計』Vol. 31, No. 11, November 1979, pp. 98-101.

黒澤［1979b］：黒澤　清「資料：日本の会計制度〈12〉」『企業会計』Vol. 31, No. 12, December 1979, pp. 97-101.

黒澤［1980a］：黒澤　清「資料：日本の会計制度〈13〉」『企業会計』Vol. 32, No. 1, January 1980, pp. 74-78.

黒澤［1980b］：黒澤　清「資料：日本の会計制度〈14〉」『企業会計』Vol. 32, No. 2, February 1980, pp. 80-84.

黒澤［1980c］：黒澤　清「資料：日本の会計制度〈15〉」『企業会計』Vol. 32, No. 3, March 1980, pp. 95-100.

黒澤［1982］：黒澤　清『日本会計学発展史序説』雄松堂書店，1982年。

黒澤［1990］：黒澤　清『日本会計制度発展史』財経詳報社，1990年。

国税庁［1979］：国税庁三十年史編集委員会『国税庁三十年史』国税庁，1979年。

坂野［1959］：坂野常和「昭34年3月改正法人税法等の取扱通達（総論）」『税務弘報』Vol. 7, No. 10, October 1959, pp. 28-35.

佐藤［1977］：佐藤　進「法人税原理の変遷」，宇田川璋仁・西野嘉一郎編『現代企業課税論―その機能と課題―』東洋経済新報社，1977年，第2章，pp. 32-99.

佐藤・宮島［1988］：佐藤　進・宮島　洋『経済ゼミナール　財政』東洋経済新報社，1988年。

佐藤・宮島［1990］：佐藤　進・宮島　洋『戦後税制史〔第二増補版〕』税務経理協会，1990年。

佐橋［1972］：佐橋義金『税務会計の歴史的展開』法律文化社，1972年。

塩崎［1966］：塩崎　潤「『税務会計特別委員会報告』への若干の疑問」『會計』Vol. 90, No. 5, November 1966, pp. 69-84.

汐見［1934］：汐見三郎編著『各国所得税制論』有斐閣，1934年。

品川［1982］：品川芳宣『課税所得と企業利益』税務研究会出版局，1982年。

品川［1998］：品川芳宣「平成10年度税制改正の問題点と今後の課題―企業課税を中

心として─」『租税研究』No. 583, May 1998, pp. 6-17.
品川［2001］：品川芳宣「企業会計の変貌と税制」『租税研究』No. 615, January 2001, pp. 69-83.
柴田〔弘〕・柴田〔愛〕［1988］：柴田弘文・柴田愛子訳『シャウプの証言─シャウプ使節団の教訓─』税務経理協会，1988年。
清水［1987］：清水　勇『税務会計の基礎理論』中央経済社，1987年。
神野［1997］：神野直彦「課税ベースの適正化と税率構造」『税経通信』Vol. 52, No. 15, November 1997, pp. 87-91.
染谷［1984］：染谷恭次郎編『我国会計学の潮流　第一巻』雄松堂書店，1984年。
高石［1971］：高石末吉『覚書終戦財政始末　第19巻』大蔵財務協会，1971年。
高寺［1974］：高寺貞男『明治減価償却史の研究』未来社，1974年。
高寺［1979］：高寺貞男「減価償却会計の導入と定着」高寺貞男・醍醐　聰『大企業会計史の研究』同文舘，1979年，第14章，pp. 239-256.
高橋〔亀〕［1956］：高橋亀吉『経済学全集第37巻　我国企業の史的発展』東洋経済新報社，1956年。
髙橋〔志〕［1980］：髙橋志朗「シャウプ税制沿革史」『東北学院大学論集　経済学』No. 84, December 1980, pp. 55-77.
髙橋〔志〕［1983］：髙橋志朗「シャウプ勧告の沿革─法人税と個人所得税に見られる体系を中心として─」，染谷恭次郎博士還暦記念会編『財務会計の基礎と展開』中央経済社，1983年，第2部第5編第4章，pp. 272-280.
Takahashi［1984］：Takahashi, Shiro, "Some Memorable Aspects of the Tax Reform by the Shoup Mission：An Interview with Dr. C. S. Shoup at Sandwich,"『東北学院大学論集　経済学』No. 96, December 1984, pp. 211-227.
髙橋〔志〕［1985］：髙橋志朗「『シャウプ勧告』の核心」『東北学院大学経理研究所紀要』創刊号, March 1985, pp. 117-137.
髙橋〔志〕［1986］：髙橋志朗「シャウプ勧告の核心」『会計』Vol. 129, No. 2, February 1986, pp. 252-266.
Takahashi［1989］：Takahashi, Shiro, "Problems of Tax Reform Proposal in Japan：The Implications of a Discussion with Dr. Carl S. Shoup,"『東北学院大学経理研究所紀要』No. 3, January 1989, pp. 1-19.
Takahashi［1993］：Takahashi, Shiro, "The Third Discussion with Dr. Carl S. Shoup：Toward Future Tax Reform in Japan,"『東北学院大学経理研究所紀要』No. 5, February 1993, pp. 111-129.
髙橋〔志〕［1997a］：髙橋志朗「わが国税務会計発達史の研究（上）─第二次世界大戦前の税務会計─」『東北学院大学論集　経済学』No. 135, September 1997, pp. 1-

18.
髙橋〔志〕［1997b］：髙橋志朗「わが国税務会計発達史の研究（中）―転換点としての『シャウプ勧告』―」『東北学院大学論集　経済学』No. 136, December 1997, pp. 73-91.
髙橋〔志〕［1998］：髙橋志朗「わが国税務会計発達史の研究（下）―近代税務会計の誕生と確立―」『東北学院大学論集　経済学』No. 137, March 1998, pp. 31-69.
髙橋〔志〕［2002］：髙橋志朗「シャウプ博士の課税ベース拡張論」現代会計研究会編『現代会計研究』白桃書房，2002年，pp. 288-299.
髙橋〔志〕［2009a］：髙橋志朗「わが国法人税の発達―法人税の誕生から『シャウプ勧告』発表前夜まで―」『東北学院大学　経済学論集』No. 171, September 2009, pp. 35-43.
髙橋〔志〕［2009b］：髙橋志朗「昭和後期・平成期における税務会計の発達―税務会計の展開とゆらぎ―」『東北学院大学　経済学論集』No. 172, December 2009, pp. 23-38.
高橋〔誠〕［1958］：高橋　誠「初期所得税制の形成と構造―日本所得税制史論　その一―」『経済志林』（法政大学経済学会）Vol. 26, No. 1, January 1958, pp. 47-83.
高橋〔誠〕［1959］：高橋　誠「明治後期の所得税制―日本所得税制史論　その二―」『経済志林』（法政大学経済学会），Vol. 27, No. 1, January 1959, pp. 85-120.
高橋〔誠〕［1960］：高橋　誠「現代所得税制の展開―日本所得税制史論　その三―」『経済志林』（法政大学経済学会），Vol. 28, No. 1, January, 1960, pp. 129-160.
武田〔昌〕［1977］：武田昌輔「課税所得論」西野嘉一郎・宇田川璋仁編『現代企業課税論―その機能と課題―』東洋経済新報社，1977年，第3章，pp. 100-152.
武田〔昌〕［1979］：武田昌輔監修『DHCコンメンタール　法人税法　第1巻　沿革』第一法規, 1979年。
武田〔昌〕［1983］：武田昌輔監修『DHCコンメンタール　所得税法　第1巻　沿革』第一法規, 1983年。
武田〔昌〕［1990］：武田昌輔「税務会計の史的発展とその現代的意義」，税務会計研究学会『税務会計研究―税務会計研究の基本的課題―』No. 1, September 1990, pp. 31-51.
武田〔昌〕［1998］：武田昌輔『立法趣旨　法人税法の解釈』財経詳報社，1998年。
武田〔昌〕［1999a］：武田昌輔「確定決算主義」『企業会計』Vol. 51, No. 1, January 1999, pp. 100-107.
武田〔昌〕［1999b］：武田昌輔「課税所得は公正な会計基準から離脱すべきでない」『産業経理』Vol. 58, No. 4, October 1999, pp. 2-3.
武田〔昌〕［2000］：武田昌輔「法人課税の回顧と展望」税務研究学会『税務会計研究』

第一法規出版, No. 11, September 2000, pp. 231-246.

武田〔隆〕［1997］：武田隆二「法人課税の在り方」『税経通信』Vol. 52, No. 2, February 1997, pp. 17-24.

武田〔隆〕［1998］：武田隆二『法人税法精説（平成10年版）』森山書店, 1998年。

武田〔隆〕［1999］：武田隆二「損金・益金の認識・測定」『企業会計』Vol. 51, No. 1, January 1999, pp. 108-115.

武本［1913］：武本宗重郎『改正所得税法釈義』同文舘, 1913年。

田中〔勝〕［1951a］：田中勝次郎「法人税取扱通達と商法依存主義」『税経通信』Vol. 6, No. 1, January 1951, pp. 109-117.

田中〔勝〕［1951b］：田中勝次郎「シャンツの純資産増加説と認定賞与」『税法学』No. 3, March 1951, pp. 1-11.

田中〔勝〕［1951c］：田中勝次郎「再び我国の極端なる商法依存主義について（湊事務官の批判に答う）」『税経通信』Vol. 6, No. 9, September 1951, pp. 44-58.

田中〔勝〕［1951d］：田中勝次郎「税法の独立と税法学の誕生」『税法学』No. 9, September 1951, pp. 1-15.

田中〔勝〕［1952］：田中勝次郎「税法と企業会計原則との調整意見書に対する批判」『税法学』No. 20, August 1952, pp. 7-19.

田中〔二〕［1983］：田中二郎『租税法（新版）』有斐閣，1983年。

忠［1949a］：忠　佐市「税務計算と会計原則（一）」『企業会計』Vol. 1, No. 11, November 1949, pp. 32-36.

忠［1949b］：忠　佐市「税務計算と会計原則（二）」『企業会計』Vol. 1, No. 12, December 1949, pp. 22-27.

忠［1950a］：忠　佐市『租税法要論』日本評論社, 1950年。

忠［1950b］：忠　佐市「科学としての税務会計のありかた」『産業経理』Vol. 10, No. 12, December 1950, pp. 9-14.

忠［1951a］：忠　佐市「税務会計の新理論（一）」『企業会計』Vol. 3, No. 1, January 1951, pp. 35-41.

忠［1951b］：忠　佐市「税務会計の新理論（二）」『企業会計』Vol. 3, No. 2, February 1951, pp. 68-74.

忠［1951c］：忠　佐市「税法における所得計算原理（一）」『企業会計』Vol. 3, No. 7, July 1951, pp. 37-41.

忠［1951d］：忠　佐市「税法における所得計算原理（二）」『企業会計』Vol. 3, No. 8, August 1951, pp. 16-19.

忠［1951e］：忠　佐市「税法における所得計算原理（完）」『企業会計』Vol. 3, No. 9, September 1951, pp. 34-39.

忠［1952］：忠　佐市「法人税法における成果計算的思考の理解」『會計』Vol. 62, No. 6, November 1952, pp. 81-94.

忠［1953］：忠　佐市「税法における権利確定主義の展開」『會計』Vol. 63, No. 1, January 1953, pp. 85-97.

忠［1979］：忠　佐市「確定決算主義の原則と法第22条第4項」『税経通信』Vol. 34, No. 11, September 1979, pp. 10-18.

辻山［1991］：辻山栄子『所得概念と会計測定』森山書店，1991年。

富岡［1950a］：富岡幸雄「税務会計原則序説―税務会計の理念と現実―」『税経通信』Vol. 5, No. 8, July 1950, pp. 15-23.

富岡［1950b］：富岡幸雄「税務上の益金損金対応の原則」『税経通信』Vol. 5, No. 10, September 1950, pp. 111-120.

富岡［1950c］：富岡幸雄「税務上の期間損益確定の原則―税務会計の原則論の一齣―」『税経通信』Vol. 5, No. 10, October 1950, pp. 118-126.

富岡［1950d］：富岡幸雄「税務上の期間損益確定の原則―税務会計の原則論の一齣（その二）」『税経通信』Vol. 5, No. 11, November 1950, pp. 46-55.

富岡［1951a］：富岡幸雄「期間外損益と法人税務会計［税務上の期間損益確定の原則］」『税経通信』Vol. 6, No. 3, March 1951, pp. 76-87.

富岡［1951b］：富岡幸雄『税務上の損益計算』岩崎書店, 1951年。

富岡［1951c］：富岡幸雄「税務上の売買損益計算」『税経通信』Vol. 6, No. 8, August 1951, pp. 95-104.

富岡［1951d］：富岡幸雄「委託販売の税務損益計算」『税経通信』Vol. 6, No. 9, September 1951, pp. 28-39.

中川［1951a］：中川一郎「税法の法源と税法規の解釈―取扱通達について―」『税法学』No. 1, January 1951, pp. 24-33.

中川［1951b］：中川一郎「法人税取扱通達批判（一）」『税法学』No. 1, January 1951, pp. 34-44.

中川［1952a］：中川一郎「現行税法における基本的法概念としての『所得』（一）」『税法学』No. 13, January 1952, pp. 8-16.

中川［1952b］：中川一郎「現行税法における基本的法概念としての『所得』（二）」『税法学』No. 14, February 1952, pp. 17-21.

中川［1952c］：中川一郎「現行税法における基本的法概念としての『所得』（三）」『税法学』No. 16, April 1952, pp. 1-5.

中川［1952d］：中川一郎「現行税法における基本的法概念としての『所得』（四）」『税法学』No. 17, May 1952, pp. 1-7.

中川［1952e］：中川一郎「現行税法における基本的法概念としての『所得』（五）

『税法学』No. 18, June 1952, pp. 28-33.
中川［1952f］：中川一郎「現行税法における基本的法概念としての『所得』(六)」『税法学』No. 20, August 1952, pp. 20-24.
中川［1952g］：中川一郎「現行税法における基本的法概念としての『所得』(七)」『税法学』No. 21, September 1952, pp. 1-6.
中川［1952h］：中川一郎「現行税法における基本的法概念としての『所得』(八)」『税法学』No. 22, October 1952, pp. 1-5.
中川［1952i］：中川一郎「現行税法における基本的法概念としての『所得』(九)」『税法学』No. 23, November 1952, pp. 1-5.
中川［1952j］：中川一郎「現行税法における基本的法概念としての『所得』(十)」『税法学』No. 24, December 1952, pp. 1-6.
中川［1953］：中川一郎「現行税法における基本的法概念としての『所得』(十一)」『税法学』No. 27, March 1953, pp. 23-28.
西野［1953］：西野嘉一郎「原価差額に対する二つの規則―国税庁『通達』に関連して―」『企業会計』Vol. 5, No. 7, July 1953, pp. 73-78.
日本税理士連合会［2008］：日本税理士連合会税制審議会『企業会計と法人税制のあり方について―平成19年度諮問に対する答申―』2008年3月17日。
野津［1939］：野津高次郎『米国税制発達史』有斐閣，1939年。
長谷川〔忠〕［1975］：長谷川忠一『五訂　近代税務会計論』ダイヤモンド社，1975年。
長谷川〔安〕［1949］：長谷川安兵衛『株式会社会計』森山書店，1949年。
畠山［1973］：畠山武道「アメリカに於ける法人税の発達（一）―＜法人―株主＞課税を中心に―」『北大法学論集』Vol. 24, No. 2, September 1973, pp. 1-103.
畠山［1975］：畠山武道「アメリカに於ける法人税の発達（二）―＜法人―株主＞課税を中心に―」『北大法学論集』Vol. 26, No. 2, November 1975, pp. 45-105.
畠山［1976］：畠山武道「アメリカに於ける法人税の発達（三）―＜法人―株主＞課税を中心に―」『北大法学論集』Vol. 26, No. 4, March 1976, pp. 1-100.
畠山・渡辺［2000］：畠山武道・渡辺　充『新版　租税法』青竹書院，2000年。
畑山［1984］：畑山　紀「税務会計と企業会計」，黒澤　清監修・富岡幸雄編修『税務会計体系　第1巻　税務会計原理』ぎょうせい，1984年，第2章，pp. 41-68.
畑山［1995］：畑山　紀「富岡税務会計学の形成・応用の過程と発展方向」，畑山　紀編著『税務会計研究の現代的課題　富岡幸雄博士古稀記念論文集』第一法規出版，1995年，序章，pp. 3-51.
林〔健〕［1979］：林　健久『日本における租税国家の成立』東京大学出版会, 1979年。
林〔栄〕［1958］：林　栄夫『戦後日本の租税構造―税制批判の経済理論―』有斐閣，1958年。

東［1917］：東　奭五郎「減価償却に関する会計問題（上）」『會計』Vol. 1, No. 1, April 1917, pp. 51-59.
福田［1985］：福田幸弘監修『シャウプの税制勧告』霞出版社，1985年。
福田・井上［1988］：福田幸弘監修・井上一郎編『シャウプの税制勧告　新聞資料編』霞出版社，1988年。
古谷・井上［1988］：古谷一之・井上　尚訳「カール・S・シャウプ博士インタビュー記録」，福田幸弘監修・井上一郎編『シャウプの税制勧告　新聞資料編』霞出版社，1988年，pp. 29-48.
松隈・日本租税研究協会［1959］：松隈秀雄監修・日本租税研究協会著『戦後日本の税制』東洋経済新報社，1959年。
水野［1988］：水野忠恒『アメリカ法人税の法的構造』有斐閣，1988年。
湊［1951a］：湊　良之助「改正商法と税法」『税経通信』Vol. 6, No. 7, July 1951, pp. 80-88.
湊［1951b］：湊　良之助「税務会計原則の在り方」『産業経理』Vol. 11, No. 7, July 1951, pp. 21-25.
宮島［1972a］：宮島　洋「現代租税政策の形成過程―アメリカ連邦法人税について―」『証券研究』Vol. 33, February 1972, pp. 203-310.
宮島［1972b］：宮島　洋「『シャウプ勧告』の再検討-1930年代におけるアメリカ租税政策との関連で―」『経済評論』April 1972, pp. 176-191.
宮島［1983］：宮島　洋「間接税と附加価値税」日本租税研究協会編『シャウプ勧告とわが国の税制』日本租税研究協会，1983年，第5章，pp. 259-305.
宮島［1986］：宮島　洋『租税論の展開と日本の税制』日本評論社，1986年。
宮島［1992］：宮島　洋『税のしくみ　政治・経済を理解するために』岩波書店，1992年。
宮島［1994］：宮島　洋「税務論から見た確定決算主義と申告調整主義」日本租税研究協会確定決算主義研究会『確定決算主義についての報告』日本租税研究協会，1994, pp. 89-98.
山下［1951］：山下勝治「日本会計研究学会第十回大会報告」『會計』Vol. 60, No. 1, July 1951, pp. 111-115.
山本［1997］：山本守之『検証　法人税改革』税務経理協会，1997年。
雪岡［1955］：雪岡重喜『調査資料　所得税・法人税制度史草稿』1955年。
吉国［1953］：吉国二郎「原価差額の調整の通達について」『企業会計』Vol. 5, No. 7, July 1953, pp. 39-45.
吉国［1996］：吉国二郎総監修『戦後法人税制史』税務研究会, 1996年。
吉国・武田〔昌〕［1975］：吉国二郎・武田昌輔『法人税法〔理論編〕』財経詳報社，

1975年。

渡辺［2004］：渡辺徹也「税法と商法の乖離—資本の部の取扱いを中心に—」『租税研究』No. 656, June 2004, pp. 67-80.

Benson［1969］：Benson, E. J.（Minister of Finance）, *Proposals for Tax Reform*, Ottawa, Canada: Department of Finance, Government of Canada, 1969.

Benson［1971］：Benson, E. J.（Minister of Finance）, *Summary of 1971 Tax Reform Legislation*, Ottawa, Canada: Department of Finance, Government of Canada, 1971.

Bernard［1982］：Bernard, D. R. ed., *Internal Revenue Acts of the United States : the Revenue Act of 1954 with Legislative Histories and Congressional Documents*, Vol. 11, Buffalo, New York: William S. Hein & Company, 1982.

Burr et al.［1937］：Burr, S. S. and Vickrey, W., "Estimating Income and Estate Tax Yields," in C. S. Shoup, R. Blough, and M. Newcomer, *Studies in Current Tax Problems*, New York: Twentieth Century Fund, 1937, pp. 141-238.

Edwards［1970］：Edwards, S. E., "The White Paper：Corporations," *Canadian Tax Journal*, Vol. 18, No. 2, March-April, 1970, pp. 83-95.

Goode［1964］：Goode, R., *The Individual Income Tax*, Washington, D. C.: The Brookings Institution, 1964（塩崎　潤訳『R. グード原著　個人所得税』（社）日本租税研究協会，1966年）.

Haig［1921］：Haig, R. M., "The Concept of Income-Ecomonic and Legal Aspects," in R. M. Haig（eds.）, *The Federal Income Tax*, New York: Columbia University Press, 1921, pp. 1-28, reprinted in R. A. Musgrave and C. S. Shoup（ed.）, *Readings in the Economics of Taxation*, Homewood, Illinois: Richard D. Irwin, Inc., 1959, pp. 54-76.

Musgrave［1967］：Musgrave, R. A., "An Evaluation of the Report," *Canadian Tax Journal*, Vol. 15, No. 4, July-August 1967, pp. 349-370.

Robertson［1967］：Robertson, R., "A Perspective on the Report," *Canadian Tax Journal*, Vol. 15, No. 3, May-June 1967, pp. 230-248.

Rosenman［1938］：Rosenman, S. I. comp., *The Public Papers and Addresses of Franklin D. Roosevelt*, Vols. 5, New York: Random House, 1938.

Royal Commission on Taxation［1966］：Royal Commission on Taxation, *Report of the Royal Commission on Taxation*, Vols. 6, Ottawa, Canada: Queen's Printer and Controller of Stationary, 1966（reprinted ed., Tokyo: Far Eastern Book-Sellers, 1985）.

Shoup［1950］：Shoup, C. S., "Tax Reform in Japan," Welch, R. B. ed., *Proceedings of the Forty-Second Annual Conference on Taxation Held under the Auspices of the National Tax Association, Sacramento*, California: National Tax Association, 1950, pp. 400-

413.

Shoup [1969]: Shoup, C. S., *Public Finance*, Chicago, Illinois: Aldine Publishing Company, 1969 (塩崎　潤訳『カールS. シャウプ　財政学』Vols. 2, 有斐閣, 1973年).

Shoup [1970]: Shoup, C. S., "The White Paper: Accrual Accounting for Capital Gains and Losses," *Canadian Tax Journal*, Vol. 18, No. 2, March-April 1970, pp. 96–102.

Shoup et al. [1937a]: Shoup, C. S., Blough, R., and Newcomer, M., *Facing the Tax Problem: A Survey of Taxation in the United States and a Program for the Future*, New York: Twentieth Century Fund, 1937.

Shoup et al. [1937b]: Shoup, C. S., Blough, R., and Newcomer, M., *Studies in Current Tax Problems*, New York: Twentieth Century Fund, 1937.

Shoup et al. [1937c]: Shoup, C. S., Shimberg, B. L., and Vickrey, W., "A Comparison of Aggregate Burden of Federal Income Tax and State Income Tax in Eleven Selected States," in C. S. Shoup, R. Blough, and M. Newcomer, *Studies in Current Tax Problems*, New York: Twentieth Century Fund, 1937, pp. 53–96.

Shoup Mission [1949]: Shoup Mission, *Report on Japanese Taxation* (『シャウプ使節団　日本税制報告書』), Vols. 4, Tokyo: General Headquarters, Supreme Commander for the Allied Powers, 1949.

Shoup Mission [1950]: Shoup Mission, *Second Report on Japanese Taxation*, Tokyo: Japan Tax Association, 1950 (大蔵省主税局編『シャウプ使節団　第二次日本税制報告書』日本租税研究協会, 1950年).

Simons [1938]: Simons, H. C., *Personal Income Taxation*, Chicago: Illinois, The University of Chicago Press, 1938.

〈学会・討論会・座談会記録〉(公表年月日順)

「日本会計研究学会報」『會計』Vol. 59, No. 6, June 1951, pp. 112–113.

「円卓討論　会計原則と税法および商法の問題」『會計』Vol. 60, No. 2, August 1951, pp. 81–115.

「企業会計座談会 (I)『原価差額の調整』通達をめぐって」『企業会計』(臨時増大号) Vol. 5, No. 7, July 1953, pp. 59–67.

「＜座談会＞棚卸資産に関する取扱通達の要改正点について」『税経通信』Vol. 12, No. 11, October 1957, pp. 166–198.

「特集／企業会計関係諸法規の改正と法人税法　座談会　改正商法と法人税法との調整」『税務弘報』Vol. 12, No. 1, January 1964, pp. 12–30.

「座談会／商法と税法との調整通達について」『税務弘報』Vol. 19, No. 2, February 1964, pp. 110–126.

「座談会／改正法人税法の問題点」『税経通信』Vol. 20, No. 6, June 1965, pp. 106–123.
「座談会　企業会計制度の基盤—わが国会計法制の30年」『企業会計』Vol. 30, No. 12, November 1978, pp. 14–40.
「シンポジウム　課税所得の基本概念の探求」税務研究学会編『税務会計研究』No. 8, September 1997, pp. 117–208.
「緊急座談会　課税ベースの拡大〜大蔵省法人税改革見直し案を検証」『税理』Vol. 41, No. 1, January 1998, pp. 56–87.

〈政府税制調査会答申〉（答申年月順）

臨時税制調査会［1956］：臨時税制調査会『臨時税制調査会答申』大蔵省印刷局，1956年12月。

税制調査会［1960］：税制調査会『当面実施すべき税制改正に関する答申（税制調査会第一次答申）』大蔵省印刷局，1960年12月。

税制調査会［1963］：税制調査会『所得税法及び法人税法の整備に関する答申』大蔵省印刷局，1963年12月。

税制調査会［1964a］：税制調査会『「今後におけるわが国社会，経済の進展に即応する基本的な租税制度のあり方」についての答申及びその審議の内容と経過の説明』大蔵省印刷局，1964年12月。

税制調査会［1964b］：税制調査会『昭和40年度の税制改正に関する答申及びその審議の内容と経過の説明』大蔵省印刷局，1964年12月。

税制調査会［1966a］：税制調査会税制簡素化特別部会『税制簡素化についての中間報告』大蔵省印刷局，1966年9月。

税制調査会［1966b］：税制調査会『税制簡素化についての第一次答申』大蔵省印刷局，1966年12月。

税制調査会［1966c］：税制調査会『長期税制のあり方についての中間答申』大蔵省印刷局，1966年12月。

税制調査会［1968］：税制調査会『長期税制のあり方についての答申及びその審議の内容と経過の説明』大蔵省印刷局，1968年7月。

税制調査会［1970］：税制調査会『昭和45年度の税制改正に関する答申』大蔵省印刷局，1970年1月。

税制調査会［1980a］：税制調査会企業課税小委員会『企業課税小委員会報告』大蔵省印刷局，1980年9月。

税制調査会［1980b］：税制調査会『財政体質を改善するために税制上とるべき方策についての答申』大蔵省印刷局，1980年11月。

税制調査会［1980c］：税制調査会『昭和56年度の税制改正に関する答申』大蔵省印刷

局, 1980年12月。
税制調査会［1986］：税制調査会『税制の抜本的見直しについての答申・報告・審議資料総覧』1986年10月。
税制調査会［1997］：税制調査会『平成10年度の税制改正に関する答申』1997年12月。

〈政府税制調査会報告書〉
税制調査会［1996］：税制調査会『法人課税小委員会報告』1996年11月。

〈意見書〉（発表年月日順）
経済安定本部［1952］：経済安定本部企業会計基準審議会「税法と企業会計原則との調整に関する意見書」（昭和27年6月16日, 経済安定本部企業会計基準審議会中間報告）．
大蔵省［1960］：大蔵省企業会計審議会「企業会計原則と関連諸法令との調整に関する連続意見書　連続意見書第一・第二・第三」（昭和35年6月22日, 大蔵省企業会計審議会中間報告）．
大蔵省［1962］：大蔵省企業会計審議会「企業会計原則と関連諸法令との調整に関する連続意見書　連続意見書第四・第五」（昭和37年8月7日, 大蔵省企業会計審議会中間報告）．
日本会計研究学会［1966］：日本会計研究学会税務会計特別委員会「企業利益と課税所得との差異及びその調整について」（昭和41年5月26日）．
大蔵省［1966］：大蔵省企業会計審議会「税法と企業会計との調整に関する意見書」（昭和41年10月17日, 大蔵省企業会計審議会中間報告）．

〈通達〉（示達年月日順）
通達［1899］：「明治32年10月2日主税局通牒」．
通達［1920］：「所得税法施行上取扱方心得」（大正9年8月19日大蔵大臣達）．
通達［1927］：「所得税取扱方」（昭和2年1月6日主秘第一号）．
通達［1950］：「法人税法基本通達」（昭和25年9月25日直法1-100）．
通達［1952］：「『税法と企業会計原則との調整に関する意見書』の発表について」（昭和27年7月23日直法1-101）．
通達［1953a］：「法人税基本通達の一部改正（たな卸資産関係）について」（昭和28年5月18日直法1-53）．
通達［1953b］：「原価差額の調整について」（昭和28年5月18日直法1-54）．
通達［1963］：「改正商法の施行に伴う法人税の取扱について」（昭和38年12月13日直審（法）250）．

通達［1969］:「法人税基本通達の制定について」(昭和44年5月1日直審(法) 25例規).

〈判決録〉(発行年次順)
行政裁判所［1900］:『行政裁判所判決録』第11輯第41巻, 1900年。
行政裁判所［1903］:『行政裁判所判決録』第14輯, 1903年。
行政裁判所［1908］:『行政裁判所判決録』第19輯, 1908年。
行政裁判所［1913］:『行政裁判所判決録』第24輯, 1913年。
行政裁判所［1919］:『行政裁判所判決録』第30輯, 1919年。
行政裁判所［1920］:『行政裁判所判決録』第31輯, 1920年。

〈統計資料〉(発行年次順)
東洋経済新報社［1927］:東洋経済新報社編『明治大正財政詳覧』東洋経済新報社, 1927年。
大蔵省［1969］:大蔵省百年史編集室編『大蔵省百年史　別巻』(財)大蔵財務協会, 1969年。

資料

1. Takahashi, Shiro, "Some Memorable Aspects of the Tax Reform by the Shoup Mission: An Interview with Dr. C. S. Shoup at Sandwich,"『東北学院大学論集　経済学』No. 96, December 1984, pp. 211-227. ── 246

2. Takahashi, Shiro, "Problems of Tax Reform Proposal in Japan: The Implications of a Discussion with Dr. Carl S. Shoup,"『東北学院大学経理研究所紀要』No. 3, January 1989, pp. 1-19. ── 261

3. Takahashi, Shiro, "The Third Discussion with Dr. Carl S. Shoup: Toward Future Tax Reform in Japan,"『東北学院大学経理研究所紀要』No. 5, February 1993, pp. 111-129. ── 276

注：上記資料の再録にあたっては、引用文献の注記方法や参考文献の表示方法を統一するなど、必要最小限の修正をほどこした。

Some Memorable Aspects of the Tax Reform by the Shoup Mission: An Interview with Dr. C. S. Shoup at Sandwich

Shiro Takahashi

Introduction

The most impressive day in my life began with a light morning rain. On August 31, 1983, I visited the home of Dr. Shoup in Sandwich, a small beautiful town in N. H., USA.

Dr. Carl Sumner Shoup is a quite famous scholar, and what is more, he is significant for us as the head of the Shoup Tax Mission to Japan that made recommendations in *Report on Japanese Taxation* in 1949.[1] Fortunately, I was able to hear directly his verbal evidence about some significant aspects of the report in a lengthy interview with him in Sandwich last year.

The 1949 report became the base of the present tax system in Japan which showed theoretical consistency especially in relation to individual and corporate income taxes. It attempted to realize tax equity for each individual by combining the system induced from a theory which regards a corporation as "a particular kind of aggregation of individuals" with an all-inclusive individual income tax system at progressive rates.[2] Almost all recommendations of the 1949 report were enacted in 1950 with a few exceptions. However, many significant parts of the legislation have been gradually modified as time has passed. Today, the Japanese tax system is far removed from the original legislation. As a result, it is now so complicated and inequitable that it can no longer be ignored.

As the situation has become more and more critical, voices are being raised for a revision of the system. For example, a hasty proposal has been made to introduce a large scale indirect tax. Such a proposal is often too easily supported from the viewpoint of redressing deficit financing or to correct an imbalance between direct and indirect taxes. In fact, there has been an unfavorable general tendency in a series of Japanese post war tax revisions to reform the system at random from a short-sighted point of view, taking no account of obvious theoretical inconsistencies. Any tax reform based on such an inconsistent position can never offer more than a partial solution to tax revision. In this respect, the 1949 report as a standard of the present tax system contains many meaningful suggestions for any future tax program. The chief aim of this paper is to suggest some basic materials for re-evaluating the 1949 report.

Thus, this paper is written in dialogue and necessary procedures mentioned below were followed to reproduce my interview with Dr. Shoup as authentic as possible. At first, I sent to Dr. Shoup my transcription of the tape of the interview to ask for his permission to publish it. Then, I drew a final manuscript from his affirmative reply with some necessary corrections and returned it to him again to get his confirmation of the content and his final permission to publish it.

I want to express my thanks to all who supported me in the course of preparing this paper. Particularly, to Dr. Shoup, without whom, this paper could not have been written. Words cannot express my indebtedness to him.

The Basic Object of the 1949 Report

Takahashi:
What was the basic object of preparing the 1949 report?

Dr. Shoup:
The basic object was to introduce a tax system that would be workable, fair and accord with modern ideas of a good tax system. Of course, we came into a payments problem. And this must be remembered: the tax system was almost in chaos in 1949. They were collecting taxes by methods that reminded you of the old tax farming methods of the French of the 18th century where they would sell the rights to certain areas to some tax farmer who would collect money in any way he could. The only difference here was that instead of the tax farmers they had military colonels and so on who were made responsible for bringing in a certain amount of money. They in turn used techniques very crude and sometimes rather forceful. And everyone was unhappy. So that, I think that the people often don't recognize how chaotic the situation was, when we came in. What we sought was to get something that was simple and workable and operated by general rules and to replace this unjust system of ad hoc kind of taxation without any literally ascertainable rules. As a taxpayer then, you didn't know what you were going to pay. You were told finally by tax authority, "This is it." But, everything was mixed up badly. So, we sought to bring

order. And in doing that, we thought that we might suggest a tax system that went in the right direction, one that could develop into, if you like, an ideal tax system. And that is really what we tried to do. As we said here in the foreword, a chief aim of our mission had been to draw up a plan of a permanent tax system for Japan.[3] And emphasis had been placed on considerations that go beyond the financing problems of the present year. But, we specified how to handle the present year and the next year. And, as we said, this long term program could have been either one or the other. It could been a sort of a primitive type of tax system that would depend on external signs of income and so on. Something extremely simple that anybody could understand. Or, on the other hand, we could set up a system that was more complex, but that could be understood if you studied and took care. As we looked around and talked to our counterparts, we finally had no trouble reaching a decision that the more complex tax system could easily be handled, because, the Japanese had a high level of literacy and a very high level of intelligence generally. So, we said no to the primitive system and suggested a basically sound system that was somewhat complex but not too much so. We said our aim. It was "to recommend a modern system, which depends on the willingness of business men and all taxpayers of substantial means to keep books and to reason carefully about some fairly complicated issues of equity. For the small taxpayer, at the same time, the task of filing returns and paying the tax should be kept a simple one. Under this approach, we see no reason why Japan may not within a few years, if she so desires, have what would be the best tax system in the world."[4] While I am on the subject, let's remember that in fact this tax system was put entirely into force and was legislated with only one or two minor exceptions within a few months after we submitted the report. For a few months, for a year or so, Japan had this system. Then, the Korean War came along. There was a political change. Politically conservative elements gained control of the government. That was the democratic process at work. But, this report was not written for a highly conservative group. As soon as the conservative group came in, they began to take pieces out the system. For a year or so, we had that system.

Takahashi:
    What relationship did the 1949 report have to the Dodge Line?

Dr. Shoup:

Well, it attempted to raise the amount of money and the amount of tax revenue that the Dodge Line called for. We took our revenue goal pretty much from the Dodge Line. The Dodge Line did not specify how the money was to be raised. We emphasized several times here that inflation must be checked and we must prevent inflation. I would say that it was consistent with the Dodge Line.

The Status of the Tax Mission

Takahashi:

What relation did your commission have to GHQ?

Dr. Shoup:

We were brought over by GHQ.[5] That is to say, it was MacArthur himself who sent Harold Moss over to the United States to find someone who would form a tax mission. It was SCAP.[6] In effect, I was proposed by General MacArthur through Harold Moss. I specified the terms on which I would accept the assignment and they were agreeable to the General. So, I went ahead to recruit the members of the mission. This was all done through the Occupation and not through Japanese authorities. But, once we got there, of course, we immediately got in touch with the Japanese authorities and worked closely with them the whole summer.

Takahashi:

Did you have a status independent from GHQ?

Dr. Shoup:

Oh yes, we were subject to no restraint at all. When I went there, the day after I got there, MacArthur asked me for a talk with him and emphasized that he would place no limits on our activity. We had a job to do. It was our job and he would not interfere with it. He never did, all during the summer. I saw him perhaps twice. He had us out for a lunch one time at his house. We could get anything we wanted. We needed transportation throughout Japan. GHQ supplied us with a locomotive and a private car. But, not once during the whole summer, did any member of GHQ try to persuade us to do this or that. So, we were completely free. We wrote the report without any interference from anybody in the military. They were really quite good in that way. I thought that MacArthur showed great statesmanship. He turned this thing over to us completely and said, "It's your job. Now do it." When we finished the job, he accepted it. GHQ suggested no changes. They took the report as we had written it. Of course, they were very busy with a number of other things. They did not want to get entangled in a very technical subject like taxation. It was very happy for us that the job was left to us. I might add one thing which you might find interesting. When I talked with MacArthur, the day after we arrived, the only suggestion he made was, "Please don't make a guinea pig out of Japan." This means that we use guinea pigs for scientific experiments and we must not use that occasion to experiment to try a lot of strange things and so forth. Then, we didn't want to do so anyway. So, I agreed to that. That was only the guideline.

The Transformation of the 1949 Report

Takahashi:

I think as well as you, that many important parts of the 1949 report remain or survive in the present Japanese tax system. So, I don't think that the progress of the 1949 report from 1949 to now resulted in a collapse of the tax system which was legislated according to the 1949 report. I think that it was rather a revising or changing process. What do you think about this point?

Dr. Shoup:

As I have already indicated, I think that the political scene changed. If you got more conservative political voices in power, the tax system would be changed to accord with their philosophy. But, so far as I know, the main structure of the tax system still exists in Japan. We did not recommend a value added tax for the national government. We recommended a very light one for the prefectures that was not accepted. But, no matter, that was very small; we did not want to have a general sales tax on the national level, because of the burden on the poor. And, today Japan remains without a general sales tax: the only industrial country in the world that has none.

Takahashi:

How did the Korean War affect the 1949 report's progress?

Dr. Shoup:

I think that the Korean War made all the governments more cautious and more conservative. So, it tended to bring in more conservative elements. But, you know better than I about that. Do you think that is correct that the Korean War tended to bring into government more conservative elements in Japan?

Takahashi:

Yes, I think so.

Dr. Shoup:

Yes. So, naturally, that had effects on many things including the tax system.

Takahashi:

Was the Japanese government more liberal before the Korean War?

Dr. Shoup:

As I said, they did put in the entire tax system. It was not until the Korean War that the system began to be taken apart a little here and there.

Takahashi:

It is sometimes said by some Japanese scholars that the 1949 report was too perfect and it aimed to build up a theoretical and permanent tax system. As a result, it did not suit Japanese economic conditions in those days. What do you think about this opinion?

Dr. Shoup:

I don't agree with that. I think that we studied the Japanese economy enough and talked to enough Japanese people to be realistic. We tried to make the system fit the economic conditions. People who say that it did not fit will have to explain specifically what they mean, "What did not fit." We made a great effort to make everything fit including the blue return, which we invented, for the small taxpayers.

Now, you have a large associations of blue return taxpayers. We made a great effort to make every part of the system fit the Japanese economy and the Japanese taxpayer. So, if we did not succeed, I'd like to know exactly "Where?" A general comment like that is not very meaningful.

Takahashi:

Is there a fact that Japanese government made some requests to you suggesting changes in the course of preparing the 1949 report?

Dr. Shoup:

We consulted with them and asked them their advice at every stage. They did not come forward with many demands or even requests, if that is what you mean. We worked very closely with the treasury officials, the finance minister, the head of the tax office and so on. Of course, we told them everything we were going to suggest, after we worked there for two or three months, because we wanted to know what they thought about it. No, they didn't make any special requests.

The Feasibility of the 1949 Report

Takahashi:

I think that the 1949 report fundamentally had a sufficient feasibility to be realized under Japanese economic conditions in those days. What do you think about my opinion?

Dr. Shoup:

I think that it was feasible.

Takahashi:

I think that you might stress its feasibility.

Dr. Shoup:

We emphasized the fact it would be feasible. But, people would have to work at it. It wouldn't be easy but it could be done. We tried to make it very simple for the small taxpayer. Then, we insisted that the wealthy taxpayers make some effort to understand the law and comply with it. Japan did not need a kindergarten kind of tax system which is oversimplified. It was obvious that Japan could deal with a sophisticated tax system.

Takahashi:

Can I consider that the Korean War made Japanese government conservative and its conservative government broke your report?

Dr. Shoup:

They removed some parts but not all. Especially, investment income was taxed more lightly and capital gains were exempted.

Takahashi:

In fact, I am not the first to try to link *Facing the Tax Problem* with the 1949 report.[7] In respect to the feasibility of the 1949 report, is it a meaningful attempt to compare these two writings?

Dr. Shoup:

Yes, I think it is meaningful. *Facing the Tax Problem*'s recommendations were much more sophisticated. For example, one of the recommendations of *Facing the Tax Problem* was accrual taxation of capital gains and accrual allowance of losses. You don't have to wait until they sell the stock, but value it each year or each two or three years. You take the accrued change in value and tax it or allow the loss. And we thought that would be much too sophisticated for Japan. So, I would say that a good deal of *Facing the Tax Problem*'s recommendations were on a more complicated level than we advocated for Japan.

Takahashi:

Is it a fact that *Facing the Tax Problem* criticized the United States tax system of those days as lacking theoretical consistency?

Dr. Shoup:

Well, of course, the tax system of any country is built up historically bit by bit over the years. It is bound to have inconsistencies in it. We tried to point out some of the inconsistencies to indicate what the future path might be.

Takahashi:

The 1949 report and *Facing the Tax Problem* both regarded a corporation as a fiction and not as a unit of taxation. I want to know your reasoning of a theory which regards a corporation as a fiction.

Dr. Shoup:

Perhaps, "fiction" is a strong word. But, surely the corporation as such can't pay anything. It is always people who pay taxes. So we felt that we should try to see through a corporation and reach the people: either consumers of the corporate products or stockholders of the corporation. They are the ones that really bear the burden of taxes.

Takahashi:

We can recognize some differences between the 1949 report and *Facing the Tax Problem*. As you indicated earlier, the treatment of capital gains and the way of rejecting double taxation by a corporate income tax and an individual income tax are its examples. Does this fact mean that the 1949 report regarded a feasibility of a tax system as a more important goal than did *Facing the Tax Problem*?

Dr. Shoup:

No, I would not put it that way. What we proposed in *Facing the Tax Problem* was feasible for the United States, but it would not be feasible for Japan right after the war, because of the difficulty of keeping records and so on. For example, it would be very difficult in Japan in 1949 to trace back the costs of the things which you had bought during the war. Records were destroyed and book accounting was not as highly developed as in the United States, and so on. So that, we thought that *Facing the Tax Problem* was feasible for the United States in the 1930's, but would not be feasible for Japan in the 1950's.

Takahashi:

Can I consider that the backgrounds were very different between two countries?

Dr. Shoup:

Oh yes, the accounting background, the social background, the business background...all were different. So, we tried to adapt the tax system to the background.

Takahashi:

Are these two writings quite different from each other?

Dr. Shoup:

Yes, they each were substantially different. They were designed for different countries with different backgrounds, different stages of development and accounting especially.

Takahashi:

I heard that many recommendations of *Facing the Tax Problem* were not realized. If it was true, can I consider that the 1949 report tried to reflect this bitter experience?

Dr. Shoup:

It is true that *Facing the Tax Problem*'s recommendations were not accepted generally. Remember that shortly after that, war broke out. We had the gigantic task of raising large amounts of tax revenue. It was a completely different setting from when we wrote *Facing the Tax Problem*. And, I can't remember that in the 1949 Mission we talked among ourselves much about *Facing the Tax Problem*. *Facing the Tax Problem* was only one of many books and reports on taxation. Roy Blough and Mabel Newcomer who were two co-authors of *Facing the Tax Problem* were not on the Japan mission. I was the only one on both. And, that was 12, 13, or 14 years earlier. So, I can't remember that *Facing the Tax Problem* was discussed very much by us during that summer of 1949. It was a pretty different situation. I don't think that the 1949 report reflected the results of *Facing the Tax Problem*. Two books were quite different.

Takahashi:

Is there any other book which should be compared with the 1949 report in order to understand your thought more fully?

Dr. Shoup:

No, I don't think so. I come back to the fact that in Japan, we had a very specific problem with a specific country at that particular time and we had to take our general tax principles and make them concrete to specify what could be done in Japan. So, I don't see how anything else that we wrote could help you very much especially, since we took a good deal of trouble to explain why we recommended everything, in this set of four volumes which involved a great deal of explanation. I think that it is a sort of self-contained report and you can get the reasons from reading it.

Takahashi:

There is *Studies in Current Tax Problem*.

Dr. Shoup:

That was a research volume and was not specifically related to the recommendations in *Facing the Tax Problem*. In that, we took research papers which we had drawn up in the course of the staff work for *Facing the Tax Problem*. It was a companion volume. Those two volumes were parts of the same study funded by Twentieth Century Fund.

Takahashi:

I think that the 1949 report's recommendations about a corporate income tax and an individual income tax were mainly constituted from two systems. One is a system which is induced from a theory which regards a corporation as a fiction, as we talked about. Another is a full inclusive individual income tax based on progressive tax rates. What do you think about this analysis?

Dr. Shoup:

I think that's correct. We regarded the corporation as a conduit, through which income flowed. We wanted to see "Where did it go?" Corporate profits go to stockholders sooner or later. And it was the stockholders that we wanted to reach with the progressive rate's system. Of course, we did not recommend abolition of the corporate tax; that would be too drastic a step. Instead, we tried to have a rather primitive method of integration. It was a credit of the corporation tax, which was not a perfectly integrated system at all. But a complete one would have been too complicated for Japan at that time.

Takahashi:

I think that the 1949 report's feasibility should be more fully recognized and should be stressed more strongly now in Japan. In short, I think that the 1949 report had not only theoretical consistency but also enough feasibility. This fact has been gradually forgotten as time has passed. I want to hear your comment about this point.

Dr. Shoup:

Yes, I agree with you on that. I think that the system was feasible. Indeed, the changes made later were not made because of feasibility for the most part, but because of changing social and economic attitudes.

Takahashi:

From this point we must re-examine the 1949 report to build up some new tax system in Japan.

Dr. Shoup:

Now, there may have been some parts of the 1949 report that were proved to be not feasible. Perhaps the accessions tax was too much to ask. I don't know. We thought that it would be feasible. But, as you know, it was repealed partly on the grounds of unfeasibility. But, I think that on the whole it was a feasible system.

Objectives of the Tax System

Takahashi:

Now, some specific tax provisions which are regarded as exceptions are introduced into a basic tax system in order to achieve any specific economic objective. For example, in order to enlarge exportations, tax burden on related firms are reduced. What do you think about this tendency?

Dr. Shoup:

If you mean whether the tax system should be used to achieve these ends like increasing of exports or not, I would say "No." On the whole, the tax system should be designed to raise the revenue and to raise it fairly and effectively, and then if they want to increase exports, well, they could devalue the yen. That is the way to increase exports. Why distort the tax system? I think that there is a general tendency to try to use the tax system for every kind of economic objective which you have. After all, there are some better tools to use, like the exchange rate. It tends to distort the tax system, to make it unfair and inefficient.

Takakashi:

There are many special tax provisions which have a specific economic objective. So, there are some problems in connection with a basic tax system. I want to hear your opinion about this point.

Dr. Shoup:

Well, I just talked to that point. We have to be careful about trying to make the tax system as an instrument for all kinds of economic policy. Because, if you try that, you make it difficult to administer, hard to comply with, and very complicated. The present United States income tax is very bad that way: all kinds of special provisions to encourage this and encourage that. It is so complex that almost no one really understands it completely.

Takahashi:

As same as you, I think that there are many problems in Japanese tax system. Its tax system was so complicated as is not necessary. Now, in Japan it is said that a proportion of direct taxes is so heavy, so large scale indirect taxes must be introduced. What do you think about this tendency?

Dr. Shoup:

Well, you recall that, in 1949, it was about fifty-fifty indirect taxes and direct taxes. We favored more reliance on direct taxes, because you could get a better distribution of the burden among the rich and the poor and so on in that way. So, I don't agree that you need more indirect taxes. But again, I don't know a great deal about the present day Japanese tax system. So, I can't prescribe what should be done now.

Takahashi:

The base of current Japanese tax system was your report in 1949. So, this tendency is different from its base, isn't it?

Dr. Shoup:

Right. I think so.

An Additional Question

Takahashi:

In your letter June 27, 1983, you said about Japanese local governments, "And the local units, though still far more independent fiscally, are, I think, more powerful than before 1949. But I may be wrong on this point." I can't understand "this point."[8]

Dr. Shoup:

Well, the local units used to get their money from the national government, largely through those distribution grants and the distributed part of the income tax. They didn't know from one year to the next how much they were going to get. They were at the mercy of the central government. In other words, the local units did not have a good independent tax system of their own. Now, it's my impression today that they can count on their revenues more, they know what is going to happen. My impression is that they are not as dependent on the whim of sudden changes in the national government from year to year. They can plan better. Therefore, in that sense they are more independent fiscally. I don't mean that they raise all their own revenue; they still get large grants from the central government. But it is more orderly and it is more according to rules, or am I wrong on that? Do you see what I mean in the sense that local governments can plan ahead as to the revenues so they can act more independently and plan their own future more?

Takahashi:
I see it clearly. Thank you very much.

Notes

1. Shoup Mission [1949]. Throughout this paper, it is referred to as "the 1949 report."
2. Shoup Mission [1949] Vol. I, p. 105.
3. Shoup Mission [1949] Vol. I, Foreword p. i.
4. Shoup Mission [1949] Vol. I, Foreword, pp. i–ii.
5. General Headquarters, Supreme Commander for the Allies Powers.
6. Supreme Commander of the Allied Powers.
7. Shoup et al. [1937]. As far as I know, Professor Hiroshi Miyajima is the first. See Miyajima [1972].
8. This was a reply from Dr. Shoup to my first letter to him.

References

Miyajima [1972]: Miyajima, Hiroshi, "Shoup Kankoku no sai-hyoka," *Keizai Hyoron*, April 1972, pp. 176–191.

Shoup Mission [1949]: Shoup Mission, *Report on Japanese Taxation*, Vols. 4, Tokyo: General Headquarters, Supreme Commander for the Allied Powers, 1949.

Shoup et al. [1937]: Shoup C. S., Blough, R., and Necomer, M., *Facing the Tax Problem: A Survey of Taxation in the United States and a Program for the Future*, New York City, New York: Twentieth Century Fund, 1937.

Problems of Tax Reform Proposal in Japan: The Implications of a Discussion with Dr. Carl S. Shoup

Shiro Takahashi

Introduction

Recently in Japan, tax reform proposals by the government have been prepared and repealed repeatedly, without bringing about any remarkable fruits.[1] The present proposal by the government is also causing a great deal of discussion, and its fate is still unpredictable.

On the other hand, the tax reform in the United States was carried out with some excellent features. Above all, the tax reform proposals by the Treasury Department,[2] that were legislated in the Tax Reform Act of 1986, can be characterized as an epoch-making tax reform program, and is listed as a model tax reform plan.

Fortunately, the author had a chance to analyze the essential points of this tax reform program with Dr. Carl S. Shoup,[3] who is famous not only as a specialist on the United States tax system, but also as one of the main founders of the present Japanese tax system.[4]

His present thought, which was revealed in our discussion, seems to be suggestive for tax reform in Japan.[5]

The chief aim of this paper is to make clear our discussion's implications.

Basic Features of the United States Tax Reform Act of 1986

In 1984, the Treasury Department of the United States submitted a lengthy report for fundamental tax reform to the President. After a careful study of some alternatives, they proposed "a modified flat tax," which combines "a more comprehensive definition of income than under current law with modestly graduated low rates."[6] The most significant feature of their plan for reform was revealed in this proposal, and it was enacted in the Tax Reform Act in 1986.

Dr. Shoup comments on both the merits and demerits in the Tax Reform Act of 1986. He praises the fact that it repealed many of the special privileges, tax preferences, and loopholes, lowered the top rates, and increased the exemptions at the bottom, so that many low income people could pay less tax.

However, when talking about corporate income tax, Dr. Shoup criticizes its tendency to shift the burden from individuals to corporations. He suggests that the corporate income tax always burdens unspecified people whom we don't know, and insists that shifting the burden from individuals to corporations is nothing but "a sort of dodging of responsibility" by the tax conferees of Congress. On the whole, Dr. Shoup appreciates the Tax Reform Act of 1986 as "a step in advance," or "an improvement."

However, not all of the Treasury Department proposals were legislated in this act. He regrets the partial legislation of the Treasury Department's proposals, and favors more complete legislation in the near future.

One of the significant differences between the Treasury Department proposal and the Tax Reform Act of 1986 is in the attitude for integrating a corporate income tax into an individual income tax. For the integration, the Treasury Department proposed taxing capital gains as ordinary income in an individual income tax, and using a 50% dividend-paid deduction in a corporate income tax, to provide partial relief from double taxation of dividends.[7] However, an effective system for integration was not legislated in the Tax Reform Act in 1986, because the dividend-paid deduction was rejected by Congress.

Dr. Shoup criticizes the Tax reform Act of 1986 for lacking any idea of integration between corporate and individual income taxes, and thereby resulting in double taxation of dividends. He declares his dissatisfaction: "So many people seem to think of a corporation as being some alien from outer space and it can be taxed but have no effect on us."

His advocacy of integration is based on his theory about the concept of a corporation. In the 1949 report,[8] he points out that a corporation is nothing but "a particular kind of aggregation of individuals." And, he proposed a credit for the corporate income tax on dividends, full taxation of capital gains, and full deduction of capital losses in this report.[9] Dr. Shoup has consistently regarded a corporation as "a conduit"[10] through which income flows.

The severe criticism of the Tax Reform Act of 1986 by Dr. Shoup is deeply rooted in his theory of taxation which stresses that the tax system should have a consistent framework.

Some Issues Surrounding the Introduction of the Value-Added Tax

It is a remarkable fact that the Treasury Department gave up introducing the value-added tax because of "its inherent regressivity."[11] In fact, the European experience with the value-added tax illustrates one serious weak point of the value-added tax: "The use of differentiated rates to lessen regressivity and the exemption of other commodities, on the other hand, complicate administration considerably."[12] The conflicts or trade-offs between fairness and simplicity present one serious obstacle to the introduction of the value-added tax.

Dr. Shoup appreciates the adaptability and feasibility of the value-added tax as well as its favorable economic impact. He insists that the value-added tax is "not too difficult to administer, provided it is kept rather simple," by sufficient preparations before its introduction. However, his support for the value-added tax should not be exaggerated. In his view, the introduction of the value-added tax is only the second best way to reform the tax system. His view is fully represented in his words: "don't use it unless you have to."[13]

He has supported an approach to tax reform which is based on a comprehensive income tax. He stresses the significance of the broad income concept as the standard of income, because this concept offers the basis for the idea of a comprehensive income tax.

For the definition of income, Dr. Shoup refers to the Haig-Simons standard. According to this standard, personal income is comprehensively defined as "the algebraic sum of (1) the market value of rights exercised in consumption and (2) the change in the value of the store of property rights between the beginning and the end of the period in question."[14] This standard has been widely accepted as the underlying concept of a comprehensive income tax.

Alternatively, a consumption tax, which is a different approach to tax reform, selects consumption as the tax base. Under this idea, savings are excluded from the tax base. The value-added tax is classified as a type of consumption tax.

Dr. Shoup recognizes the fact that a consumption tax is supported by many American economists, who criticize the distortion against savings caused by a comprehensive income tax. However, he rather criticizes the idea of not taxing savings, and he stresses the need for a broad income concept as a useful standard of income. Consequently, Dr. Shoup comes to the conclusion that the value-added tax is "a supplement but not the main tax itself." Clearly, he only supports the introduction of the value-added tax for the improvement of indirect taxation by the replacement of older forms of indirect taxes.

Finally, as a point of detail, his support for an EC style value-added tax should be noted. Recently, many European countries have adopted the value-added tax with a tax credit method or an invoice method. Dr. Shoup supports the value-added tax with these methods, because of the simplicity of calculation for taxpayers and the verifiability for tax officials and others concerned.[15]

In contrast to these methods, the "account method" which has been adopted in the present tax reform proposal in Japan includes several practical weak points. For example, under this method, each taxpayer calculates the tax base of the value-added tax from his accounts. Although it seems convenient for taxpayers, their calculations cannot help but become arbitrary.

To make matters worse, this method is not useful in shifting the value-added tax throughout firms, because firms are not obliged to issue an invoice and no fact of shifting is disclosed. In principle, the burden of the value-added tax must be on consumers. Otherwise, the nature of the value-added tax will change. Clearly, introducing the value-added tax with an "account method" is far from desirable.

Conclusion

Going beyond the views of Dr. Shoup, some defects can be pointed out in the present tax proposal in Japan. The most serious one is the inconsistency in the approach for tax reform. As pointed out earlier, a decisive difference lies between a comprehensive income tax and a consumption tax in their underlying ideas. These different approaches for tax reform should definitely be kept separate.

Unfortunately, these alternatives for tax reform are linked together in the present tax reform proposal in Japan.[16] This fundamental confusion not only makes the nature of the proposal incomprehensible, but also weakens the grounds for introducing the value-added tax.

It does not seem easy to specify the best approach to tax reform in Japan. However, it must be noted that the first goal is to apply the comprehensive income tax more fairly and effectively if the present system is to be kept in future. With this in mind, the thought of Dr. Shoup not only makes clear the roots of the present tax system in Japan, but also seems to indicate one of the desirable approaches to tax reform.

Notes

1. Their chief aim is the introduction of the value-added tax. However, both attempts by the government for introducing the value-added tax in 1978 and 1987 did not succeed.
2. In 1984, the U. S. Department of the Treasury submitted its report for basic tax reform to the President.
3. In 1949, the Shoup Mission made public *Report on Japanese Taxation*, which established the present tax system in Japan.
4. On May 2, 1988 and on August 31, 1983, we met at the home of Dr. Shoup in Sandwich in New Hampshire. I wish to express my appreciation to Dr. Shoup for his cooperation and kind assistance.
5. The detailed content of our discussion is represented in an appendix to this paper with the permission of Dr. Shoup. In addition, our discussion referred to issues in the methodology of the present tax reform in Japan.
6. U. S. Department of the Treasury [1984] p. 23.
7. Under the present Japanese tax system, every kind of capital gain should be included in the taxable income as a rule. But in fact, gains on securities are treated as exceptions. The abolition of such an irrational treatment has been belatedly proclaimed. It is a serious and urgent problem for tax reform in Japan to establish some effective means for taxing capital gains on securities.
8. Shoup Mission [1949] Vol. 1, p. 105.
9. See Shoup Mission [1949] Vol. 1, Foreward, ii.
10. Takahashi [1984] p. 224.
11. U. S. Department of the Treasury [1984] p. 226.
12. Aaron [1981] p. 6.
13. It must be noted that Dr. Shoup does not try to prescribe for Japan.
14. Simons [1938] p. 50.
15. Again, it must be noted that this is nothing but his general view and he does not have any specific recommendation for Japan.

16　See Tax Commission [1988].

References

Aaron [1981]: Aaron, H. J., *The Value-Added Tax: Lessons from Europe*, Washington D. C.: The Brookings Institution, 1981.
Shoup Mission [1949]: Shoup Mission, *Report on Japanese Taxation*, Vols. 4, Tokyo: General Headquarters, Supreme Commander for the Allied Powers, 1949.
Simons [1938]: Simons, H. C., *Personal Income Taxation*, Chicago, Illinois: The University of Chicago Press, 1938.
Takahashi [1984]: Takahashi, Shiro, "Some Memorable Aspects of the Tax Reform by the Shoup Mission: An Interview with Dr. C. S. Shoup at Sandwich," *The Tohoku Gakuin Daigaku Ronshu: Economics*, No. 96, December 1984, pp. 211–227.
Tax Commission [1988]: Tax Commission of the Japanese Government, *Interim Report on Tax Reform*, Tokyo: Printing Bureau of Finance, 1988.
U. S. Department of the Treasury [1984]: U. S. Department of the Treasury, *Tax Reform for Fairness, Simplicity and Economic Growth: the Treasury Department Report to the President*, Vols. 3, Washington D. C.: U. S. Government Printing Office, 1984.

[Appendix]
May 2nd, 1988
Sandwich, New Hampshire
Shiro Takahashi

Discussion with Dr. Carl S. Shoup

Takahashi:

Today, in Japan, tax reform has been undertaken, as you know. I think that this movement was more or less stimulated by the tax reform in the United States. So, let me ask your opinion about some significant points of the United States Tax Reform Act of 1986.

Evaluation for the United States Tax Reform Act of 1986

Takahashi:

For the fundamental reform, the *Treasury Department Report* in 1984, which provided the draft for the Tax Reform Act of 1986, studied four options including a pure flat tax, a modified flat tax, an income tax on consumed income, and a general sales tax. The *Treasury Department Report* selected the modified flat rate tax as the basic tax. It was accepted by your government and was finally realized in the Tax Reform Act of 1986 with some minor modifications.

Let me ask your general evaluation for the Tax Reform Act of 1986.

Dr. Shoup:

I think it was a step in advance on the whole, taking it all and all it improved the tax system somewhat. It did so because it got rid of many of the special privileges, tax preferences, and loopholes—not all but a good many. And it was, therefore, able to lower the top rates and also able to increase the exemptions at the bottom, so we excuse many poor people from the tax.

On the other hand, it does have some other features that are not so attractive; one thing is they—the tax conferees of the Ways and Means Committee and the Senate Finance Committee—whenever they came to a need for revenue to make up for the revenue loss, they would throw it on the corporations.

They would say, "we will increase the corporate rate," or "we will allow this and won't allow that," so, they ended up taking a large amount off individuals and putting a large amount on the corporations through corporate income tax to make it revenue neutral overall.

And this seems to me to be a sort of dodging of responsibility, because corporations pay income tax, but we know it is people that pay the corporate income tax. Some persons are burdened by it, who they are, we don't know. The people that buy the products of the corporations, maybe the consumers, maybe the wage earners, by having lower wages, maybe stockholders, because of lower profits because of the tax. So, they simply threw a lot of burden into this category where we really don't know much about what happens to it.

But nevertheless, on balance, I would consider it an improvement, but not nearly as good an improvement as they could have done if they had taken Treasury One. Do you remember Treasury One in 1984, a big treasury study, the treasury report! I think that is a very fine report. If the congress had followed that we would have still a better system, but they did not.

Of course, as you know, this kind of tax reform you see in the United States has been sweeping the world; we have it in Europe, we have the United Kingdom, Germany, and elsewhere. We have this movement toward eliminating preferences and lowering rates, so that it's a world wide movement. So, the United States is only one example. Canada is another, and the United Kingdom, and several of the European countries also.

Takahashi:

In the Tax Reform Act of 1986, many remarkable changes were made on the individual income tax. Above all, it seems so important to strengthen the taxation of capital gains.

Dr. Shoup:

Yes, that's very important. And it's equally important, of course, to allow the deduction of capital losses. Many people forget that there are capital losses, too. And in my opinion, we should have full taxation of capital gains and full deduction of capital losses. So, our tax system is now closer to that than it was before, but it's not completely there. In your tax system, you still do not tax capital gains on securities, is that right?

Takahashi:

Yes, that is right. But as a rule, every kind of capital gains should be included as taxable income in our tax system. Capital gains on the securities are treated as an exception.

Dr. Shoup:

And if I buy a share of stock, for example General Motors stock, hold it for several years and sell it at a profit, it's not included in my income in Japan?

Takahashi:

No, it is not included in taxable income. Today, the necessity of the taxation of capital gains is widely recognized and detailed procedures are proposed, but they have not yet been realized.

Dr. Shoup:

As a matter of equity, fairness between taxpayers, capital gains should be taxed. Because, if I have a capital gain, I'm better off financially just as if I had an increase in salary. So why shouldn't I pay tax?

Takahashi:

In the Tax Reform Act of 1986, there isn't any measure for rejecting the double taxation by corporate income tax and by individual income tax. In your 1949 report on Japanese taxation, you suggested the integration of corporate income tax with individual income tax. Let me ask your present evaluation of the project outlined in your 1949 report.

Dr. Shoup:

Yes, I still think that is very important. And I regret that in the United States this last tax reform did not integrate the corporate and personal income taxes. So, we still have effective double taxation on corporate profits. And I hope that in the next tax reform here they will find some way to integrate the two taxes at least partly, or maybe entirely. So many people seem to think of a corporation as being some alien from outer space and it can be taxed but have no effect on us. Of course, that is not true. So, we must integrate the two taxes in order to have a good tax system.

Takahashi:

Today, there are a variety of corporations which are different from each other in their size and nature. In your 1949 report, all corporations were regarded as conduits of stockholders' income. Let me ask your present thoughts.

Dr. Shoup:

Well, in any case, I think they are conduits. After all, if I own a share of General Motors and General Motors makes profits and declares the dividends, it's a conduit for income that comes to me, isn't it? And if they don't declare dividends but build up the corporation, the corporations' stock gets more and more valuable; I benefit from that.

Adaptability of the Value-Added Tax

Takahashi:

Then, the *Treasury Department Report* gave up on introducing the value-added tax. Its regressivity seemed to be thought of as a serious problem. Let me ask your thoughts on this problem.

Dr. Shoup:

Well, the Europeans, as you know, tried to reduce the regressivity by exempting food and certain other things. But even so, it seems to me that the value-added tax is somewhat regressive. At least it's not very progressive, we know that. And it tends to put a burden on the very poor. So that, like any general sales tax, my view is "don't use it unless you have to." You may have to because you can't get all the money you want from the income tax.

But Japan, in my view, has done very well; it is the only large industrialized country without the general sales tax. The United States has a retail sales tax for the states. But, I'm not trying to say whether Japan should or should not introduce the value-added tax. I don't know enough about Japan's conditions.

Takahashi:

In addition to its regressivity, the value-added tax has another weak point in its administrative difficulty. In general, indirect taxes are said to be easy to administer. But, with the value-added tax that isn't so, is it?

Dr. Shoup:

Yes, the value-added tax is the best tax of all general sales taxes; it and retail tax are the two best taxes. They cause less distortion economically than the others. It's difficult to administer. It takes care and thought to build up an administrative structure. But, once you have that in place, it's not too difficult to administer, provided it is kept rather simple. Not too many different rates, not too many exemptions, and so on.

We know that it is practicable, it can be done, it has spread all around the world, hasn't it? The two most recent countries to adopt the value-added tax, you might be surprised, are Hungary and Tunisia. Can you imagine two more different countries, Tunisia and Hungary? Yet, they have both adopted the value-added tax.

So, it is adaptable to almost any kind of economic structure. But, it does take care and thought in introducing it. Probably, you should have a year or a year and a half of preliminary thinking and drafting, organizing and so on, before you actually try to operate it. Well, it is difficult but not impossible and not extremely difficult. It just requires care and attention.

And, of course, I think the problem with all the general sales taxes is the small business firms. That's true also with the income tax, that's true with the turnover tax. How do you tax a small business firm that has few records and so on? There is no easy answer. As for a large business concern or a medium-size business concern, there is no reason why the value-added tax should be any more difficult than the general turnover tax. It's quite possible, quite feasible.

Takahashi:

I think it's so hasty to introduce the value-added tax into Japan today.

Dr. Shoup:

Well, I don't know. I'm not recommending the value-added tax for Japan. But, I've pointed out that in Japan businesses have an elaborate system of record keeping.

They use invoices, don't they?

And so, I would say that if Japan wants to have the value-added tax, it is perfectly capable of administering it. After all, if Hungary and Tunisia can operate the value-added tax, surely Japan can. And so, I don't see any fundamental difficulty there. Japan can decide for itself whether it wants this tax or not. But if you want it, I'm sure that you can administer it all right, provided you don't make it too complicated.

Takahashi:

The next question is concerned with the different methods of the value-added tax. In Japan, our government failed in introducing an EC style value-added tax last year, as you know. So, instead of the EC style which adopts a tax credit method, the value-added tax with an account method is proposed now. Let me ask your thoughts about the merit of this method.

Dr. Shoup:

I don't understand clearly the difference between the account method and the invoice method. Are you making a distinction between the two? They have to show a figure of sales. Let me ask, are they contemplating the use of, what we call, a tax credit method or a simple subtraction method, which one?

Takahashi:

I think an account method has a different tax calculation system from that of a tax credit method or a simple subtraction method. In an account method, the amount of the value-added tax is calculated by applying the tax rate to both the sales account and the purchase account, without using any invoice. Under this method, taxpayers must calculate the tax base by themselves, whereas they do not need to do so under a tax credit method. Its calculation might be convenient for them, but it may become arbitrary.

Dr. Shoup:

In a tax credit method, you take the sales and you apply the value-added tax rate to the sales. You then look at your invoices from purchasers. You purchased things from other firms, and you find out what they have charged you on value-added tax. You add them all up and subtract from the tentative tax on your gross sales, tax on your invoices of your purchasers. And that's the same as the tax on value added. Alternatively, you may take your total sales, subtract from them your total purchases, have a net figure, and apply the rate to that net figure.

The virtue of the invoice method, as you know, is that you can take an invoice and you claim that Firm X sold you something and that you paid so much value-added tax. Let's go over to Firm X and look at its copy of that same invoice and see if it agrees with you. Did they, when they report to the tax official, say "Yes, we sold this party so much and there was a gross value-added tax of so much on the invoice." If I sell to another business firm, I make an invoice, charge them for it, and so on.

The problem of checking the buyer's invoice with seller's invoice on the same sale is that there are millions of documents, millions of invoices. In some countries like South Korea they've gone a long distance in checking with the aid of computers. But I don't know how far you need to go on that. And most countries, I believe, do use the tax credit or invoice method.

I don't know enough about Japan's conditions, but generally, most countries have found the invoice method perfectly acceptable.

Takahashi:

Yes, I think so too. An account method must be only one transitional step toward the more reasonable method. Sooner or later, we will have to adopt the tax credit method.

Alternative Approaches to Introducing the Value-Added Tax

Takahashi:

I can not easily accept the currently proposed reasons for introducing the value-added tax into Japan. Clearly, some of the reasons lack understandable basis. So at the beginning, let me ask your thoughts about the tax equity and the standard of the ability to pay.

Dr. Shoup:

Well, I can only answer in terms of what they call the Haig-Simons standard for income. Are you familiar with that? Professor Haig and Professor Simons independently drafted the idea of a comprehensive income tax which will tax every kind of income, regardless of its nature that could be expressed in terms of money. And so, I can simply refer you to the Haig-Simons concept.

Obviously, you are not going to tax benefits of leisure activity, and you are not going to tax enjoyment I get from walking, or something like that. But, you will tax everything that I get that can be valued in terms of money in the market, and make it comprehensive. And as I said, I think that's becoming to be more of the case in many countries. And so with that, you will be able to get somewhat lower tax rates with a broader base.

And another school of thought in economics wants to tax only consumption. That's quite different. The value-added tax does this. All right, you can have both taxes in your tax system.

That's the fundamental issue whether to tax incomes that are saved or whether to exempt saving and tax only consumed income. Many economists in this country favor taxing only consumption, because of the distortion against savings that is caused when you tax savings. I recognize the point, but I don't think it's very important. I don't think the people of a country would accept the idea of not taxing somebody who is rich and saved all his income, or most of his income. So, I think the value-added tax may always be a supplement but not the main tax itself.

In most of the European countries, the value-added tax has been introduced as a replacement for an old sales tax of a different type—a turnover tax. And, it has been an improvement in the sense that the value-added tax is better than a turnover tax. It has not been used to replace the income tax. And in your country, you have no turnover tax, so you have nothing to replace.

I understand that Japan has difficulty like everyone else in taxing the income of a small business, or a farmer or a proprietor. You have a saying, I think it's something like "ninety, sixty, forty." You have a phrase that says you reach so much income of people to withhold taxes from. You only reach so much of income from some other people, only so much from other people.

But anyway, what is the possibility of improving the administration of the income tax on small proprietors and professional people?

Takahashi:

I don't know the way. Today, many Japanese have admitted the fact that our tax system has not been fair. But, we haven't made much effort to administer our tax system equitably. Above all in income taxes, it has been true.

For example, everybody has admitted the importance and usefulness of a taxpayer identification number system in that respect, but we have not had it yet. I suppose that there must be serious differences in the tax morals of Japanese and Americans. Let me ask your impression about this point.

Dr. Shoup:

Like any other people, nobody likes to be taxed. But I thought that they might develop the habit of making their own tax returns as we do in the United States and all of the people become a nation of the taxpayers, but it's hard to say.

Takahashi:

I am sure that your words include a lot of helpful advice for all of us. Thank you very much.

The Third Discussion with Dr. Carl S. Shoup: Toward Future Tax Reform in Japan

Shiro Takahashi

Introduction

The previous tax reform in Japan ended with the enactment of the "consumption tax" in 1990, which is nothing but the value-added tax. The adoption of this new tax, which is a replacement of many indirect taxes, contributed to the simplification and modernization of the complicated indirect tax system in Japan.

On the other hand, there still remain many unsolved problems with income taxes. Above all, serious inequities are arising from the distortion of the individual income tax and its inequitable administration. In this sense, the previous reform in 1990 only resulted in a partial solution of many problems in our tax system.

In order to point out the serious problems in the development of the Japanese tax system after the Second World War, the author has had several discussions with Dr. Carl S. Shoup, who is the founder of the present Japanese tax system.[1]

In the first discussion,[2] the basic concept adopted by the 1949 report was confirmed from his statements. In the next discussion,[3] his present theory toward tax reform in general was disclosed from his comments about the previous tax reforms in the U. S. and Japan.

The main subjects discussed in the latest discussion[4] are the critical problems for future reform in Japan. They include the feasibility of the comprehensive income tax, the concept of tax equity, and the problem arising from the taxation on corporate incomes. In order to confirm our common view presented in the previous discussions, we started our discussion from the examination of the development of the Japanese tax system after the Second World War.[5] Then, we extended our discussion to the main topics.

This paper reproduces our third discussion.

A Brief Survey about the Development of the Japanese Tax System

The Japanese tax system has developed under the strong influence of tax systems of foreign countries, through imitation.[6] The roots of the Japanese tax system until the Meiji Restoration (approximately 1866) can be traced to the old-style land tax in the ancient Chinese tax system, which was suitable in a premodern agricultural economy.

After the end of the nineteenth century, modern income taxes, which developed in Western countries, were quickly adopted by the government. In 1887, the income tax was introduced into Japan for the first time. However, it would be wrong to regard Japan as a pioneer in introducing income taxes, because the main revenues for the national government had to be raised through indirect taxes in an underdeveloped economy. The role of an income tax did not have much importance under such circumstances. As a result, no noteworthy tax reform was undertaken until 1940.

The tax reform in 1940 was significant enough that several important improvements were brought about in the income tax. First, taxation on corporate income was separated out from the income tax as a single tax. Second, the previous individual income tax, in which a schedular system was adopted, was improved to some degree, by supplementing a comprehensive system with progressive tax rates.

On the other hand, a serious problem can be pointed out in this reform. No effective integration between taxation on corporate income and individual income was adopted, even though the corporate dividends had been taxed since 1920. Such treatment of corporate income was in effect until 1950, when the tax reform based on the 1949 report was enacted.

During wartime, the burden of the individual income tax was extended even to the poor, by enlarging the withholding system.

After the war, many efforts were made under the initiative of GHQ.[7] for making the tax system simple and democratic. It was a means of democratizing the Japanese society as a whole. In this short period after the war, modernization of the Japanese tax system proceeded swiftly with several tax reforms. In this respect, the tax reform in 1947 deserves to be mentioned as a turning point towards a democratic tax system because of its many excellent features.

The first feature of this reform was the adoption of a self-assessment system in direct taxations, instead of the previous official assessment system. The second feature was the adoption of the comprehensive income tax, instead of the previous hybrid system of the individual income tax. In the same period, a turnover tax, which accumulated tax burdens on firms, was introduced in 1948.[8]

These efforts at modernization preceded the Shoup Mission, and their attempts were completed by the tax reform in the next year, which was based on the 1949 Report.

The 1949 report strongly emphasized the importance of the individual income tax among income taxes and placed it as the base of the total tax system. It drew up a very consistent plan in order to build a permanent and fair tax system in Japan. Unfortunately, many significant elements of the tax system were abolished or modified soon after their enactment. As a result, the current Japanese tax system differs from the Shoup tax system. Above all, the consistent framework of the comprehensive income tax was distorted so seriously by introducing a schedular system that many tax inequities are now arising. After all, during the post-Shoup period many critical issues have accumulated.

The last tax reform in 1989 was supposed to settle these critical issues by overhauling the current tax system. However, its overhaul was so insufficient that its chief aim was not fully attained. No noteworthy reforms were put in force except the enactment of the "consumption tax."

This failure of the last reform in 1989 is rooted in the hastiness of the Japanese government, who had given priority to the prompt enactment of the value-added tax. They tried to enact the "consumption tax" so quickly that any overall reform plan could not be satisfactorily developed. The methodological shortcomings involved in the tax reform in 1989 were evident from the start. As a result, overhauling of the comprehensive income tax has been incomplete, and any useful measure for implementing income tax has not been adopted. Before starting the fundamental reform, a global vision of the future tax system is needed to indicate its goal. Otherwise, the reform could result in failure again.

Though it is difficult to draw a final conclusion on this problem from this short survey, it is possible not only to stress the significance of the 1949 report in the development of the Japanese tax system, but also to point out some critical distortions arising from the departure from the Shoup tax system. These facts seem to suggest the need to modify the previous negative recognition given to the Shoup tax system, as the first step towards the fundamental tax reform in the future. In short, the idea adopted by the Shoup tax system is not remarkably novel at the present time, but it has been one of the orthodox and predominant theories in many industrialized countries.

資料

A Discussion Based on My Survey

Takahashi:

First of all, may I have your comment or criticism against my recognition of the significance of your 1949 report?

Dr. Shoup:

As you know, I don't think I have any criticism. It seems to be a fair statement and you're quite correct, of course, in saying that we emphasize the importance of the individual income tax, yes indeed. That's still very important. It's true that many significant elements were abolished or modified.

As in the rest of the world, there was a time there, 10–20 years, when everyone seemed to be encouraging this—encouraging that by tax favors, tax breaks, and tax reductions. We did it in the United States and it was done in Europe, too. So, Japan was simply going along with the rest of the world at that time. But, as you say, our mission did not approve of that kind of thing.

I've always thought it was better to give a cash subsidy, if you wanted to encourage somebody to do something. Give him payment, money, not a tax break. That keeps the tax system sound and fair. It also brings all this out into the open, so everybody knows what's being done. But, you don't hear very much about cash subsidies. For example, in Japan, have you had any proposal that investment in a business concern should be subsidized by a cash payment? I don't think so. I haven't heard of any. So no, I don't have anything special to say about your statement.

Takahashi:

Some Japanese economists insist, "The comprehensive income tax with progressive rates, which was adopted on the basis of the Shoup tax system, was the most modern and ideal tax system in the world at the time. However, it was not only unsuitable to the economic conditions, but also differed so much from the traditional tax system in Japan, that the Shoup tax system had to be swiftly modified."

Let me ask your opinion about the continuity of the Japanese tax system before and after 1950, when the tax reform based on your report was enacted, and your view about the impact of your report on both the Japanese and the Japanese economy.

Dr. Shoup:

Well, I don't agree that it was unsuitable to the economic conditions. After all, if they wanted to favor certain economic activities, as I said, they could grant cash subsidies instead of impairing the tax system. And, of course, it did differ from the traditional tax system in Japan, but that was the whole point. We wanted to take a new approach. And so, the system was swiftly modified? Well, it was of course modified bit by bit as time went on, perhaps not so swiftly. No, I don't think I would agree with that comment.

Takahashi:

According to my view, the 1949 report is the highlight in the process of modernizing the Japanese tax system.

Let me ask your opinion.

Dr. Shoup:

Well, I suppose it was perhaps the only comprehensive approach that had been given to the entire tax system, all taxes. That's very important, because you have to consider one tax in relation to another tax to see how they interact. And that was part of our purpose. But, of course, the recent tax reform has been important. It is, if you like, another highlight.

Takahashi:

Let me ask your assessment of the evolution of the Japanese tax system after the Second World War. Can it be considered progressive or not?

Dr. Shoup:

Obviously, there was a period there, up to 1949 or so, when there was some improvement, but not very much. And then, we hoped the 1949–1950 changes were a substantial improvement. Then, from then on you've had the problems you've mentioned about giving special favors to special activities and so on, which I thought was a mistake.

On the whole, taking everything from 1945–1989, yes, it's been a progressive change, don't you think? Taking it altogether.

The Feasibility of the Comprehensive Income Tax

Takahashi:

In our previous meeting in 1988, you supported an income tax approach for tax reform in general, based on a traditional view which stresses the significance of taxing savings. However, there remain some serious problems in satisfactorily implementing the comprehensive income tax. One of them lies in a difficulty of taxing unrealized incomes or unrealized gains, and other important one lies in the difficulty of identifying all of the incomes which should be included in taxable income. As a result, a very pessimistic view has been proposed sometimes about the feasibility of the comprehensive income tax.

Let me ask your view about the feasibility of the comprehensive income tax.

Dr. Shoup:

Well, my view is—it's a matter of degree. The feasibility of a 100% comprehensive income tax, zero, no chance. The feasibility of an income tax that covers, say, 80% of income, yes, perfectly all right. 90% more difficult. 98%, I'm not sure! It's a matter of degree. You can't say yes or no. You have to say how nearly comprehensive, how close to comprehensiveness is it? And if you get up to 85%, 90%, you're doing pretty well.

Take any other tax, sales tax, or the estate tax. In real practice, you don't have comprehensiveness there either, do you? They all lack something. So, it's a matter of degree and a matter of comparison. Yes, I still consider the comprehensive income tax is feasible in the sense of getting enough in to make it worthwhile.

Takahashi:

What do you think about the feasibility of the expenditure tax which was supported by Professor N. Kaldor.[9] That is a direct expenditure tax.

Dr. Shoup:

Oh, I think it's feasible in the same sense the income tax is feasible. It could be done. It would take five to ten years to get people used to doing it! But, if we had to do it, yes, I think so. The Kaldor approach is probably workable.

Takahashi:

Some scholars strongly suggested replacing the income tax with an expenditure tax. Can it replace the income tax?

Dr. Shoup:

It could be done, but I do not favor it. By the way, on the expenditure tax, you might have real problems with the low expenditure groups, the poor people. Of course, they would be exempt, I suppose, mostly. But, many of them just above the exemption line, with incomes of $15,000 or so, might find it difficult to fill out the forms or keep the records. So, you might have to have the taxable income level begin much higher for the consumption tax, as a practical matter of fact.

Takahashi:

I agree with your opinion, because it will be very difficult for us to get information about personal savings. Savings must be deducted from personal income in the expenditure tax.

Dr. Shoup:

Yes, take income and deduct savings. And you might find it difficult to get that information. It would be more difficult than the income tax certainly, much more difficult. But, I think it could be done, if we wanted to. But, I don't want to.

Takahashi:

They said that the U. S. government has already begun to examine the enactment of the value-added tax as a new source of revenue. If their attempt succeeds, the U. S. tax system will be advanced further by improving indirect taxes.

Let me ask your view about the arguments for introducing the value-added tax into the U. S. and your basic attitude toward such moves.

Dr. Shoup:

We already have the same thing as the value-added tax, the retail sales tax which almost all the states impose, not the federal government. And the rates are fairly high, 3–6%, depending on which state you're in. So, I don't see why we need to put the value-added tax on top of the retail sales tax. I don't know of any country that does that. There may be somewhere, but do you know of any country that has both the retail sales tax and the value-added tax?

They're the same thing, aren't they, except that the retail sales tax is collected all at once down at the bottom level and the value-added tax is collected bit by bit as you move down from manufacturing, wholesaling and retailing? So, no, I don't favor weighting the U. S. tax system so heavily that way by adding the value-added tax on top of the retail sales tax. You may be sure that the retail sales taxes are here to stay. They're not going to be replaced. The states will continue to depend on them and so, no.

Takahashi:

To what extent, shall we depend on consumption taxes such as the value-added tax?

Dr. Shoup:

That's a matter for each country to decide. Almost every country now uses both taxes. So, it's a matter of proportion. If you asked me about the United States, I'd say I think the present proportions are okay. I do not want to see more consumption tax. But, of course, for Japan, you've just entered that field and we don't know yet what the best thing is for Japan.

Takahashi:

Our condition is close to the United States. According to my memory, income taxes cover almost 70% of the total revenue of our national government.

Dr. Shoup:

Now remember, we have the states and cities that have much more important revenue systems and we have to look at the whole picture. I don't like to look just at the federal system, because in our country the state and local taxes are so heavy and important, and they're levied independently of the federal government. Let's look at the whole picture and I would say we have enough consumption taxes already.

The Concept of Tax Equity

Takahashi:

Let me ask your view about a recent approach which only stresses horizontal equity of taxation.

Dr. Shoup:

Well, horizontal equity. It's always been considered important in income tax. I think that the chief point is that this is an example of two different kinds of criteria. In my public finance book back in 1969,[10] I emphasized the distinction between consensus criteria on which everybody would agree and conflict criteria on which people would have conflicts with each other and would not agree. And, I assumed that horizontal equity is a consensus criteria, we'd all agree on that, don't you think? I mean, do you know anybody who was against horizontal equity?

Now defining it, to make a definition, is perhaps a little difficult, but not too difficult. We can pretty much agree on what we mean by horizontal equity. But, now vertical equity, well, we all agree that there should be some appropriate degree of progressivity, but what is appropriate? There we will disagree. You'll have one view, I another and someone else a third. So, it's simply that the degree of vertical progression and the rate scale will not be agreed upon by all of us. We'll have different views. So, that's the chief difference between the two equities as I see it.

The horizontal one, you can define it. Everyone would agree to it. It's a consensus criteria. But, vertical equity, well, that's something else.

Takahashi:

Let me ask your vision of a desirable income tax and desirable tax mix for our future.

Dr. Shoup:

Well, that's difficult to answer, isn't it? You see, my view is that each country is different in this respect and each country has to make up its own mind. I can't tell some other country what's best for it. Of course, in the desirable income tax, that simply means you have horizontal equity, we have an agreed upon vertical equity, we have a simple tax and everything you've mentioned. But, I'm afraid the question is too general for me to say much about that. And, the desirable tax mix, I have no idea what that is. That's a matter for each country to decide for itself through the political process.

Takahashi:

Recently, a new criterion for taxation and tax equity has often been proposed in Japan, along with the development and the maturity of our society. It can be called the "new benefit" approach, because it considers taxes as a kind of payment for public services rendered and tries to use the amount of services as a criteria for collecting taxes.

Let me ask your thoughts about this approach.

Dr. Shoup:

How do you propose to measure that, measure the benefit? How do they measure how much benefit you get compared to what I get?

Well, if they will specify how to measure benefit, we now say we pay according to ability. We measure ability by income or by net wealth or something like that. But, when they come up with some measure for benefit then I'll comment, but I can't understand what it means, if they don't have some measure of benefit. I think that the very poor person benefits more from government than the very rich. The rich can take care of themselves. If they have to, they can hire their own police, they can get their own doctors. The poor man has to depend on the government for protection. So, he should pay more than the rich? But that is clearly not desirable.

The Problems of the Corporate Income Tax

Takahashi:

The basis for taxing corporate income has traditionally rested on a legal concept, which treats corporations as a personal entity equivalent to an individual. However, I think that it must be nothing more than partial deduction to justify taxation on corporate income, because taxation on corporate incomes should inevitably have variable economic impacts on interested parties. In this sense, corporations seem to be the "Black Box", which distribute their tax burden among people.

Let me ask your view about the traditional basis for taxing a corporation and its income, and let me ask your basic theory for taxation on corporate income.

Dr. Shoup:

I've always regarded the corporate income tax as sort of a necessary kind of bother. We'd be better without it, if we could have a fair tax system without it. There's one big question among others which is not mentioned here and that is income that flows abroad. For example, a French investor invests in a United States corporation. Now, the French shareholders, the individuals owning the corporation, we cannot get at them with our individual income tax, so what do we do? The corporation should contribute something to the support of the United States government, it operates in the United States. So, perhaps we have to have a small corporation tax on the foreign corporations or on the income flowing abroad. But, beyond that, I would prefer to see simply an individual income tax.

Now, that may be too much to hope for, I admit, that may be impractical. I've never really liked the corporate income tax. It seemed to me to evade a lot of responsibility. As you say, we put it in this "Black Box" and we don't know where it goes. So, we are not really doing our job in a policy manner, if we just do that.

But, admittedly, it's a difficult task to shape the individual income tax so that we do not need a corporate income tax, quite difficult. But, again, I think we have to have some kind of corporation tax on foreign corporations whose shareholders live in France, Germany and the United Kingdom, for example.

Takahashi:

I know the fact that you already argued for repealing a corporate income tax in your book in 1937 and your paper in 1970.[11] If a comprehensive income concept, which is supported by Professor Haig and Professor Simons,[12] can be implemented satisfactorily, there would be no need for any taxation on corporate income. Because, all of a stockholder's equity to corporate profits could be adequately taxed as an individual income. In addition, the shifting of the tax burdens on to corporate incomes is still not clear. As a result, the nature of corporate income tax is also uncertain.

Consequently, your argument for repealing the corporate income tax and for taxing all capital gains on shares, has considerable persuasive powers. Of course, there remains the critical question whether accrual accounting for capital gains can be considered as an adequate way for grasping undistributed profits or not. However, questioning the corporate income tax should not be delayed by this difficulty.

Let me ask your vision or comment on this point.

Dr. Shoup:

Well, I still agree with that approach, I think. It seems to me that's what we should work for, work toward it. We can't do it right away. We cannot repeal the corporate income tax today. But, let's put it another way; whenever we get into financial difficulties, the tendency is to say, "Oh, yes, we'll just raise the taxes on corporations." Well, I think that approach is a wrong approach, and we should be continually trying to work down the corporate income tax, make it less and less important gradually over the years, instead of rushing into it whenever we have problems. That's my main point I think there. But, you in Japan have been resorting to the corporate income tax quite heavily, haven't you?

Takahashi:

Yes, we have. The corporate income tax has covered almost 30% of the total revenue of our national government since the 1960's.

Dr. Shoup:

That's a trend that I don't like to see. I'd rather see the trend going the other direction.

Takahashi:

I understand. We should not depend on the corporate income tax so much, and should try to make it less important gradually. I think it is an important subject for our future reform.

Dr. Shoup:

Perhaps so. And, that could be made up by some increase in the individual income tax and, if you want to, some increase in the value-added tax, that's 3% now, isn't it?

Takahashi:

Yes, it is.

Dr. Shoup:

That's the lowest rate in the world, I think, for the value-added tax. So, there's room there for some increase. But, I suspect the corporate income tax will remain and be with us all the time, because it's so convenient and we do need it for foreign income flow now.

Other Important Topics

Takahashi:

Finally, if you have any suggestion for the future tax reform in Japan, please let me ask about that.

Dr. Shoup:

Well, no. I don't think I do. Certainly not in Japan. I don't know enough about Japan at the present time, except that I would urge that in Japan continued effort be made to improve the income tax. I understand there has been some work done on the tax identification number. Do you have that number yet in Japan?

Takahashi:

No, we haven't.

Dr. Shoup:

I think that a tax identification number is essential at some time or another. You'll have to work into it somehow to make the income tax workable down at those lower levels, the small business, small households and so on. But, there again I don't know enough about Japan currently for me to be sure. But, in our country the tax identification number is taken for granted.

Takahashi:

I agree with your opinion. If we succeed in the introduction of the tax identification number system, our individual income tax will be improved considerably. On the other hand, there will still remain a serious problem in taxing many small businesses.

Let me ask your thought about this problem.

Dr. Shoup:

I don't think it's ever going to be solved, it's insolvable. But, all we can do is, we say, we've got 70% or 80%, or 45%. We do the best we can and we keep trying to improve it. But, it's simply one of the problems of the income tax that will never be completely solved. But, every major tax has some kind of problem like that. You're never going to solve that. You do the best you can. That's all. We have to stop thinking about perfect tax. Every tax will be imperfect and the degree of imperfection is what we have to estimate and compare.

Takahashi:

I understand. Thank you very much for your many important statements.

Dr. Shoup:

You're quite welcome.

Notes

1. Dr. Shoup was a director of the Shoup Mission that was organized for the fundamental reform of the Japanese tax system immediately after the Second World War. Throughout this paper, the report of the Shoup Mission is referred to as "the 1949 report."
2. See Takahashi [1984].
3. See Takahashi [1989].
4. On August 16, 1990, we met at the home of Dr. Shoup in Sandwich in N. H., USA. This paper is written with his permission. I want to express my deep appreciation to Dr. Shoup for his assistance.
5. We discussed this problem by referring to my brief survey written below.
6. More detailed explanation about the Japanese tax system has already been given in Ishi [1989].
7. General Headquarters, Supreme Commander for the Allied Powers.

8 Consequently, the enactment of the "consumption tax" in 1990 was not the first experience with the value-added tax for the Japanese. However, the turnover tax in 1948 was soon repealed in 1949.
9 See Kaldor [1955].
10 See Shoup [1969] pp. 21-47.
11 See Shoup et al. [1937] p. 484 and Shoup [1970].
12 See Simons [1938] p. 50.

References

Ishi [1989]: Ishi, Hiromitsu, *The Japanese Tax System*, New York: Oxford University Press Inc., 1989.

Kaldor [1955]: Kaldor N., *An Expenditure* Tax, London, U. K.: George Allen & Urwin Ltd., 1955.

Shoup [1969]: Shoup, C. S., *Public Finance*, Chicago, Illinois: Aldine Pub. Co., 1969.

Shoup [1970]: Shoup, C. S., "The White Paper: Accrual Accounting for Capital Gains and Losses," *Canadian Tax Journal*, Vol. 18, No. 2, March-April 1970, pp. 96-102.

Shoup et al. [1937]: Shoup, C. S., Blough, R., and Newcomer, M., *Facing the Tax Problem: A Survey of Taxation in the United States and a Program for the Future*, New York City, New York: Twentieth Century Fund, 1937.

Shoup Mission [1949]: Shoup Mission, *Report on Japanese Taxation*, Vols. 4, Tokyo: General Headquarters, Supreme Commander for the Allied Powers, 1949.

Simons [1938]: Simons, H. C., *Personal Income Taxation*, Chicago, Illinois: The University of Chicago Press, 1938.

Takahashi [1984]: Takahashi, Shiro, "Some Memorable Aspects of the Tax Reform by the Shoup Mission: An Interview with Dr. C. S. Shoup at Sandwich," *The Tohoku Gakuin Daigatu Ronshu: Economics*, No. 96, December 1984, pp. 221-227.

Takahashi [1989]: Takahashi, Shiro, "Problems of Tax Reform Proposal in Japan: The Implications of a Discussion with Dr. Carl S. Shoup," *The Bulletin of the Institute for Accounting Research of Tohoku Gakuin*, No. 3, January 1989, pp. 1-19.

事　項　索　引

英数字

Eisner v. Macomber事件（判決）	209
five-year plan	219,220,222-224,227
wash sale	221
1935年歳入法	190,194,211
1936年歳入法	190,194
2段階税率	192
3分類所得税	149

あ

青色申告（制度）	70,80,116
青色申告書	73
青色申告要件	116
圧縮記帳（制度）	88,89,106
後入先出法	74,86
アメリカ合衆国税制	212
アメリカ合衆国内国歳入法	220
アメリカ人投資家	219
アメリカにおける苦い経験	201
アメリカにおける法人実在説の成立	192
アメリカ版シャウプ勧告	6,190,192,193, 206,209,226
新たな完全統合	216
あらゆる努力と工夫	70
イギリス人投資家	219
一時所得	168,169
一般に公正妥当と認められる会計処理の基準	48
一般に認められた会計原則	98
移動平均法	86
イニシアティブ	80
印税	154
インセンティブ	158
インピュテーション方式	163,176,178
インフレーション	59,62,71,73,161
受取勘定	77
受取配当益金不算入制度	20,177,178,184
受取配当金非課税措置	143
受取配当控除制度	168,171,205,225
受取配当税額控除方式	178
受取配当全額非課税制度	142
受取配当に対する申告分離選択課税制度	179
受取配当の全額益金不算入制度	171
営業経費	76
営業収益税	39
営業税	149
英国の方式	159,164
営利ノ事業ニ属スル所得	29
営利ノ事業ニ属セサル一時ノ所得	29,31
延納税額	163
恩給	15

か

カーター報告	215-218,220,225
カーター方式	216-218,225
外貨建取引等の換算	124,125
開業費	100
会計改革	5
会計改革案	5
会計学的アプローチ	111
会計慣行	67-70,82,114
会計基準	67-69,80,82
会計教育	69,70
会計経理	59,66,67
会計士	75
会計実務	68
会計帳簿	75
会計の改革	71,79,80
会計の基準	72
会計理論	76,78,95
外国法人	145,146
会社法制定	124
改善費	161

291

開発費 …………………………………… 100	株式プレミアムの資本性 ………………… 30
改良版の改革構想 …………………… 201,206	株式プレミアム論争 ………………… 53,107
価格変動準備金（制度）…………… 118,181	株主所得 ………………………………… 191
各種通達の起源 ……………………… 39,43	株主持分 ………………………………… 191
確定決算（制度） ……………………… 18	完成工事保証引当金制度 ……………… 116
確定決算基準（主義）‥1,18,19,47,128,130,131,134	間接償却法 ……………………………… 28
確定決算主義の意義 …………………… 47	間接税 ………………………………… 59,80
確定決算主義の淵源 …………………… 47	間接法 ………………………………… 28,51
確定申告不要制度 ………………… 181,185	完全親法人 …………………………… 126
額面超過額（金）……… 33-38,87,88,90,106	完全子法人 …………………………… 126
額面超過金（株式プレミアム）益金不算入 制度 ……………………………………… 87	完全転嫁 ……………………………… 217
	完全統合 …………………………… 206,230
貸金利子 ………………………………… 15	完全統合方式 ……………………… 217,218
貸倒金 …………………………………… 77	簡素 …………………………………… 164,208
貸倒準備金 ……………………………… 71,77	簡素化 ………………………… 3,61,220,221
貸倒引当金（制度）………… 77,80,86,119,123	簡素性 ………………………………… 208
加重平均法（平均原価法）……………… 74	簡便法 ………………………………… 157
過剰調整分 …………………………… 170	官僚税務会計 …………………………… 48
課税所得 …………………………… 102,134	
課税所得概念 ……………………… 128,129	機械代消却積立金 ……………………… 50
課税所得計算 ……………………… 18,114	機械建物消却金 …………………… 22,23
課税所得計算の原則 ………………… 103	基幹税 …………………………………… 78
課税所得計算の精緻化 ………………… 44	期間的損益配分の原則 ………………… 95
課税の不合理 ………………………… 73,76	企業会計 …………………………… 18,70,71,127
課税ベース ……… 119,129,130,132,178,191,224	企業会計慣行 ………………………… 114
課税ベース拡張論 ……………………… 1	企業会計慣行の尊重 ………………… 116
課税ベースの見直し ……………… 119,120,131	企業会計原則 ………… 38,68,83,84,92-100,102, 103,105,110,120,121
画期的な税法改正 ……………………… 5	
合衆国歳入法 ………………………… 224	企業会計原則至上主義 ………………… 98
割賦（販売）基準 …………………… 122,124	企業会計原則制定運動 ………………… 3
合併会計処理基準 ……………………… 87	企業会計制度 …………………………… 68
合併差益 ……………………………… 39,87	企業会計の改革 ……………………… 67,79
株式移転 ……………………………… 126	企業会計の尊重 ………… 13,71,78,80,97,104,105
株式会社 ……………………………… 146	企業会計理論 ……………… 42,43,67,78,80
株式会社大阪堂島米穀取引所事件 ……… 38	企業財務諸表 …………………………… 95
株式キャピタル・ゲイン… 3,154,161,190,191, 197,199,218,219,226	企業の会計 …………………………… 120
	企業の自主的経理の尊重 …………… 75,76,103
株式交換（等）………………………… 126	企業の体質改善 ……………………… 172
株式交換・株式移転 ……………… 124-126	企業利益 …………………………… 102,134
株式合資会社 ………………………… 142	基準性の原則 …………………………… 47
株式発行費 …………………………… 100	擬制（フィクション）………………… 205
株式プレミアム ………… 22,28-32,36,39,41,42, 52,53,87,88,90,106	帰着 …………………………………… 205
	記帳技術 ………………………………… 70

索引

逆批判 …………………………………………… 99
キャピタル・ゲイン …… 72,76,154,155,158,161,
　　　　　　　　　　　　164,165,192,195,198,
　　　　　　　　　　　　206,209,210,212,219,
　　　　　　　　　　　　220,222,223,225
キャピタル・ゲイン課税（制度）
　………………………… 158,159,191,197-199,
　　　　　　　　　　　　218-220,222-226
キャピタル・ゲイン全額課税制度 …… 161,168,
　　　　　　　　　　　　179,187
キャピタル・ロス …… 158,164,165,192,206,
　　　　　　　　　　　　210,218,220,222,223
旧時代の商法依存主義 ………………………… 107
給与 ………………………………………………… 15
給与所得者 ………………………………………… 61
給料 ………………………………………… 15,154
恐慌期 …………………………………………… 199
強制配当方式 …………………………………… 165
共通銀行事件 ……………………………………… 30
共同組合等 ……………………………………… 177
京都電灯株式会社事件 …………………………… 38
漁業者 ……………………………………………… 61
拠出資本 …………………………………………… 32
切放し低価法 …………………………………… 123
近代の会計技術 …………………………………… 79
近代の会計基準 …………………………………… 69
近代の企業会計 …………………………………… 13
近代の企業会計理論 ……………………………… 3
近代的思想 ……………………………………… 201
近代的所得税制度 ……………………… 45,83,229,230
近代的所得税法 …………………………………… 64
近代的税務会計 ……………………………… 11,106
近代立法運動 …………………………………… 47
金融商品会計基準 …………………… 125,133,134
勤労所得 ………………………………………… 21

繰越欠損金 ……………………………………… 85
繰延資産 ………………………………………… 101
繰延費用 ………………………………………… 100
繰延費用の範囲 ………………………………… 100
グロス・アップ方式 ……… 163,164,172,184,218

軽減税率 ………………………… 174,177,178,185,186

経済の自立化 …………………………………… 180
経済復興期 ………………………………………… 3
継続性の原則 ………………………………… 75,96
経費概念 ………………………………………… 119
計理士 ……………………………………………… 61
決算貸借対照表 ………………………………… 112
欠損繰り戻し制度 ………………………………… 86
限界所得税率 ………………………… 153,155-157,162,163
限界税率 ………………………… 158,161,162,182
限界税率適用区分 ……………………………… 156
原価差額 ………………………………………… 99,111
原価差額調整 …………………………………… 111
原価主義評価の原則 ……………………………… 95
減価償却 ……………………… 22-25,27,28,38,41,42,
　　　　　　　　　　　　49-51,71,72,75,76,80
減価償却会計 ………………………………… 22,49
減価償却会計の定着化 …………………………… 24
減価償却会計の導入・定着プロセス …………… 49
減価償却金 ………………………………………… 27
減価償却計算 ………………………………… 25,28,50
減価償却控除 …………………………………… 161
減価償却資産 …………………………………… 116
減価償却制度 …………………………………… 125,127
減価償却積立金 ………………………………… 49
減価償却に関する特殊な取扱い方 ……………… 28
減価償却費 ……………………… 22,23,28,51,70,134
減価償却費計算 …………………………………… 88
減価認識の生成 ………………………………… 50
原価法 ……………………………………………… 86
原価マイナス定額法により算定した減価 …… 25
現金基準 ……………………………………… 23,49
減資差益 ………………………………………… 39
減資差益益金不算入制度 ………………………… 87
原始商法 ……………………………………… 18,48,51
現実性 …………………………………………… 230
現実としての税務会計 …………………………… 95
建設利息 ……………………………………… 40,100
源泉課税 ………………………… 46,142,144,145,150,
　　　　　　　　　　　　153,198,216,221,225
源泉課税主義 ……………………………………… 20
源泉所得税 ……………………………………… 153
源泉税 ………………………… 140,141,146,169,198
源泉徴収（制度） …………………… 161,168,181

293

源泉徴収税率	174
健全な企業会計慣行	112
源泉分離課税	149,185
源泉分離課税選択制度	181
権利義務確定基準	49
公益法人等	177
公開会社	217-220,222
高額所得階層	170
恒久的税制	2,3,204
恒久的税制改革案	3
交際費	123
交際費課税	117,118
工事完成基準	123
公社債利子税	149
公正会計処理基準	1,5,85,104,105,115,128,132
更正決定	62,66
公正な会計慣行	128
公正な会計処理の基準	114
公正ナル会計慣行	48
公認会計士法	67,79
公平（性）	164,208
合法的租税回避	141,142,154,159
合法的脱税	144
子会社	212
国際課税	119
国際競争力の強化	172
国税庁	69,107
戸主合算主義	148
戸主合算制	148
個人株主	152,154-156,159,160,162-164, 168,170,171,182,183,191
個人企業	139,142,194,197
個人企業形態	152
個人事業主	152,154-157,159,160,162-164, 168,170,182,183,191,195,197
個人所得税	139,142,149,153-157,159,160,162, 171,183,198,205,216,218,219,222
国庫補助金	88,89,106,113
固定資産の圧縮記帳	113
固定資産の再評価	71,80,82
固定資産の評価損益	100
五分五乗方式	169

コンプライアンス	81,159
最高限界所得税率適用区分	156
最高限界税率	155-157,168

さ

在庫品の価格差益課税	71,80
財産計算原理	95
財産増加説	94
財産貸借対照表	112
財産目録	19
最終仕入原価法	86
最低限界所得税率適用区分	156
最低限界税率	155
債務確定主義	119
先入先出法	86
砂糖消費税	149
産業保護論	46
惨憺たる結果	199,201
山林所得	21,168,169
恣意的な更正決定	59,66
時価	112
時価以下主義	111
時価主義論	1
時価評価	219
時価法	86,124,125
事業収益	154
事業所得	21
試験研究費	100
自己資本充実	176
資産再評価	84,106
資産の圧縮額	113
資産評価損	41,133
資産保全	148
自主性尊重路線	114
市場利子率	164
事前確定届出給与	126
次善の制度	6,160,179,189,230
思想なき転換	131
思想の転換	128,131
思想の転換点	128
実験	204
実現基準	158,198,220

索　引

実現キャピタル・ゲイン 191,197,198,209,
　　　　　　　　　　　　　　　　219,223,226
実現キャピタル・ゲイン課税制度 225
実現キャピタル・ゲイン全額課税制度 198
実現キャピタル・ゲイン半額課税制度 219
実現キャピタル・ロス 209,226
実現時点 218,225
実現主義 133,165
実現主義の原則 96
実験台 204
実現ベース 220,225
実地調査 81,203
使途秘匿金 132
使途秘匿金課税 118,132
支払配当軽課制度 172
支払配当軽課措置 171
支払配当控除制度 171
支払配当控除方式 171,200,211
支払配当損金算入方式 172,184
資本充実 184
資本準備金 27
資本剰余金 36,95
資本説 30,34,36
資本蓄積 180-182
資本蓄積政策 182
資本的支出 71,76,77,80,86
資本取引 90
資本の払込 90,92
資本の払戻 90,92
資本利子税 39
市民意識 64
四面楚歌の状態 83
諮問機関 67
シャウプ勧告への回帰 167
シャウプ税制 2,3,13,14,48,85,104,
　　　　　　　　　　　　105,151,167,178,182
シャウプ税制の成立 2,13
シャウプ税制の崩壊 2,3
シャウプ税制への回帰 3
社会科学 12
社会資本の整備 185
社会政策 144
社会政策的見地 143

社会福祉の充実 185
社債発行費 100
修繕対資本支出 71,76,77,80
修繕費 15,77,86,161
取得価額 112
取得原価主義 51,112,133
主秘第一号通牒 39,41-43,46,54
準拠性 204
純資産増加説 32,41,53,90,92-96,104,107
準備金 182
小規模事業者 61
小規模自作農 61
償却可能限度額 127
償却方法 51
商業帳簿 19,48
証券取引法 68
証券取引法会計 120
証券の民主化 147
商工業部門 14
上場有価証券の評価 133
譲渡所得 161,168
ショウプ勧告 11
商法 120,121
商法会計 120
情報提供機能 120
正味財産増加説 95
賞与 15
剰余金 38
賞与引当金（制度） 101,119,123
所得課税制度 71
所得計算原則 102
所得計算原理 109
所得源泉説 53
所得三分類方式 16
所得税制度改革 229
所得税中心主義 80,81,202
所得税の創設 14
所得分類主義 16
処罰的課税 212
人格合一説（人格承継説） 87
新型間接税 177
新株発行費 87,88
新株予約権 124,127

申告納税制度	3,11,12,28,58,66,94,147
申告納税方式	83
申告分離課税（制度）	186,187
推定耐用年数	23-27
整一化	41
正確な会計経理	66,67,79
正確な帳簿	66
正確な帳簿記録	70,74
成果計算原理	95,109
税慣習	48
正規の帳簿	66
正規の簿記の原則	83
正規の簿記の諸原則	47
製作価額	112
清算所得	20,145,146,182
税収中立	130
税収の中立	129,130
正常在高法	74
税制簡素化（策）	220,221,223,224,227
税制簡素化路線	112
税制簡素化論	221,224
税制の歴史的性格	201,213
製品保証等引当金（制度）	116,123
税法改正運動	99
税法の会計離れ	1
税法の講座	108
税法の方向転換	128,130,131
税務会計学	12
税務会計学の誕生	13
税務会計近代化	1,44,104,105
税務会計近代化運動	105
税務会計近代化構想	85,104
税務会計原則	95
税務会計誕生	46
税務会計としての固有の原則	105
税務会計の安定的発展期	1
税務会計の改革	67,71,79,80
税務会計の誕生	54
税務会計の展開期	114
税務会計の変革期	114
税務会計発展	1,4,5,11,14,43,44,46,229

税務監査制度	69
税務慣習	11
税務慣習の集積	48
税務行政	3,64,66,70,72,79
税務行政機構改革	82
税務減価償却に関する特殊な取扱い方	22
税務財務諸表	95
前3カ年平均主義	45
前3カ年平均方式	148
先駆的税務会計研究	105
戦後改革	80
戦後経営	140
戦時体制	146
先導的試行	22
船舶減価償却金	23
船舶減価引除金	23
戦費調達	140
創業費	40,100
総合課税	148,150,191
総合課税主義	230
総合所得税	16,21,57,147,149
総合累進所得税（制度）	14,45,58,139
総収入	17
総司令部	80
壮大な実験	213
総平均法	86
組織再編成	126,134
組織再編成税制	124,126
租税回避行為	161
損益計算	73
損益計算書	18
損益計算方式	114
損失の繰り戻しおよび繰り越し	71,73,74

た

第1次世界大戦	32,143
第1種所得	16,46,139
第1種所得税	39,46,140,141,149
第1の波	44
第2次勧告	68
第2次世界大戦	57
第2次ニューディール期	192

索 引

第2種所得	16
第2種所得税	46,149
第3種所得	16,145
第3種所得税	46,140,142,149
第一種所得	54
大規模法人	217
大資本家	148
大衆課税	58
退職慰労金	40
退職給与引当金（制度）	117,119,122-124,126,181
退職所得	21
大所得者	144
第二次世界大戦	57,147
耐用年数	51,76
耐用年数表	28
タックス・リポート	215,222
脱税	66
棚卸資産	74,76
棚卸資産経理	74
棚卸資産原価	111
棚卸資産の価格差益課税	72
棚卸資産の経理（方法）	71,74,75,80
棚卸資産の評価（方法）	74,101,116
棚卸資産評価規定	86
棚卸法	190-192,197-200,206,208,209,212,222-225
単純平均法	86
単純累進税率	141,148
中間配当	117
超過所得	20,145,146
超過利潤税	192-194,211
超過累進税率	21,142,144-146
長期外貨建債権債務	125
調査旅行	202
徴税技術の解説	12
徴税の技術	43
調整論争	110
朝鮮戦争	3,180,181
懲罰的課税	212
帳簿記録	66,70,79
帳簿様式	70

直接法	28
直輸入	229
賃金労働者	61
通達公開主義	108
通達の公開主義	89
手当	15
定額法	75,86,122
低価主義	133
低価法	86
定期的減価償却	23,26,27
定期同額給与	126
低賃金労働者	61
定率法	75,86,134
適格組織再編成	126,134
適用所得区分	156
デリバティブ・ヘッジ取引	124,125
デリバティブ取引	125
転嫁	176,217,219
展開期	131
伝統的観念	105
伝統的所得計算原理	92,104
伝統的所得計算思考	5
伝統的所得計算理論	90
ドイツ・ザクセン所得税法	47
導管（conduit）	205
等級別有産者税	148
統合	205
統合方式	206,208
同時並行的変革	83
同族会社	145,146,149,161,169,180,181
同族会社の留保金課税制度	125,187
同族的法人	142
登録税	149
特需景気	181
独断的な更正決定	66,79
特別修繕引当金	123
特別税率	186
独立公認会計士	69
独立の会計専門家	67
富の再配分計画	210

297

富山電気事件 …………………………………… 30
ドラスティック …………………… 200,206,213,230

な

内面的交渉 ………………………………………… 83
名古屋銀行事件 ………………………………… 30

二重課税 ………………… 152,153,157,176,184,225
二重課税調整方式 …………………………… 200
二重課税排除制度 …………………………… 143,179
二重帳簿 …………………………………………… 61
日露戦争 ………………………………………… 141
日清戦争 …………………………… 139,140,149
ニューディール期 …………………………… 210
ニューディール批判 ………………………… 199

寝かし込み効果 ……………………………… 220,221
年金 ………………………………………………… 15

農業共同組合 ………………………………………… 84
農業者 ……………………………………………… 61
農業部門 …………………………………………… 14
農作物加工税 ………………………………… 193
納税義務者 ……………………………………… 54
納税義務法定主義 …………………………… 91
納税協力 ………………………………………… 64,72

は

パートナー ……………………………………… 195
パートナーシップ …………………………… 194,195
パートナーシップ課税 ………………… 165,218,226
パートナーシップ方式 ………………………… 217,225
バイアス ………………………………………… 129
売価還元法 ……………………………………… 86
配当 ……………………………………………… 154
配当軽課措置 …………………………… 174,177,178
配当金 …………………………………………… 15
配当軽減税率 ………………………………… 175,185
配当控除制度 ……………… 147,161,169-172,184
配当控除率 … 146,156,163,168,169,171,175,183
配当コスト ……………………………………… 184
配当所得 …………………………… 20,21,145,146,157
配当所得軽課 …………………………………… 181

配当所得控除制度 …………………………… 158
配当所得に対する確定申告不要制度 …… 174
配当所得に対する源泉徴収制度 ……… 174,181
配当所得に対する源泉徴収税率の特例 … 175
配当所得に対する源泉分離選択課税制度
 ……………………………………………… 174,175
配当税額控除制度 …………………………… 147
配当税額控除方式 …………………………… 178
配当抑制効果 ………………………………… 176
配当利子所得 ………………………………… 21,43
売買目的有価証券 …………………………… 125,133
白紙委任 …………………………………………… 21
葉煙草専売制度 ……………………………… 149
発生基準 ………………………………………… 164
発生主義 ………………………………………… 133
発生主義会計 …………………………………… 78
発生主義の原則 ………………………………… 96
発生ベース …………………………… 191,219,221,225
罰ないしはムチ ………………………………… 70
払込資本説 ……………………………………… 36

麦酒税 …………………………………………… 149
引当金（制度） …………………………… 78,182
久原鉱業株式会社事件 ……………………… 38
非常特別税法 ………………………………… 141,142
非人的実体（impersonal entities） …… 196
非対称性 ………………………………………… 133
必要経費 ………………………………………… 15,17
非適格組織再編成 …………………………… 126,134
非同族会社 …………………………………… 181
評価益 ………………………………………… 164
評価減 ……………………………………………… 41
費用収益対応の原則 …………………………… 96
標準原価計算制度 …………………………… 111
比例税率 ……… 21,46,146,149,150,152,157,210

フィクション（fiction） …………………… 205
賦課課税（制度） ………………… 11,21,58,147
賦課課税制度下 ………………………… 19,20,42
賦課課税方式 …………………………………… 93
付加価値税 ……………………………………… 106
賦課決定権 ……………………………………… 21
福岡同盟銀行事件 ……………………………… 30

索引

負担均衡措置 … 159
負担調整方式 … 178
普通所得 … 146,154
物価統制令 … 72
不動産所得 … 21
船価償却費 … 23
部分統合（方式） … 201,218,230
富裕税 … 209
プロイセン … 44
プロイセン税法 … 45
分離（separation） … 209
分類所得税 … 16,21,57,146,149

平均貸倒見込額 … 77
ヘイグ・サイモンズ基準 … 224
閉鎖的会社 … 217,218,220,226
ヘッジ処理 … 125
変革期 … 131
弁護士 … 61
変質 … 11,12,13
ベンソンの"five-year plan" … 219
返品調整引当金 … 101,123

包括所得税（制度） … 2,182,215,229
包括所得税理論 … 3,4
包括所得税論 … 224
包括的所得概念 … 224
法人課税構想 … 46
法人擬制説 … 152,211
法人擬制説的見解 … 147
法人擬制説的見地 … 143,172,176,193
法人擬制説の立場 … 210
法人擬制説の法人税制度 … 172
法人擬制説の法人本質観 … 151,196,205
法人事業主 … 159
法人実在説 … 46,150,211,217
法人実在説的見地 … 192,193
法人実在説的立場 … 210
法人実在説的特色 … 193
法人資本税 … 193,194
法人消費税（corporation excise tax） … 210
法人所得概念 … 32
法人所得計算 … 19,22

法人所得計算理論の転換点 … 53
法人所得税 … 140,141,149,193,194
法人税改革構想 … 190,191,205
法人税加算方式 … 176
法人税基本通達の公開 … 13
法人税源泉課税の時期 … 140
法人税込配当 … 157,163
法人税制度 … 142,153
法人税転嫁 … 217
法人税独立課税 … 143
法人税独立課税の時期 … 140
法人税独立課税論 … 147
法人税独立化の主張 … 147
法人税の統合 … 218,230
法人税の廃止 … 190,192,195,199,
　　　　　　　　　　200,206,208,224
法人税の部分的転嫁 … 176
法人税廃止案 … 206
法人税廃止勧告 … 206,209
法人税廃止論 … 221,224,225
法人税引配当 … 157,163
法人税率 … 163
法人税率の累進化 … 192,194
法人税率累進化構想 … 194
法人段階源泉課税方式 … 184
法人独立課税説の見解 … 147,151
法人独立課税説の制度 … 143,172
法人独立課税説の立場 … 227
法人独立課税説的法人課税 … 143
法人成り … 141,142
法人本質観 … 152,153
法人留保利益課税制度 … 168
法定資本金 … 90
簿記教育 … 70
簿記の習慣 … 59
簿記の水準 … 67
保険金 … 88,89,111
保険差益 … 88,89
保守主義 … 121,133
保全会社 … 148

ま

前払費用 … 122

未実現キャピタル・ゲイン ……… 191,198,219,
　　　　　　　　　　　　　　　　221,223
未実現キャピタル・ゲイン課税制度
　　　　　　　　　　　　　　　220-224,227
未実現キャピタル・ロス ………… 219,221,223
みなし譲渡所得 …………………………… 182
民主化政策 …………………………………… 81

明治36年第51号事件 ……………………… 27
明治簿記時代 ………………………………… 47
名目的利得 ………………………………… 210

モザイク ………………………………… 89,92
モザイック ………………………………… 106
持株会社 ……………… 192-194,196,211,212
持株会社課税 ……………………………… 210
モルモット ………………………………… 203
門前払い …………………………………… 99

や

役員賞与金 …………………………………… 40
約定日基準 ………………………………… 125

有価証券取引税 …………………………… 168
有価証券の譲渡損益 ………………… 124,125
有価証券の評価 ……………………… 122,123
有権の解釈 ……………………………… 39,42
有産者にたいする等級別富裕税 ……… 148
有力な援護射撃 …………………………… 83

より完全な制度 ……………………… 167,189

ら

利益金分配 ………………………………… 50
利益剰余金 ……………………………… 38,97
利益処分方式 ……………………………… 27
利益説 ……………………………………… 32
利益の期間変動 …………………………… 73
利益連動給与 ……………………………… 126

利害調整機能 ……………………………… 120
利子 …………………………………………… 15
利子課税制度 ……………………………… 225
利子税率 …………………………………… 164
利子付加税（制度）… 153,157,158,161,168,169
利子付加税率 ……………………………… 158
利潤税構想 ………………………………… 173
理想の改革 ……………………… 160,229,230
理想の制度 ……………………… 61,62,189,230
理想版 ………………………………… 189,191
理念としての税務会計 …………………… 95
流動資産 …………………………………… 112
留保所得 ………………………… 145,146,150
留保所得に対する累積的利子付加税制度
　　　　　　　　　　　　　　　　　　198
留保利益 …… 153,157,158,161,163,168,184,193,
　　　　　　194,197-199,216,221,222,225
留保利益課税（制度） ……………… 168,179
留保利益捕捉手段 …………………… 197,198
留保利潤税 ‥ 165,193-195,197,199,200,211,222
留保利潤税構想 …………………………… 211
理論的 ……………………………………… 230

累進課税 ……………………………… 154,164
累進所得税 ………………………………… 155
累進税率（制度） ……… 44,46,73,145,154,
　　　　　　　　　　　　　155,205,211
累進の税率 ………………………………… 150
累積的利子付加税（制度） ……… 153,161,167,
　　　　　　　　　　　　　　179,180,187
ルナパーク株式会社事件 ………………… 52

歴史的原価 ………………………………… 72
連結納税制度 ………………………… 124,126
連合軍総司令部 ……………………… 57,69
連邦歳入法改正 …………………………… 199

ロエスラー（商法）草案 ………………… 47
ローズヴェルト教書 ……………………… 200

人名・団体名索引

あ

明里　長太郎 ………………… 96,97,107,110
新井　清光 …………………………… 44,84
新井　益太郎 ……………………… 44,49,54
飯野　利夫 …………………………… 110
池田　勇人 ………………………… 81,113
泉　美之松 …………………………… 110
井手　文雄 ……………………… 44,148,149
井藤　半彌 …………………………… 225
稲葉　洲臣 …………………………… 114
井上　一郎 ……………………… 81,107,208
井上　尚 ……………………………… 81
居林　次雄 ……………… 128,129,132,134
ヴィックリー（W. Vickrey） ……………… 208
上田　貞次郎 …………………… 27,49,50
エドワーズ（S. E. Edwards） …………… 226
NHK ………………………………… 81
王立税制委員会（Royal Commission on Taxation） …………………………… 225
大江　晋也 …………………………… 132
大蔵省 ……………… 44-46,74-76,81,84,102, 113,148-150,208
大蔵省財政史室 ……………………… 79
大蔵省主税局 ………………… 113,180,182
大阪商船株式会社 ……………… 23,24,32
太田　哲三 ………………………… 93,109
小川　郷太郎 ……………………… 144,149

か

会計基準改善委員会 …………… 67,68,83,84
片岡　政一 …………………………… 48
片野　一郎 ……………………………… 46,47
金子　宏 ……………… 80,81,108,164,180,182,213
株式会社名古屋銀行 ………………… 29
川端　保至 …………………………… 47
上林　敬次郎 ………………………… 46
企業会計基準審議会 ……………… 99,107
企業会計審議会 ……… 82,102,105,112,114,133

企業会計制度対策調査会 ……… 68,69,80,82-84
企業課税小委員会 ………………… 175,176
北野　弘久 …………………………… 180
木村　弘之亮 ……………… 49,52,53,213
木村　和三郎 ………………………… 49,50
グード（R. Goode） ………………… 226
久野　光朗 …………………………… 84
黒澤　清 …………… 47,49-51,83,106,109,111
経済安定本部 …………… 82,97,107,108,110
元老院 ……………………………… 45,46
国税庁 ………………… 69,82,84,98,99,107,149
国税庁法人税課 ……………… 108,109,112

さ

佐藤　進 ……… 46,49,79,81,149,150,179-186
佐橋　義金 …………………………… 213
塩崎　潤 ……………………………… 113
汐見　三郎 ………………… 44,45,148-150
品川　芳宣 ………………… 129-131,133,134
清水　勇 …………………………… 45,113
シャウプ（C. S. Shoup）
　……………… 2,4,6,81,83,164,165,189-192, 194-197,199,201-206,208-213, 215,216,220-227,230
シャウプ使節団（Shoup Mission）
　……………… 2,5,44,58-60,62-84,105,107,108, 151,159-164,181,182,200-202,204, 205,207,208,211,212,229,230
シャンツ（G. Schantz） ………………… 107
証券取引委員会 ……………… 67,68,80,83
神野　直彦 …………………………… 135
税制審議会 …………………………… 83
税制調査会 …… 103,112-114,118,123,132-134, 172-174,176,177,183-186
税制調査会企業課税小委員会 ………… 175,176
税制調査会税制簡素化専門小委員会 ……… 113
税制調査会税制簡素化特別部会 ………… 113

301

税制調査会税法整備小委員会	113
税務行政運営審議会	83
染谷　恭次郎	106

た

高石　末吉	81,208,213
高寺　貞男	49,50
高橋　亀吉	149
高橋　志朗	201,212,213
高橋　誠	44,45,148,149,150
武田　昌輔	4,12,13,44,46,47,49,54,84,106, 108,111-114,128,129,132,134, 148-150,163,164,180,181,187
武田　隆二	44,47,135
武本　宗重郎	49,50
田中　勝次郎	92,107,109
忠　佐市	43,47,93-95,109
東京国税庁	95
東京税務監督局	26,50
東洋汽船株式会社	23,24,50
東洋経済新報社	149
富岡　幸雄	95,96,109,110,135

な

中川　一郎	90,91,109
中山　伊知郎	113
西野　嘉一郎	111
二十世紀財団(Twentieth Century Fund)	190
日本会計研究学会	96,102,113
日本会計研究学会税務会計特別委員会	102
日本絹綿紡績株式会社	22
日本税理士連合会	134
日本租税研究協会	180-183
日本郵船株式会社	23-25,27,50
ニューカマー(M. Newcomer)	209
野津　高次郎	210,211

は

バー(S. S. Burr)	208
長谷川　忠一	4,11-13,43,46,48
長谷川　安兵衛	49,53
畠山　武道	210-212
畑山　紀	43,47,48,110,113,114
林　建久	44-46,150
林　栄夫	162,164
東　奭五郎	49
平川　忠雄	128,131
福田　幸弘	81,208
ブラフ(R. Blough)	209
古谷　一之	81
ベンソン(E. J. Benson)	215,217-220,226,227
法人課税小委員会	119-121,127-130,133

ま

マスグレイヴ(R. A. Musgrave)	217,225,226
マッカーサー(D. MacArthur)	2,203
松隈　秀雄	79,81,180-183
水野　忠恒	210
湊　良之助	108,110
宮島　洋	79,81,133,180-186,188-201, 206,208-213,225,226
明治政府	22

や

山下　勝治	110
山本　守之	135
雪岡　重喜	54,148
吉国　二郎	46,51,111,140,149,163, 164,180-182,184-186

ら

連合軍総司令部(GHQ)	57,69,80,203
ローズベルト(F. D. Roosevelt)	192-194,200, 210,211
ローゼンマン(S. I. Rosenman)	210,211
ロバートソン(R. Robertson)	217,225,226

わ

渡辺　徹也	134

《著者紹介》
髙橋　志朗（たかはし　しろう）
1951年　宮城県石巻市に生まれる。
1975年　小樽商科大学商学部卒業。
1978年　早稲田大学大学院商学研究科修士課程修了。
1980年　拓殖大学大学院商学研究科修士課程修了。
1980年　東北学院大学経済学部助手，同講師，同助教授を経て，同教授（1994年）となり現在に至る。
この間，カナダのUniversity of Saskatchewanに客員教授として留学（1992～1993年）。

〈主要著書〉
『財務会計の基礎』（中央経済社，1983年）
『簿記から会計への展開』（同文舘，1992年）
『国際化時代と会計』（中央経済社，1994年）
『税務会計学辞典』（中央経済社，2002年）
『現代会計研究』（白桃書房，2002年）ほか
（いずれも共著）

《検印省略》

平成23年8月20日　初版発行　　　略称：シャウプ勧告

わが国税務会計の発達とシャウプ勧告

　　　著　者　　髙　橋　志　朗

　　　発行者　　中　島　治　久

　　　発行所　　同 文 舘 出 版 株 式 会 社
　　　　　　　東京都千代田区神田神保町1-41　〒101-0051
　　　　　　　営業（03）3294-1801　　編集（03）3294-1803
　　　　　　　振替00100-8-42935　http://www.dobunkan.co.jp

©S.TAKAHASHI　　　　　　　　印刷・製本　三美印刷
Printed in Japan 2011
ISBN978-4-495-17551-1